Urs P. Gasche • Hanspeter Guggenbühl • Werner Vontobel

Das Geschwätz von der freien Marktwirtschaft

Wie Unternehmen den Wettbewerb verfälschen,
die Natur ausbeuten und die Steuerzahler zur Kasse bitten

Ueberreuter

Die Deutsche Bibliothek – CIP-Einheitsaufnahme

Gasche, Urs P.:
Das Geschwätz von der freien Marktwirtschaft : wie Unternehmen den Wettbewerb verfälschen, die Natur ausbeuten und die Steuerzahler zur Kasse bitten / Urs P. Gasche ; Hanspeter Guggenbühl ; Werner Vontobel. – Wien : Ueberreuter, 1997
ISBN 3-7064-0319-6
NE: Guggenbühl, Hanspeter ; Vontobel, Werner :

S 0307 1 2 3 4 / 99 98 97

Neu bearbeitete Lizenzausgabe für Deutschland und Österreich
Erstausgabe für die Schweiz:
«Das Geschwätz von der freien Marktwirtschaft»
3. Auflage 1997 © KI Konsumenteninfo AG Zürich
Gestaltung: Max Rindlisbacher, Michel Dörrer
Intografiken: Roland Buergi
Umschlag: Kurt Rendl unter Verwendung eines Bildes
der Bildagentur Image Bank

Printed in Austria

Inhalt

Vorwort 7

Das Geschwätz von der freien Marktwirtschaft 9

Teil I **AM MARKT VORBEI** 13
Warum der Markt, den alle beschwören, heute selten so funktioniert, wie er sollte

Naturgüter: Ausbeutung zum Nulltarif 15
Wie die heutige Wirtschaft die Kosten für die natürlichen Ressourcen verdrängt
Energie: Die wahren Kosten werden vernachlässigt 18
Verkehr: Dank Subventionen viel zu billig 24

Grossrisiken: Das Volk muss zahlen 30
Warum Unternehmen auf Kosten der Allgemeinheit zuviel wagen können
Atomkraft: Die Allgemeinheit haftet 33
Industrie: Unfallschäden nur teilweise bezahlt 39
Gentechnik: Keine Haftung für Langzeitrisiken 43
Pleiten: Grosskonzerne lassen andere zahlen 47

Standortwettbewerb: Mehr Staat ist willkommen 54
Wie Unternehmen beim Bau neuer Fabriken Staaten und Gemeinden schröpfen

Eigentum: Gewinne im Schlaf 60
Wie der Staat dazu beiträgt, die Baulandpreise in die Höhe zu treiben und Steuern zu sparen

Arbeit: Macht statt Markt 68
Warum es zwischen Arbeitnehmern und Arbeitgebern keinen fairen Wettbewerb gibt

Schutzreviere: Kassieren ohne Wettbewerb 75
Warum ein grosser Teil der heutigen Wirtschaft am Markt vorbeifunktioniert
Stromversorgung: Hochspannung im Überfluss 77

Gesundheitswesen: Planwirtschaft gegen Patienten 83
Landwirtschaft: Subventionierte Überproduktion 93
Kartelle und Monopole: Wettbewerb ausgeschlossen 98
Fehlende Transparenz: Handicap für Verbraucherinnen und Verbraucher 106

Teil 2 **GEGEN DEN MARKT** 109
Wie falsche Signale die Wirtschaft ineffizient, unsozial und umweltzerstörend machen

Wachstum: Die Illusion der Manager 111
Warum der Glaube der Politiker und Wirtschaftsführer ans stetig steigende Bruttosozialprodukt keine Zukunft hat
Umsatzsteigerung: Auf Kosten der Natur 115
Expansion: Auf Kosten der Lebensqualität 121

Marktsignale: Wegweiser in die Irre 127
Wie falsche Anreize im globalen Markt verheerende Fehlentwicklungen fördern
Öko-Dumping: Plünderung der Natur verfälscht den Handel 129
Billigenergie: Menschliche Arbeit gerät aufs Abstellgleis 133
Sozial-Dumping: Sparen auf dem Buckel der Ärmsten der Welt 136
Monopoly: Die Börsen entmachten die Regierungen 140
Verschuldung: Der Markt gibt der dritten Welt keine Chance 144

Teil 3 **ZURÜCK ZUM MARKT** 149
Wie sich die derzeitige Entwicklung mit marktwirtschaftlichen Mitteln korrigieren lässt

Naturgüter: Zahlen statt stehlen 151
Wie ein funktionierender Markt der Natur den richtigen Preis geben kann

Energieabgaben: Gut für die Grobsteuerung 152
Verkehrs- und Umweltabgaben: Für die Feinsteuerung des Marktes nötig 156

Grossrisiken: Unternehmen, versichert euch! 160
Was die Privatisierung der Risiken bewirken würde
Atomkraft: Höchste Zeit für eine bessere Versicherung 163
Industrie: Unfallgefahren umfassend versichern 166
Gentechnik: Längere Haftung für Langzeitrisiken 168
Pleiten: Der Staat hat mitzureden 169

Standortwettbewerb: Förderung statt Geschenke 172
Wie aus dem internationalen Kampf um neue Unternehmen ein faires Spiel wird

Gewinne im Schlaf: Abschöpfen 177
Wie ein paar einfache Massnahmen gegen das Horten die Kosten für Bauland senken

Arbeitsmarkt: Mehr Freiheit statt Druck 181
Wie sich mit mehr Markt die knappe Arbeit in den Industriestaaten besser verteilen lässt

Schutzreviere: Konkurrenz bringt Fortschritt 187
Wie mehr Markt und Wettbewerb bei Staat und Monopolen die Wirtschaft belebt
Stromversorgung: Mehr Wettbewerb hilft sparen 189
Gesundheitswesen: Direktzahlungen an die Patienten 192
Landwirtschaft: Anreize für eine naturgerechte Produktion 197
Kartelle und Monopole: Neue Ansätze für eine neue Wettbewerbspolitik 198
Fehlende Transparenz: Mehr Durchblick schaffen 201

Steuern: Löcher für die Grossen stopfen 203
Wie der Einsatz von mehr Steuervögten die Steuersätze halbieren könnte

Über den Markt hinaus 206

Vorwort

Ob in Fernsehdiskussionen oder Zeitungskommentaren, ob am Stamm- oder am Familientisch: Kein Thema beschäftigt die Öffentlichkeit so intensiv wie die wirtschaftliche Entwicklung. Von ihr scheint alles abzuhängen: die Sicherheit der Arbeitsplätze, die Höhe der Löhne und Renten, die Kaufkraft des Geldes. All diese Dinge beeinflussen die Lebensqualität. Und alle wünschen sich, dass die Verhältnisse besser werden.

Führungskräfte der Wirtschaft haben eine einfache Lösung: Man müsse die Wettbewerbsfähigkeit des jeweiligen Wirtschaftsstandorts verbessern. «Mehr Markt» heisst ihre Devise. Der Markt, so die Theorie, sorgt für mehr Leistung und Innovation, mehr Gewinn und auch mehr Lohn, wenn man ihn nur machen lässt. Deshalb preisen heute auch Leute aus Gewerkschaften und Linksparteien die heilende Wirkung des Marktes.

Die Sache hat nur einen Haken. Die real existierende Marktwirtschaft ist gar keine: Der Markt wird verzerrt, der Wettbewerb verfälscht oder ausgeschaltet – oft von jenen Leuten, die am lautesten die Marktwirtschaft bemühen. Der Ruf nach dem «freien Markt» entpuppt sich allzuoft als leeres Geschwätz.

Die Wirtschaftsjournalisten Urs P.Gasche, Hanspeter Guggenbühl und Werner Vontobel zeigen auf, wo Marktgesetze missachtet, wo Wettbewerbsregeln verletzt oder ausgeschaltet werden und wo die Unternehmen und Kapitalbesitzer ihre Macht auf Kosten der Allgemeinheit missbrauchen.

Ihr Sachbuch erschien 1996 in der Schweiz und wurde dort zu einem der meistverkauften Wirtschaftsbücher. Für die Herausgabe in Deutschland und Österreich haben die Autoren ihr Werk überarbeitet: Einige Kapitel schrieben sie neu; Daten über die Schweiz ergänzten sie mit Zahlen über ganz Westeuropa, Deutschland oder Österreich. Im Interesse der langfristigen Vergleichbarkeit haben die Verfasser für Deutschland zum Teil die Zahlen nur für die alten Bundesländer gewählt und dies gekennzeichnet mit dem Hinweis «ohne ehemalige DDR».

Wirtschaftsverlag Carl Ueberreuter

Das Geschwätz von der freien Marktwirtschaft

Weltweit befindet sich die Wirtschaft in einem bedenklichen Zustand. In den westlichen Industrieländern sind 10 Prozent der Menschen arbeitslos. Jugendliche blicken in eine düstere Zukunft. Die Älteren müssen um ihre Rente bangen. Die Gesellschaft spaltet sich: hier die Reichen, dort die Armen. In den Entwicklungsländern leiden über 800 Millionen Menschen unter Hunger und vegetieren dahin. – Dies geschieht trotz einem technischen Fortschritt, der es der Menschheit erlauben würde, ihren Wohlstand alle 30 Jahre zu verdoppeln.

All dies vermag die Ideologen der Marktwirtschaft nicht zu verunsichern. Für sie ist die bestehende Not bloss darauf zurückzuführen, dass der Markt noch nicht überall richtig funktioniert, die Marktmechanismen durch zuviel staatliche Regulierung an ihrer Entfaltung gehindert werden. Sie beschwören den idealen Markt, wie er in den Lehrbüchern der Ökonomie beschrieben wird (siehe Kasten auf Seite 10). Dieser theoretische Markt verbindet Effizienz und Gerechtigkeit; er nutzt alle Ressourcen optimal und bringt allen Beteiligten Vorteile. Kein Wunder, dass sich viele Männer und Frauen in Parlamenten und Chefetagen der Unternehmen gern auf dieses Modell berufen. – Der Markt als politische Weltanschauung, die allein zum Glück führt.

Doch im Alltag entpuppt sich das Bekenntnis zur Marktwirtschaft allzuoft als reines Geschwätz. So kennt die Kreativität der Krämer und ihrer Interessenvertreter in der Politik keine Grenzen, wenn es darum geht, Kartelle zu schützen, neue Subventionsquellen anzuzapfen, Kosten und Risiken auf die Allgemeinheit abzuwälzen oder den Wettbewerb auszuschalten. – Der Ruf nach mehr Markt als Ablenkungsmanöver im Kampf um Pfründen und Privilegien.

Besonders laut ertönt derzeit der Ruf nach «mehr Markt» in Verbindung mit der Forderung nach «weniger Staat»: Nur mit der Befreiung von staatlichen Eingriffen und gesetzlichen Einschränkungen, nur mit der Senkung von Steuern und Sozialabgaben könne unsere Wirtschaft im globalen Wettbewerb über-

Die angebliche Heilkraft des freien Marktes

Der Glaube an die positiven Kräfte des Marktes hat oft beinahe religiösen Charakter. Woher kommt er?

Manager und Politiker geben sich überzeugt: Lässt man der Marktwirtschaft freien Lauf, so verändert sich alles zum Besten aller Beteiligten – auch wenn dabei jeder nur auf seinen eigenen Vorteil achtet. Diese Vorstellung eines heilbringenden Marktes kommt nicht von ungefähr: Sie ist in den Lehrbüchern der Ökonomen zu finden.

Der klassische Markt, wird dort erklärt, reguliere sich selber. Auf der einen Seite halte das Streben der Menschen nach Eigennutz den Fortschritt in Gang, es fördere den Erwerbsfleiss und den Ehrgeiz, bessere Produktionsmethoden zu entwickeln und so mehr zu verdienen.

Auf der anderen Seite sorge der Wettbewerb dafür, dass ein einzelner keinen zu grossen Profit ergattern kann: In einem gewinnträchtigen Markt stellen sich bald Konkurrenten ein. Dadurch sinken die Preise und schrumpfen die Margen. Zudem führe das Spiel von Angebot und Nachfrage zu einem Preis, der ein Gleichgewicht zwischen den Interessen von Anbietern und Konsumenten bildet.

Kurz: Der klassische Markt nach Lehrbuch hat auch eine sozial ausgleichende Wirkung. Der «Vater der Nationalökonomie», der Schotte Adam Smith (1723 bis 1790), nannte dies «die unsichtbare Hand des Marktes».

Der Haken an diesem Modell ist, dass es nur unter ganz bestimmten – idealen und deshalb kaum je wirklichen – Bedingungen funktioniert: Alle Marktteilnehmer müssen die gleichen Voraussetzungen haben, über alle nötigen Informationen verfügen und auf eine Änderung jeweils sofort reagieren können. Zudem muss das Spiel von Angebot und Nachfrage funktionieren, jeder muss die von ihm verursachten Kosten selber tragen, und die Kosten der Produktion müssen mit steigender Stückzahl zunehmen – ein Punkt, der heute kaum mehr zutrifft.

Der klassische Markt basiert also selber auf einem gesellschaftlichen Gleichgewicht. Wird aber eine der Bedingungen verändert, führt dies zu einem ganz anderen Verhalten des Marktes. Statt ausgleichend zu sein, bewirkt er nun das Gegenteil, er fördert Profite für eine privilegierte Minderheit.

Obschon es den klassischen Markt in Wirklichkeit nicht gibt, gilt: Je besser ein Markt in diesem Sinn funktioniert, desto eher bietet er allen Beteiligten Vorteile. Doch dafür müssen die Bedingungen stimmen – und die hängen nicht vom Markt ab.

leben, behaupten neoliberale Wirtschaftsvertreter. – Der Markt als Diktat, ohne den es kein Überleben gibt.

Diese Deregulierer definieren den Markt negativ, nämlich als Abwesenheit von Staat, von staatlichen Vorschriften und staatlich geführten Unternehmen. Diesen «staatsfreien» Markt bringen sie mit all den positiven Wirkungen in Verbindung, welche die ökonomischen Lehrbücher einem ganz anders definierten Markt zuschreiben. Auf dem Lehrbuch-Markt herrscht vollkommener Wettbewerb. Einer unendlichen Zahl von Anbietern steht eine unendlich grosse Zahl von Kunden gegenüber. Keiner von ihnen kann mit seinen Kauf- und Verkaufsentscheidungen den Preis auch nur im geringsten beeinflussen. Monopole und Kartelle gibt es nicht. Dieser Markt verbindet Effizienz mit Gerechtigkeit. Alle Ressourcen werden optimal genutzt, und jede Tauschhandlung nützt allen Beteiligten und schadet keinem Unbeteiligten. So sagt die Theorie.

In der Realität ist ein staatsfreier Markt kein monopolfreier Lehrbuch-Markt. Wenn sich der Staat, sei es als Mitspieler oder als Regulierer, aus einem Markt zurückzieht, bedeutet dies noch lange nicht, dass dann ein Markt nach Lehrbuch im Sinne von Adam Smith entsteht. Dazu braucht es viel mehr – vor allem auch staatliche Regelungen wie Kartellverbote, Umweltabgaben oder eine obligatorische Altersrente.

Dies zu zeigen, ist der Zweck dieses Buches. Es legt an konkreten Beispielen dar, wo der real existierende «Markt» versagt und wie man ihn ändern muss, damit er wenigstens annähernd das leistet, was wir vom Markt nach Lehrbuch erwarten dürfen, nämlich dass er alle Beteiligten besser- und die unbeteiligten Dritten oder die noch ungeborenen Nachkommen zumindest nicht schlechterstellt. Dabei gehen wir im wesentlichen von fünf Feststellungen oder Kritikpunkten aus:

- Der heutige Markt vernachlässigt das Kapital der Natur auf Kosten der Allgemeinheit und der nachfolgenden Generationen, denn der Verbrauch von Luft, Wasser und Bodenschätzen ist vom Preissystem abgekoppelt. Das verleitet Produzierende und Konsumierende dazu, die Natur hemmungslos zu plündern.

- Für grosse Risiken, die Unternehmen eingehen, müssen sie die Haftung nicht oder nur teilweise übernehmen. Deshalb gehen Grosskonzerne – von Atomstromproduzenten über Banken, Versicherungen bis zu Gentech-Firmen –, gemessen an ihrem investierten Kapital, viel zu hohe Risiken ein.

- Investoren, Kapital- und Bodenbesitzer kassieren dank staatlichen Regeln und staatlichem Schutz unverdient hohe Gewinne.

- Ein grosser Teil der Wirtschaft entzieht sich dem Markt: Monopole und Kartelle schalten den Wettbewerb aus. Das Gesundheitswesen, die Landwirtschaft und der Verkehr humpeln an Staatskrücken. Und immer grössere Teile der Wirtschaft entziehen sich dem harten Preiswettbewerb, indem sie ihre eigene Grösse nutzen, um die Konkurrenz auszuschalten.

- Verzerrungen des Wettbewerbs entstehen auch bei der Finanzierung der Staatsaufgaben. Die einen müssen mehr Steuern als nötig bezahlen, weil sich andere dank ihrer Grösse und Macht dem Zugriff des Finanzamts leichter entziehen können. Das verfälscht vor allem den Wettbewerb zwischen Kapital und Arbeit.

Dieses Buch will den Weg aufzeigen zur nötigen Deregulierung, aber auch zur dringend notwendigen Regulierung. Es weist auch auf die Grenzen des Marktes hin. Selbst der idealste Markt kann nicht alle wirtschaftlichen Probleme lösen, zumindest so lange nicht, als zwischen den Staaten und Personen, die am Welthandel teilnehmen, derart riesige Kaufkraftunterschiede bestehen. Auch die Arbeitslosigkeit lässt sich mit mehr Wettbewerb nicht aus der Welt schaffen. Deshalb muss der Markt nicht gegen, sondern mit dem demokratisch legitimierten Staat durchgesetzt werden.

Zürich, Mai 1997
Urs P. Gasche, Hanspeter Guggenbühl, Werner Vontobel

I. Am Markt vorbei

Warum der Markt, den alle beschwören, heute selten so funktioniert, wie er sollte

Die Verfechter der Marktwirtschaft beteuern stets, dass der Markt alles zum Vorteil aller reguliere. Doch die Realität beweist: Oft ist das Gegenteil der Fall. Im ersten Teil dieses Buches zeigen wir auf, was den bestehenden Markt daran hindert, die von ihm erwarteten Ziele zu erreichen.

Die ersten zwei Kapitel belegen, wie wichtige Kosten in der heutigen Marktwirtschaft schlicht unterschlagen werden; dies verfälscht das Spiel von Angebot und Nachfrage. Im Kapitel «Naturgüter: Ausbeutung zum Nulltarif» weisen wir nach, dass sowohl die Preise für Energie als auch jene für Verkehr weit unterhalb der wahren Kosten liegen. Im Kapitel «Grossrisiken: Das Volk muss zahlen» zeigen wir, dass Unternehmen die finanzielle Verantwortung für grosse Risiken, die sie durch ihre Tätigkeit «auf sich nehmen», nicht selber tragen. Diese Kosten schiebt die Wirtschaft auf die Allgemeinheit, den Staat oder auf folgende Generationen ab und verletzt dadurch das Verursacherprinzip, welches eine der Voraussetzungen des fairen Wettbewerbs bildet.

Wettbewerbsverzerrung: Eine solche liegt dann vor, wenn nicht alle am Markt Beteiligten die gleichen Bedingungen vorfinden, wenn also die einen gegenüber den anderen von ungerechtfertigten Vorteilen profitieren.

Im Kapitel «Standortwettbewerb: Mehr Staat ist willkommen» legen wir dar, wie der Staat den Investoren entgegenkommt und ihnen schon lange vor der Eröffnung neuer Werke und Fabriken Kosten abnimmt. Und das Kapitel «Eigentum: Gewinne im Schlaf» zeigt, wie der Staat mit seiner Planung den Eigentümern von Bauland zu unverdienten Gewinnen verhilft und die Steuerungerechtigkeit fördert. Beides führt zu **Wettbewerbsverzerrungen.** Auch dort, wo wir unsere eigene Haut

Monopol und Kartell: Von einem Monopol spricht man, wenn ein Unternehmen als alleiniger Anbieter einer Ware deren Preis bestimmen kann. Von einem Kartell ist die Rede, wenn mehrere Unternehmen untereinander – meist verdeckte – Abkommen treffen, die den Preis ihrer Produkte auf der gleichen Höhe fixieren.

Protektion: Der Ausdruck steht für die Begünstigung oder die Bevorteilung einer Seite. In der Weltwirtschaft taucht oft auch das Wort Protektionismus auf, etwa im Zusammenhang mit Zollmassnahmen oder Einfuhrbeschränkungen, welche eine Regierung erlässt, um ihre Industrie vor der ausländischen Konkurrenz zu schützen.

zu Markte tragen, funktioniert's nicht richtig. Im Kapitel «Arbeit: Macht statt Markt» wird analysiert, weshalb die Nachfrage nach Arbeit steigt, wenn die Löhne sinken – was im krassen Widerspruch steht zu den klassischen Regeln des Warenmarkts.

Wie Eingriffe des Staates – etwa im Gesundheitswesen oder in der Landwirtschaft – den Markt verfälschen, zeigen wir im Kapitel «Schutzreviere: Kassieren ohne Wettbewerb». Allen Unkenrufen aus der Privatwirtschaft zum Trotz steht Vater Staat damit aber nicht alleine da. Im Kampf um mehr Umsatz und Gewinn trachten auch Unternehmen danach, den Markt auszuschalten, indem sie **Kartelle** bilden, **Monopole** anstreben oder von **Protektion** profitieren. Zusammengenommen führen diese Wettbewerbsbehinderungen dazu, dass der Austausch von einem Grossteil aller Konsumgüter mehr oder weniger stark reglementiert ist. Und selbst im unreglementierten Bereich wird das reibungslose Funktionieren des Wettbewerbs oft ausgeschaltet: Mangelnde Transparenz oder verwirrende Produktinformationen verunmöglichen in vielen Fällen den direkten Vergleich von verschiedenen Angeboten und hindern damit Verbraucherinnen und Verbraucher, sich marktgerecht zu verhalten.

Naturgüter: Ausbeutung zum Nulltarif

Wie die heutige Wirtschaft die Kosten für die natürlichen Ressourcen verdrängt

Die Natur bildet die Grundlage für die Wirtschaft. Doch die Preise von Gütern und Dienstleistungen klammern das Naturkapital aus: Rohstoffe und Energieträger werden zum Nulltarif ausgebeutet. Und: Wir verschmutzen Luft, Wasser und Böden, ohne dafür zu zahlen.

Wer arbeitet, bekommt dafür einen Lohn. Wer Geld als Kapital zur Verfügung stellt, erhält Zins. Und wer mit Arbeit und Kapital Güter herstellt oder Dienstleistungen erbringt, wird mit dem Verkaufsertrag finanziell entschädigt.

Die Natur hingegen, welche die Grundlage für alle wirtschaftliche Tätigkeit darstellt, benützen wir gratis. Es käme keinem Menschen in den Sinn, Geld lockerzumachen für das Licht und die Wärme der Sonne oder für das Wasser, das aus der Quelle sprudelt. Natürliche Ressourcen wie die Sonne, die Luft, das Wasser und die Bodenschätze gehören seit eh und je zu den sogenannten freien Gütern, die jeder und jede ohne Entgelt nutzen und abtragen darf.

Der Verbrauch steigt, die Reserven schrumpfen

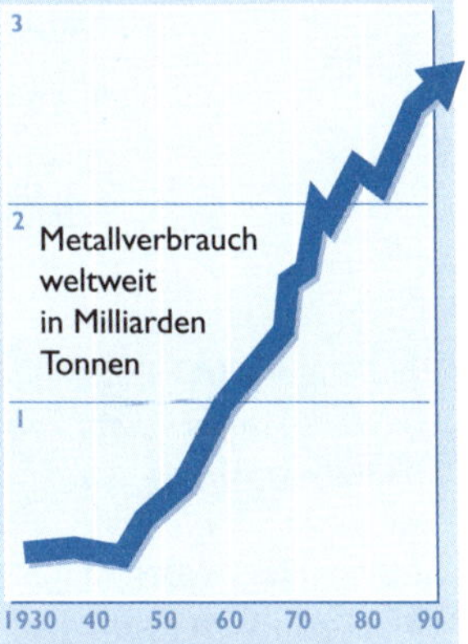

Quelle: «Die neuen Grenzen des Wachstums»

Lange war der Verbrauch an Metallen praktisch konstant. Doch von 1945 bis 1990 hat er sich verzehnfacht

Gegen die Gratisnutzung der Natur wäre nichts einzuwenden, wenn wir uns mit dem Zins begnügten, wenn wir also nicht mehr nehmen würden, als die Natur jeweils wieder erzeugen kann. Während Jahrtausenden haben die Menschen nur von diesem Zins gelebt. Doch seit Beginn der Industrialisierung im 18. Jahrhundert zehrt die Menschheit immer stärker vom Kapital der Natur. Und dies gleich in zweierlei Hinsicht – neben dem beschleunigten Abbau von Rohstoffen nimmt auch die Belastung der Umwelt ständig zu:

«Die Natur ist als Wirkursache (Energie) und als Materialursache (Materie) der entscheidende Produktions-faktor.»

JÜRG MINSCH, Volkswirtschafter am Institut für Wirtschaft und Ökologie der Universität St. Gallen

- Wir beuten binnen weniger Generationen Rohstoffe aus, welche die Erde innerhalb von Millionen von Jahren gebildet hat. So stieg zum Beispiel der Verbrauch aller Metalle seit 1945 weltweit auf das Zehnfache. Das Resultat: Vorräte und Erzkonzentrationen in den Metallminen sinken stetig.
- Wir fördern und verbrennen nicht erneuerbares Erdöl oder Erdgas.
- Wir jagen mehr Kohlendioxid (CO_2) und Methan in die Luft, als die Ozeane und Wälder abbauen können. Damit verstärken wir den natürlichen Treibhauseffekt und riskieren eine Klimakatastrophe.
- Wir gewinnen Uran, erzeugen Atommüll und belasten oder entwerten damit den natürlichen Lebensraum für Tausende von Jahren.
- Unsere giftigen Abgase und Abfälle reichern sich im Boden an und beeinträchtigen allmählich und unwiderruflich dessen Fruchtbarkeit.

WTO und GATT: Das Allgemeine Handels- und Zollabkommen GATT (General Agreement on Tariffs and Trade) zur Regelung des Welthandels wurde seit 1948 etappenweise weiterentwikkelt, zuletzt in der Uruguay-Runde. Minister aus 124 Ländern unterzeichneten schliesslich in Marrakesch die Schlussakte zum neuen GATT und den Vertrag zur Gründung der Welthandelsorganisation WTO (World Trade Organization) mit Sitz in Genf per 1. Januar 1995.

Dieser Abbau von Naturkapital wird mit den neuen Welthandelsregeln der **WTO** noch beschleunigt, denn das WTO-Abkommen setzt einseitig auf die Förderung des globalen Handels, was den weiträumigen Warenaustausch und den damit verbundenen Verkehr fördert und zu Produktionsverlagerungen in Länder mit grosszügigen Umweltschutzvorschriften anreizt. Wir erhöhen einerseits das Bruttosozialprodukt als (schlechten) Massstab aller wirtschaftlichen Leistungen, ohne andererseits für die damit verbundenen Kosten aufzukommen. So sind im Preis, den wir für Rohstoffe oder Energieträger bezahlen, bloss die Förder- und Transportkosten sowie die Profite der Fördergesellschaften enthalten. Was aber fehlt, sind die Kosten für die Leistungen der Natur wie auch die Beträge, die wir für die Folgen der Umweltverschmutzung zu zahlen haben:

- Keine Finanzbuchhaltung registriert zum Beispiel den Wertverlust, der entstanden ist, weil die Menschheit die begrenzten Erdölvorräte jedes Jahr um mehr als drei Milliarden Tonnen vermindert. Selbst bei gleichbleibendem Abbautempo reichen die heute bekannten Erdölvorräte von 135 Milliarden Tonnen somit nur noch 42 Jahre.

- Kein Geldeintreiber präsentiert die Rechnung für die Luft, welche die Industriestaaten mit der Verbrennung von zwei Milliarden Tonnen Kohle pro Jahr verschmutzen.

Wenn die Nachfrage steigt und das Angebot abnimmt, sollte der Preis steigen – bei den Naturgütern geschieht genau das Gegenteil

Die unabsehbaren Kosten, die wir durch den Raubbau an der Natur und die Belastung der Umwelt verursachen, bürden wir den heutigen und künftigen Steuerzahlern auf.

Der Abbau von nichtregenerierbaren **natürlichen Ressourcen** stellt eine «Entkapitalisierung der Natur» dar, formulierte die Forschungsgruppe «Neue Analysen Wirtschaft Umwelt» (NAWU) unter Leitung des St. Galler Ökonomie-Professors Hans Christoph Binswanger schon 1978 in ihrem Report «Wege aus der Wohlstandsfalle». Diese Ausbeutung zum Nulltarif – und auf Kosten der nachfolgenden Generationen – verzerrt den Markt. Der Grund dafür ist leicht zu erklären: Statt dass die langfristig eintretende Verknappung von Naturgütern eine Verteuerung dieser Waren nach sich zieht, bezahlen die Menschen für die Rohstoffe selbst nach wie vor nichts. Damit entsteht der ökonomisch gefährliche Anreiz, bezahlbare menschliche Arbeit oder verzinsbares Finanzkapital durch unentgeltliches Naturkapital zu ersetzen.

Natürliche Ressourcen: Der Begriff umfasst das gesamte Kapital der Natur, also Sonne, Bodenschätze, Luft, Wasser, Böden, Vegetation und so weiter. Dabei unterscheidet man zwischen erneuerbaren Ressourcen wie der Sonne oder Pflanzen, die sich regenerieren beziehungsweise nachwachsen, und nichterneuerbaren Ressourcen wie zum Beispiel Erzen, Kohle oder Erdöl, die nach ihrem Verbrauch unwiederbringlich verloren sind.

Gleichzeitig geht ein anderer – für die Entwicklung der Wirtschaft wichtiger – Anreiz verloren, nämlich der Anreiz zum Erforschen und Entwickeln von Alternativen. Denn solange der Preis für einen bestimmten Rohstoff tief bleibt, versucht kaum jemand neue Verfahren zu entwickeln, um dereinst ein Ersatzprodukt auf den Markt zu bringen. Statt dessen wartet man ab, bis Alarm geschlagen wird, weil der bisher billige Rohstoff plötzlich knapp und viel teurer wird – und bald gar nicht mehr zu haben ist, weil die Vorräte zur Neige gehen.

Energie: Die wahren Kosten werden vernachlässigt

Wer Erdöl, Kohle oder Atomstrom verbraucht, entzieht der Natur Rohstoffe und belastet die Umwelt. Die Kosten dafür aber werden auf die Allgemeinheit und spätere Generationen abgewälzt. Deshalb ist Energie viel zu billig. Das verfälscht den Markt und fördert die Verschwendung.

Die Menschen begnügten sich lange Zeit mit ihrer körpereigenen Energie und mit der Sonnenenergie. Sie nutzten also ihre Muskelkraft und profitierten von der Wärme und vom Licht der Sonne, die wiederum die Pflanzen wachsen liess. Die Sonnenenergie ist zwar unerschöpflich, aber es braucht einiges an Know-how, um sie gezielt umzuwandeln und einzusetzen – zum Beispiel in Warmwasser für die Heizung oder in Strom für den

Auf Kosten des Naturkapitals: Seit 1950 hat sich der Primärenergie-Verbrauch weltweit verfünffacht

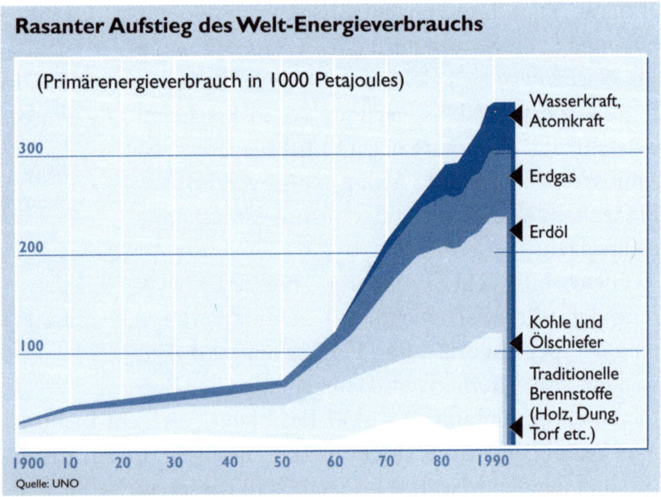

Kühlschrank. Die menschliche Energie dagegen lässt sich einfach einsetzen, aber sie erschöpft schnell.

Nachdem die Menschen das Feuer entdeckt hatten, nutzten sie zusätzlich das Holz zum Kochen und Heizen. Für den Transport setzten sie die Energie von Zugtieren ein, für den Antrieb von Rädern, Mühlen, Pumpen und später auch Generatoren die Kraft von Wasser und Wind. All diese Energiequellen basieren letztlich auf Sonnenenergie, und sie sind erneuerbar – die Natur liefert sie immer von neuem, ohne dass dabei etwas verlorengeht.

Erst mit der Industrialisierung begannen wir im grossen Stil, nicht erneuerbare Energieträger wie Kohle, Erdöl, Erdgas und Uran auszubeuten und in Licht, Kraft und Wärme umzuwandeln. Vor allem in den letzten Jahrzehnten hat die Verwendung und Verschwendung dieser Rohstoffe rasant zugenommen: Weltweit erhöhte sich der Verbrauch von **Primärenergie** seit 1960 um rund 150 Prozent, also auf das Zweieinhalbfache.

In Deutschland allein (ohne ehemalige DDR), das schon 1960 stark industrialisiert war, stieg der Bedarf an Primärenergie seither um annähernd 100 Prozent, während die Bevölkerung im gleichen Zeitraum lediglich um 20 Prozent zunahm. Deutschland beansprucht heute pro Kopf und Tag rund 140 kWh Primärenergie. Österreich, das dank Wasserkraft und weniger inländischer Industrieproduktion eine etwas bessere Energiebilanz aufweist, verbraucht rund 100 kWh Primärenergie pro Kopf und Tag. Das entspricht der 40fachen (Österreich) bis 60fachen (Deutschland) Energiemenge, die ein mittelgrosser Mensch in Form von Nahrung verbrennt. Mit andern Worten: Jeder Mensch in Deutschland lässt im Schnitt rund 60 Energiesklaven für sich arbeiten. Doch diese Sklavenhaltung ist nicht etwa ein Luxus, für den wir einen immer grösseren Teil unseres Einkommens hinzublättern haben.

Im Gegenteil: Die Marktpreise der fossilen und atomaren Energieträger sind in den letzten 30 Jahren real um einen Drittel

Primär-, End- und Nutzenergie: Bei Primärenergie handelt es sich um die Energie, die in Erdöl, Erdgas, Kohle, im Kernbrennstoff Uran und in der Wasserkraft steckt. Bei der Umwandlung in Endenergie (wie Strom oder Benzin) gehen durchschnittlich etwa 25 bis 30 Prozent der Primärenergie in Form von Abwärme verloren, bei der Umwandlung von Endenergie in Nutzenergie wie Licht oder Kraft weitere 40 Prozent.

gesunken. In Westeuropa verminderte sich der Anteil der gesamten Energiekosten am **Bruttosozialprodukt** von 1980 bis 1994 schätzungsweise von acht auf fünf Prozent. In der Schweiz zum Beispiel bezahlten die Endverbraucher für die Energie – inklusive Fiskalabgaben und Gebühren – 1994 noch 19,2 Milliarden Franken (1 Franken = ca. 1,15 DM) oder 5,4 Prozent des **Bruttoinlandsproduktes,** zeigt die Statistik.

Bruttoinlands- und Bruttosozialprodukt: Beim Bruttoinlandsprodukt (BIP) handelt es sich um die gesamte im Inland erbrachte wirtschaftliche Wertschöpfung, also um die Preissumme aller verkauften Güter und Dienstleistungen abzüglich der Kosten für Vorleistungen in Form von importierten Gütern. Während das BIP auf dem Inland-Prinzip basiert, wird das Bruttosozialprodukt (BSP) nach dem Inländer-Prinzip erfasst. Um das BSP zu berechnen, addiert man also die Leistungen, die Leute mit Wohnsitz in z. B. Deutschland im Ausland erbringen, zum BIP hinzu und zieht die Leistungen ab, die Leute mit Sitz im Ausland in Deutschland erbringen. Das deutsche BSP ist in der Regel etwas höher als das deutsche BIP.

Doch diese Marktpreise samt Fiskalabgaben sind viel zu tief, weil sie die folgenden Wertverminderungen und Kosten des Energieverzehrs völlig vernachlässigen:

- In der heutigen Energierechnung fehlt der Wert der Bodenschätze Erdöl, Kohle, Erdgas oder Uran. Es wird also nirgends festgehalten, um wieviel die Erde an Wert verliert, wenn wir ihr diese Energieträger wegnehmen. Nach den Regeln des Marktes müssten diese Bodenschätze mit wachsendem Abbau und Verknappung immer teurer werden. Momentan aber geschieht das Gegenteil: Die Marktpreise sinken, weil wir kurzfristig zuviel dieser wertvollen und langfristig knappen Ressourcen ausbeuten. Die wahren Kosten werden einmal die nachfolgenden Generationen bezahlen müssen.

- Unberücksichtigt bleiben zweitens die Kosten der Verschmutzung von Luft, Gewässern und Böden, die der Einsatz der fossilen Energieträger Erdöl und Erdgas verursacht. Ein Teil dieser Kosten fällt heute schon an, wird aber nicht von den Verursachern, also den Energieverbrauchern, bezahlt, sondern von der Allgemeinheit. Dazu gehören etwa die Bezahlung der Reparaturen von Schäden an Gebäudefassaden, der Heilungskosten bei Atemwegserkrankungen, der Reinigungskosten nach Tankerunfällen, der Ernteeinbussen und so weiter. Andere Kosten treten erst langfristig auf und werden wiederum auf spätere Generationen abgewälzt. Das gilt insbesondere für die fast nicht abschätzbaren Kosten, die dann auftreten können, wenn infolge steigender CO_2- und Methan-Mengen in der Atmosphäre das Klima kippt.

Die verdrängten Folgen des Energieverbrauchs: Von Gesundheitsschäden über Tankerhavarien bis zu Ernteeinbussen

- Fast völlig ausgeklammert werden auch die Kosten, die mit der Nutzung der Atomenergie oder der landschaftsbeeinträchtigenden Wasserkraftnutzung entstehen. So sind die Rückstellungen, welche die Atomkraftwerkbetreiber für die Entsorgung der radioaktiven Abfälle vornehmen und auf den Strompreis überwälzen, heute ungenügend. Weder der einmal nötige Abbruch von Atomanlagen noch die Endlagerung von Atommüll sind damit finanzierbar. Auch diese Kosten zahlt die Allgemeinheit in den kommenden Jahrzehnten und Jahrhunderten.

Wie hoch diese vernachlässigten Kosten sind, lässt sich in Mark, Franken oder Schilling nur unvollständig ausdrücken, denn manche Folgekosten sind nur abschätzbar. So ist das Problem, wie der Atommüll endgelagert werden soll und was das kostet, noch nicht gelöst. Trotz solcher Kenntnislücken haben Wissenschafter in den letzten Jahren aber immer wieder versucht, wenigstens einen Teil der **externen oder sozialisierten Energiekosten** zahlenmässig zu erfassen. In der Studie «Die externen Kosten der Energieversorgung» haben Ökonomen der Beratungsgemeinschaften Infras und Prognos 1994 im Auftrag des Bundes erstmals für die Schweiz berechnet, wie hoch die ungedeckten Kosten in Form von Umwelt-, Gesundheits- und Gebäudeschäden sowie von Unfallrisiken sind, die bei der Gewinnung, beim Transport und beim Verbrauch der Energie entstehen. Eine Studie über «Die externen Kosten der Energieversorgung» hat Prognos 1992 auch für Deutschland erstellt (Schäffer-Poeschel-Verlag, Stuttgart), dabei aber auf eine umfassende Monetarisierung verzichtet. Wir fassen hier deshalb die wichtigsten Resultate der Schweizer Studie zusammen:

Externe oder sozialisierte Kosten: So nennt man jene Kosten, die etwa beim Einsatz von Energie oder durch den Verkehr entstehen (Gesundheits-, Umwelt- oder Gebäudeschäden) und von den Verursachern nicht gedeckt, sondern auf die Allgemeinheit überwälzt, also sozialisiert werden. Fälschlicherweise wird oft von «sozialen Kosten» gesprochen.

Die Folgekosten einer Klimakatastrophe lassen sich kaum berechnen

■ Die Summe aller Kosten: Die ermittelten sozialisierten Kosten der Energie in der Schweiz belaufen sich auf total 6,7 bis 12,2 Milliarden Franken pro Jahr (1 Fr. = 1,15 DM); nicht inbegriffen sind dabei die Unfallrisiken der Stromproduktion. Das entspricht einem Anteil von 2 bis 4 Prozent des Bruttoinlandsprodukts. Der grosse Schwankungsbereich in dieser Summe ergibt sich aus unterschiedlichen Annahmen bei der methodisch sehr schwierigen Kostenbewertung.

■ Die Verteilung der Kosten: Rund zwei Drittel der errechneten Totalkosten entfallen auf Massnahmen, um den verstärkten Treibhauseffekt und damit eine Klimakatastrophe zu vermeiden. Konkret geht es dabei um jene Mehrkosten, die jährlich anfallen, um die CO_2-Emissionen bis zum Jahr 2025 zu halbieren. Die Wissenschafter wählten in bezug auf den Treibhauseffekt nur die Vermeidungskosten, weil hier die möglichen Schadenskosten, die bei einer markanten Klimaveränderung eintreten können, unvorstellbar hoch und mithin rein spekulativ sind. Beim restlichen Drittel des Totals handelt es sich vor allem um energiebedingte Kosten für Gesundheits-, Gebäude-, Wald- und andere Naturschäden.

Happige Zuschläge: Je nach Annahmen belaufen sich die sozialisierten Kosten des Energieverbrauchs in der Schweiz auf 6,7 bis 12,2 Milliarden Franken pro Jahr

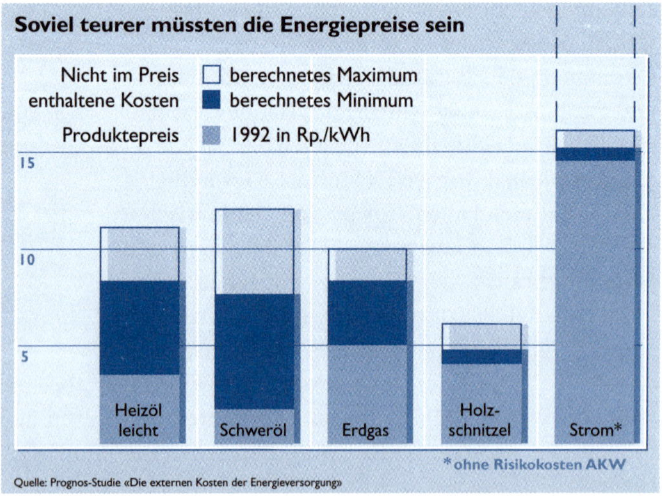

- Die Verursacher der Kosten: Von der Summe aller Kosten entfallen 4 bis 7,2 Milliarden Franken auf die Versorgung mit Wärme und Strom. Der Rest von 2,7 bis 5 Milliarden betrifft vor allem den Energieeinsatz im Verkehr.

- Die Kosten pro Energieträger: Legt man die externen Kosten für Wärme- und Stromversorgung verursachergerecht auf die einzelnen Energieträger um, so ergeben sich folgende Energiepreiszuschläge:

  Heizöl extra leicht würde gegenüber dem heutigen Marktpreis um 140 bis 220 Prozent teurer. Schweröl müsste um 350 bis 600 Prozent aufschlagen, Erdgas um 70 bis 100 Prozent, Holz um 22 bis 52 Prozent und Strom – ohne Risikokosten für grosse Unfälle gerechnet – um 5 bis 11 Prozent. Das zeigt, wie stark die heutigen Energiepreise den Markt verzerren.

«Die Energiekonsumenten von heute leben auf Kosten künftiger Generationen.»

Prognos-Studie «Die externen Kosten der Energieversorgung»

Dabei stellen die errechneten Beträge nur die Spitze des Eisbergs dar. So sind etwa die Kosten über die Auswirkungen des Energieverbrauchs auf Flora und Fauna, auf das Grundwasser, die langfristige Bodenqualität oder auf Allergien bei Menschen in der Studie nicht berücksichtigt. Das heisst: Selbst wenn wir die Energie mit den obenerwähnten Energiepreiszuschlägen verteuern, lassen wir die Kosten ausser acht, die entstehen, wenn Böden unfruchtbar werden oder Tier- und Pflanzenarten aussterben oder Menschen erkranken.

Die Folgen der zu tiefen Energiepreise: Es wird zuviel Energie verschleudert und zuwenig nach Alternativen geforscht

Methodische Probleme ergeben sich auch bei der Ermittlung der Risikokosten für grosse Unfälle bei der Stromproduktion in Atom- oder Wasserkraftwerken, weil das Risiko, dass zum Beispiel ein grosser Atomunfall eintritt, sehr klein, der zu erwartende Schaden extrem gross ist. Deshalb sind auch diese Risikokosten in der obenerwähnten Kostensumme nicht enthalten.

«Mit dem heute verfügbaren empirischen Wissen ist es nicht möglich, eine auch nur annähernd vollständige Berechnung aller externen Kosten der Energieversorgung vorzunehmen. Es gelingt aber, in einzelnen Schadensfeldern Teilaspekte der vermuteten Externalitäten zu erfassen», schreiben die Autoren der Studie. Doch bereits aus diesen «Teilaspekten» ziehen die Experten eine eindeutige Folgerung: «Weil die aktuellen (tiefen) Energiepreise den Entscheidungsträger/innen und den Konsument/innen falsche Signale geben, wird zuviel Energie verbraucht und zuwenig Energie gespart.»

Verkehr: Dank Subventionen viel zu billig

Der Verkehr auf Strassen, Schienen und in der Luft wird insgesamt stärker subventioniert als die Landwirtschaft. Diese Verbilligung der Reise- und Transportkosten lässt das Verkehrsvolumen anschwellen und subventioniert den Welthandel zum Nachteil des lokalen Gewerbes.

Ein deutscher Automobilist gibt für einen Kilometer Fahrt in seiner Blechkarosse durchschnittlich 55 Pfennig aus, lässt sich aus den Berechnungen des Automobilverbandes ADAC abschätzen. Das dürfte etwa dem europäischen Durchschnitt entsprechen (in der Schweiz zum Beispiel liegen die Kilometerkosten deutlich über diesem Durchschnitt, in einigen südeuropäischen Ländern darunter). Dieses Kilometergeld enthält die Kosten für die Amortisation des Autos, für Reparaturen, Versicherungen, Kraftfahrzeugabgaben und Treibstoff inklusive Mineralölsteuern.

«Solange es keine fairen Preise für den Transport gibt, bringt der Welthandel keinen Gewinn, sondern eine Verschleuderung wertvoller Ressourcen.»

PETER VOLLMER, Sozialdemokratischer Abgeordneter im Schweizer Nationalrat

Multipliziert man nun die 55 Pfennig mit den rund 2000 Milliarden Autokilometern, die laut Verkehrsstatistiken in Westeuropa (EU-Staaten plus Skandinavien und Schweiz) pro Jahr gefahren werden, ergibt sich ein Gesamtpreis von 1100 Milliarden Mark. Das ist der Betrag, den die westeuropäischen Pkw-Besitzer aus dem eigenen Sack bezahlen.

Dazu kommt der Güterverkehr im Umfang von rund 400 Milliarden Lastwagenkilometern auf Westeuropas Strassen. Rechnet man hier konservativ mit Kilometerkosten von durchschnittlich 2 Mark inklusive Chauffeurlöhnen, ergeben sich Jahreskosten von 800 Milliarden Mark. Weitere Milliarden verschlingt der Betrieb von Cars und motorisierten Zweirädern. Damit summieren sich die Gesamtausgaben des motorisierten Privatverkehrs auf den westeuropäischen Strassen auf rund 2000 Milliarden Mark.

Von diesen 2000 Milliarden Mark, welche die Teilnehmerinnen und Teilnehmer des privaten Strassenverkehrs selber bezahlen, entfällt ein Anteil von mindestens einem Zehntel auf staatliche Verkehrsabgaben, vorab auf Kraftfahrzeug- und Treibstoffsteuern. Mit diesen Abgaben werden die direkten Infrastrukturausgaben, also die Kosten für Bau und Unterhalt des westeuropäischen Strassennetzes, weitgehend gedeckt, zeigen neuere Schätzungen. In den einzelnen Staaten weisen die – methodisch übrigens stark voneinander abweichenden – Wegekosten-Rechnungen teils eine Überdeckung, teils eine Unterdeckung aus.

Was die meisten Steuerzahlerinnen und Steuerzahler aber nicht wissen: Es gibt noch beträchtliche zusätzliche Kosten, die der Personenverkehr und Gütertransport auf der Strasse verursacht, aber nicht bezahlt. Dazu gehören insbesondere folgende Ausgaben:

- Die Folgekosten von Verkehrsunfällen, die durch die Versicherungen der Automobilisten nicht gedeckt sind.

- Alle Kosten für Gesundheits-, Natur-, Gebäude- und Klimaschäden, die durch die verkehrsbedingte Verschmutzung der Luft entstehen.

- Die Kosten des Verkehrslärms, welcher Gesundheit und Wohlbefinden beeinträchtigt sowie den Wert der Grundstücke an den Verkehrsachsen vermindert.

- Materielle und ästhetische Wertverluste durch die Eingriffe in die Landschaft und den Landverbrauch, die der Bau von immer mehr Verkehrsinfrastruktur mit sich bringt. So beansprucht der Verkehr in der Schweiz heute 800 Quadratkilometer Land, was annähernd der zehnfachen Fläche des Zürichsees entspricht.

«Werden die externen Kosten nicht durch die Verkehrsbenützer, sondern aus allgemeinen Steuermitteln oder durch Dritte bezahlt, so bedeutet dies, dass der Wettbewerb nicht richtig spielt. Das Verkehrssystem funktioniert nicht so effizient, wie es möglich wäre.»

Dienst für Gesamtverkehrsfragen der Schweiz

Für die nicht-gedeckten Unfall- und Umweltkosten allein des Strassenverkehrs bezahlt die Allgemeinheit in Westeuropa jährlich 500 Milliarden Mark

In den letzten Jahren sind in Europa und in Einzelstaaten verschiedene Studien erschienen, welche diese externen oder sozialisierten Verkehrskosten oder Teile davon berechnet haben. Einen umfassenden westeuropäischen Überblick liefert die Studie «Externe Effekte des Verkehrs», welche das Institut für Wirtschaftsforschung der Universität Karlsruhe und die Beratergemeinschaft Infras in Zürich 1994 im Auftrag des Internationalen Eisenbahn-Verbandes (UIC) verfassten.

Gemäss dieser Studie belaufen sich die von den Verursachern nicht gedeckten Unfall- und Umweltkosten des Strassenverkehrs in Westeuropa (EU-Staaten plus Skandinavien plus Schweiz) pro Jahr (Stand 1991) auf rund 500 Milliarden Mark; in dieser Zahl sind die schwer quantifizierbaren Kosten für Landverbrauch und Landschaftseingriffe nicht enthalten. Die Verkehrsteilnehmer bezahlen mit ihren 2000 Milliarden Mark pro Jahr also nur 80 Prozent der von ihnen verursachten direkten und indirekten Verkehrskosten; den Rest (500 Milliarden Mark pro Jahr) wälzen sie auf die Allgemeinheit ab.

Die sozialisierten Unfall- und Umweltkosten von 500 Milliarden Mark, die allein der Strassenverkehr pro Jahr in Westeuropa verursacht, entsprechen einem Anteil von durchschnittlich 4,6 Prozent am Bruttoinlandsprodukt (BIP) der erfassten 17 westeuropäischen Staaten. In Deutschland allein (inklusive ehemalige DDR) belaufen sich die nicht gedeckten Unfall- und Umweltkosten des Strassenverkehrs auf 125 Milliarden Mark oder 4,4 Prozent des BIP, in Österreich auf 13 Milliarden Mark oder 4,3 Prozent des BIP, zeigt die Studie. Wollte man diese sozialisierten Kosten verursachergerecht auf den Treibstoffpreis für Autos und Lastwagen umwälzen, so müsste der Liter Benzin oder Diesel um rund zwei Mark verteuert werden, also auf mehr als das Doppelte des heutigen Säulenpreises.

Doch nicht nur der Strassenverkehr, auch der Schienen- und der Luftverkehr rollt oder fliegt in den roten Zahlen. Die Studie «Externe Effekte des Verkehrs» ermittelte dazu folgende Daten:

- Der Luftverkehr in Westeuropa verursacht ungedeckte Unfall- und Umweltkosten von 33 Milliarden Mark. Das entspricht umgerechnet 3,6 Pfennig pro Passagierkilometer und 19 Pfennig pro Tonnenkilometer Luftfracht. Um einem Flug München–New York retour die vollen sozialisierten Kosten anzulasten, müsste er pro Passagier um 450 Mark verteuert werden, pro Tonne Fracht sogar um 2400 Mark. Spargel aus Kalifornien oder Erdbeeren aus Südafrika, die per Luftfracht auf unseren Mittagstisch gelangen, wären bei voller Anlastung dieser Kosten gegenüber Saisonprodukten kaum mehr konkurrenzfähig. Dazu kommt, dass der – schwer abschätzbare – Einfluss, den Flugzeugabgase in grossen Höhen auf den Treibhauseffekt und Klimawandel haben, in diesen Zahlen nicht berücksichtigt ist. Gut möglich ist also, dass die Umweltkosten des Luftverkehrs noch viel höher sind als hier ausgewiesen.

■ Der Bahnverkehr in Westeuropa verursacht ungedeckte Unfall- und Umweltkosten von lediglich 10 Milliarden Mark. Beim Bahnverkehr kommen jedoch ungedeckte Infrastrukturkosten im Umfang von rund 20 Milliarden Mark hinzu, schätzt die von der UIC finanzierte Studie. Nicht enthalten sind darin die teils horrenden Betriebsdefizite der öffentlichen Transportunternehmen. Berechnungen am Beispiel der Schweiz zeigen, dass die Passagiere und Frachtkunden über die Tarife nur etwa die Hälfte aller Infrastruktur- und Betriebskosten bezahlen. So beläuft sich das **Defizit** für Infrastruktur und Betrieb des **öffentlichen Verkehrs**, das Bund, Kantone und Gemeinden decken müssen, in der Schweiz auf fast 6 Milliarden Mark (5 Milliarden Franken). Im zehnmal grösseren Deutschland, so berichtet der «Spiegel» (Ausgabe 12/1997), subventionieren Bund, Länder und Gemeinden allein den Bahntransport mit jährlich 40 Milliarden Mark.

Zählt man alle sozialisierten Kosten allein für Unfall- und Umweltfolgen zusammen, die Stras-

Defizit des öffentlichen Verkehrs: In der Schweiz beläuft sich der Aufwand des öffentlichen Schienenverkehrs auf 7,6 Mrd. Fr. pro Jahr, jener des öffentlichen Strassenverkehrs auf 2,1 Mrd. Fr. Dazu kommen sozialisierte Umweltkosten, die laut Studie über die «Externen Effekte des Verkehrs» 0,4 Mrd. Fr. betragen. Das ergibt Gesamtkosten von 10,1 Mrd. Fr. (fast 12 Mrd. DM) pro Jahr. Diesen Kosten stehen Tarifeinnahmen von bloss 4,3 Mrd. Fr. gegenüber. Dazu kommen noch etwa 0,7 Mrd. Fr. Nebeneinnahmen. Damit bleibt in der kleinen Schweiz ein jährliches Defizit von rund 5 Mrd. Fr. (6 Mrd. DM), das Bund, Kantone und Gemeinden mit Infrastruktur- und Betriebsbeiträgen, Defizitdeckung sowie weiteren teils verdeckten Subventionen bezahlen.

Fehlende Kostenwahrheit: Die sozialisierten Verkehrskosten verzerren den Wettbewerb

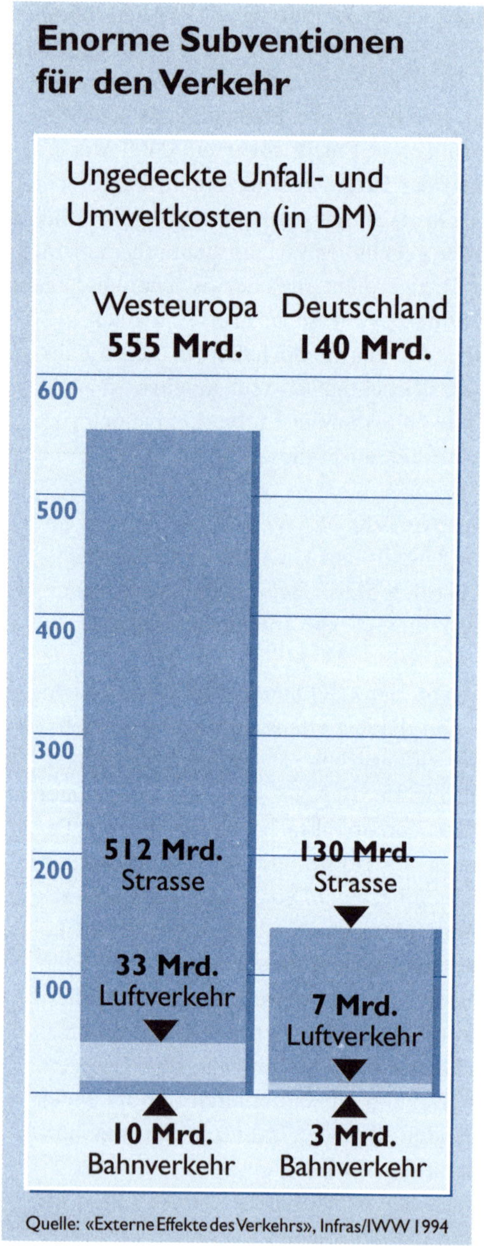

sen-, Schienen- und Luftverkehr verursachen (ohne Infrastruktur und Betriebsdefizite der Bahnen und öffentlichen Busbetriebe), so resultiert für Westeuropa eine Summe von rund 550 Milliarden Mark (siehe Grafik). Dabei handelt es sich um die Summe, die jedes Jahr von den Verkehrsteilnehmern ungerechtfertigterweise auf die Allgemeinheit abgewälzt wird. Wir beanspruchen somit rund 5 Prozent unserer gesamten wirtschaftlichen Wertschöpfung für die Defizitdeckung des Verkehrs.

Der so subventionierte Personen- und Gütertransport führt dazu, dass der Wettbewerb verfälscht wird. Zum Beispiel zwischen Nah- und Ferntourismus, zwischen Geschäftsreisen und Videokonferenzen, zwischen zu billigen Lebenskosten im Grünen weitab von Arbeitsplätzen und zu teuren Kosten in den Städten, zwischen zentraler oder dezentraler Produktion, zwischen Lagerhaltung und «Just in time»-Anlieferung von Gütern oder zwischen verschiedenen Verkehrsträgern.

Die Folge liegt auf der Hand: Solange der Verkehr seine wahren Kosten nicht voll zahlen muss, bleibt die Nachfrage nach Personen- und Gütertransport viel zu gross, gemessen am volkswirtschaftlichen Optimum. Damit steigt aber auch der Druck, die Infrastruktur weiter auszubauen, oder es entstehen mehr zeit- und geldraubende Staus. In beiden Fällen steigt die Umweltbelastung, und mithin erhöhen sich wiederum die sozialisierten Kosten.

«Just in time»: Viele Produzenten verlangen heute, dass ihnen die Zulieferfirmen die Halbfabrikate oder Ersatzteile nicht mehr auf Vorrat, sondern in kleinen Mengen exakt dann – englisch: «just in time» – liefern, wenn die Waren gebraucht werden. Dadurch werden Lastwagen immer mehr zu mobilen Zwischenlagern. Das erlaubt den Produzenten, ortsfeste Lager abzubauen und Kosten zu sparen respektive die Kosten auf den von der Allgemeinheit subventionierten Strassentransport zu überwälzen.

Grossrisiken: Das Volk muss zahlen

Warum Unternehmen auf Kosten der Allgemeinheit zuviel wagen können

Atomkraftwerkbetreiber, Chemieunternehmen oder Banken wälzen heute grosse Risiken auf den Staat oder die Allgemeinheit ab. Deshalb können sie – gemessen an ihren finanziellen Möglichkeiten – zuviel riskieren und geniessen damit einen unverdienten Marktvorteil.

In einer freien Marktwirtschaft erzielen tüchtige Unternehmer oder Unternehmerinnen hohe Gewinne. Dagegen ist nichts einzuwenden, solange sie – oder bei einer Aktiengesellschaft die Aktionäre – auch das volle Risiko von Misserfolg und Folgeschäden selber tragen.

Das heisst: Die Unternehmen müssen die Kosten und Verluste, die aus einer Fehlinvestition, aus einem Unfall oder aus einer langfristigen Schädigung von Umwelt und Gesellschaft entstehen, jederzeit selber tragen können, sei es mit ihrem **Eigenkapital** oder über eine **Haftpflichtversicherung.** Doch das ist heute längst nicht immer der Fall. Vielfach tragen Staat, Gesellschaft oder nachfolgende Generationen die Risikofolgen.

Eigenkapital: Das Eigenkapital einer Aktiengesellschaft entspricht dem Nominalwert des Aktienkapitals sowie dem Wert der Reserven und der angesammelten Gewinne. Eine AG haftet anderen gegenüber immer nur mit dem Eigenkapital.

Haftpflichtversicherung: Normalerweise muss der Geschädigte beweisen, dass eine bestimmte Person den Schaden verursacht hat. Bei Langzeitschäden – wie Atomunfällen oder gentechnischen Pannen – wird die Beweislastumkehr diskutiert: Die wahrscheinlichen Verursacher sollen beweisen müssen, dass die Schäden nicht von ihnen stammen.

■ Beispiel Chemie-, Kunststoff- oder Papierunternehmen: Sie riskieren mit Giftstoffen die Verseuchung von Luft, Flüssen und Böden, ja sogar die Zerstörung der lebenswichtigen Ozonschicht, ohne für die Folgekosten aufzukommen. Ihre Produkte sind deshalb zu billig und mithin bevorteilt. Rückstände von Pestiziden wie DDT, PCB oder Dioxin und Rückstände von Duftstoffen in Waschmitteln und Parfums sowie Substanzen aus Sonnenschutzmitteln (UV-Filter) reichern sich im Fett der Muttermilch an und belasten Mütter und Kleinkinder. Über die langfristigen Risiken für Kleinkinder und Mütter müssen sich die Verursacher keine grossen Gedanken machen. Die Beweislast der Geschädigten sowie die relativ kurzen Verjährungsfristen kommen ihnen zugute.

- Beispiel Landwirtschaft: Der übermässige Einsatz von Dünger und Pestiziden verschmutzt die Gewässer und gefährdet langfristig die Fruchtbarkeit der Böden sowie die Vielfalt von Tier- und Pflanzenarten. Weil die Gift und Chemie spritzenden Bauern für diese Risikokosten nicht zur Kasse gebeten werden, geniessen sie einen Wettbewerbsvorteil gegenüber den Konkurrenten, die den biologischen Anbau pflegen.

- Beispiel Erdölindustrie: Lecke Tanker können ganze Küsten und Meeresteile verschmutzen, ohne dass die Ölmultis die vollen Schadenskosten bezahlen müssen. Klar, dass auch diese abgewälzten Kosten den Wettbewerb verfälschen.

- Beispiel Elektriziätsgesellschaften: Sie nehmen als Betreiber von Kernkraftwerken ohne genügende Versicherung das Geschäftsrisiko eines Unfalls, wie er sich in Tschernobyl ereignet hat, in Kauf und hinterlassen späteren Generationen für mehrere hunderttausend Jahre hochradioaktive Abfälle. Weil die Atomrisiken auf die Gesellschaft abgewälzt werden, wird Atomstrom im Wettbewerb mit dem Strom aus Wind- oder Solaranlagen bevorteilt.

- Beispiel Finanzinstitute und andere Grosskonzerne: Sie wälzen das Risiko einer Pleite auf die Kunden, den Staat und die Steuerzahler ab. Daraus resultiert ein enormer Marktvorteil gegenüber kleinen Unternehmen.

Die heutigen Gesetze erlauben es den Unternehmen, grosse Geschäftsrisiken einzugehen, ohne im Schadensfall dafür geradestehen zu müssen. Oft gründen grosse Firmen absichtlich Tochtergesellschaften, damit im Pleite-, Unglücks- oder Haftpflichtfall nur das wenige Kapital der Tochtergesellschaft verlorengeht und sich die anderen Teile der Firma unbeschadet

«*Man schliesst kein Atomkraftwerk, das 200 Millionen Dollar im Jahr einbringt, Millionen Menschen Strom liefert und 25 000 Menschen beschäftigt… Tschernobyl ist der beste und sicherste Reaktor in der ehemaligen Sowjetunion.*»

SERGEJ PARASCHIN, Generaldirektor des 1986 havarierten Atomkraftwerks Tschernobyl

Manche Grossunternehmen gründen Tochtergesellschaften, um ihre Risiken zu vermindern

aus der Affäre ziehen können. So beruhigte Martin Broughton, Generaldirektor des Tabakkonzerns BAT, im März 1997 die Aktionäre, dass Kläger in den laufenden Schadenersatzprozessen in den USA nur Tochtergesellschaften, nicht aber die BAT-Holdinggesellschaft belangen können.

Ob das Abwälzen von Geschäftsrisiken und deren **Folgekosten** durch eine Gesetzeslücke ermöglicht wird oder durch die gesellschaftliche Bedeutung und Macht einer Firma – wirtschaftlich hat dies die gleiche Bedeutung: Ein Unternehmen braucht nur für einen kleinen Teil der verursachten Schäden geradezustehen und kann dadurch hohe Versicherungs- oder Schadenersatzkosten sparen. Mit andern Worten: Diese Kosten werden sozialisiert. In den Firmenbilanzen indes tauchen nur jene Zahlen auf, die mit der Produktion zu tun haben; die Kosten für die Schäden, welche gegenüber der Gesellschaft oder der Umwelt entstehen, werden vergessen oder verdrängt.

Folgekosten: Je mehr umweltbelastende Stoffe die Industrie benutzt, desto grössere Folgekosten können entstehen. Im Gegensatz zu den Produktionskosten sind diese im Preis eines Produkts meist nicht enthalten. Bescheidene Ansätze, bereits dem Hersteller einen Teil der Folgekosten zu verrechnen, sind vorgezogene Entsorgungsgebühren bei Elektrogeräten oder Batterien.

Deshalb riskieren viele Unternehmen im Verhältnis zum eingesetzten Kapital viel zuviel. In ihrer Rechnung fehlen nämlich entweder die Kosten für die Deckung des Risikos, also für entsprechend hohe Versicherungsprämien, oder aber die finanziellen Reserven, um einen allfälligen Schaden zu bezahlen. Dadurch verletzen sie das Verursacherprinzip, also eine grundlegende Spielregel der freien Marktwirtschaft.

Trotzdem scheuen sich viele Geschäftsleute und ihre politischen Sachwalter in den Parlamenten nicht, nach «weniger Staat» zu rufen. Das heisst für sie aber nicht etwa, dass sie die Haftung für ihre Geschäftsrisiken vermehrt selber übernehmen wollen. Vielmehr setzen sie sich politisch dafür ein, dass sie noch mehr Kosten auf den Staat abwälzen und sich damit auf Kosten der Steuerzahlerinnen und Steuerzahler noch mehr Wettbewerbsvorteile ergattern können. Und mit Krokodilstränen in den Augen beklagen sie dann das riesige Staatsdefizit und die hohe Steuerlast.

Atomkraft: Die Allgemeinheit haftet

Ein Grossunfall in einem Kernkraftwerk kann Schäden von mehreren tausend Milliarden Mark verursachen. Gemessen daran ist die Versicherungsdeckung von KKW-Unternehmen völlig ungenügend. Und die Atommüll-Risiken werden auf spätere Generationen abgewälzt.

Ein Vergleich: Ein Pkw-Fahrer überfährt eine Fussgängerin. Was nützt dann der Fussgängerin eine unbegrenzte Haftung des Pkw-Fahrers, wenn dieser eine arme Kirchenmaus ist? Nichts. Deshalb hat der Gesetzgeber alle Pkw-Fahrerinnen und -Fahrer verpflichtet, eine obligatorische Haftpflichtversicherung abzuschliessen, welche alle Schäden deckt.

Was für Pkw-Fahrer eine Selbstverständlichkeit ist, gilt für Kernkraftwerkgesellschaften nicht. Laut deutschem Nuklearhaftungsrecht haften zwar die Betreiber von KKWs ebenfalls «unbegrenzt», doch das ist reine Theorie. Denn der Gesetzgeber verpflichtet die KKW-Betreiber lediglich, eine Deckungsleistung von einer halben Milliarde Mark zu garantieren. Das ebenfalls haftende Aktienkapital von KKW-Gesellschaften beträgt maximal 2,8 Milliarden Mark (RWE Essen). Im Vergleich zum Schadenpotential eines **KKW-Grossunfalls** in Höhe von mehreren tausend Milliarden Mark haften die KKW-Betreiber in Tat und Wahrheit also nur mit einer mickrigen Summe.

KKW-Grossunfall: Ein solches Unglück in einem deutschen Kernkraftwerk wird Schäden in Höhe von 10 Billionen DM (10 000 000 000 000) verursachen. Das hat das Prognos-Institut im Auftrag der Bundesregierung 1992 geschätzt. Von diesem Schadenpotential ist nur ein lächerliches Zehntausendstel versichert, nämlich eine Summe von einer Milliarde DM. Auch für Schäden eines kleineren Unfalls können die Elektrizitätsgesellschaften also nur zum kleinsten Teil aufkommen.

Laut Nuklearhaftungsrecht müsste der Staat nach einem Grossunfall eine Milliarde Mark Steuergelder bereitstellen. Für die KKW-Gesellschaften bedeutet dies: Sie können das unternehmerische Risiko eines Grossunfalls fast vollständig abwälzen – zu einem geringen Teil auf den Staat und zum grössten Teil auf die Geschädigten. Deutschland ist dabei keine Ausnahme: Die Versicherungsdeckung für

«Gefahren werden industriell erzeugt, ökonomisch sozialisiert, juristisch individualisiert, natur-wissenschaftlich legitimiert und politisch verharmlost.»

ULRICH BECK, Soziologieprofessor an der Universität Bamberg, Verfasser der Bücher «Risikogesellschaft» und «Gegengifte»

KKW-Unfälle ist überall ähnlich tief. Dazu erklärt Peter Zweifel, Professor am Institut für empirische Wirtschaftsforschung der Universität Zürich: «Der Staat subventioniert durch diese Praxis die nukleare Energieerzeugung.» Die Schweizer Regierung hatte dies 1958 freimütig zugegeben. Als sie damals das erste Kernenergie-Haftpflichtgesetz vorschlug, erklärte sie in ihrer Botschaft ans Parlament: «Es ist darauf Rücksicht zu nehmen, dass nicht durch allzu strenge Haftungsbestimmungen die Entwicklung der Atomwirtschaft gehemmt, das heisst die Initiative des Unternehmers gelähmt wird. Die interessierten Wirtschaftskreise haben unmissverständlich zu verstehen gegeben, dass sie sich nicht an den Reaktorbau und -betrieb heranwagen können, wenn die Haftpflicht die Grenzen des Tragbaren überschreitet.»

Der deutsche Gesetzgeber hatte die Gefährdungshaftung bis 1985 auf maximal 1 Milliarde Mark begrenzt, um «die Kernenergie zu fördern» (Bundesinnenministerium in «Atomwirtschaft», Mai 1985). Der Wegfall dieser Haftungshöchstgrenze im Jahre 1985 sei «ein Schritt in die Normalität». Aber wie gesagt: Eine «unbegrenzte» Haftung nützt wenig, wenn keine Versicherungsdeckung vorgeschrieben ist.

Die Atomrisiken, für welche die Steuerzahler im Unglücksfall aufzukommen haben, stammen indes nicht nur aus dem eigenen Land. Die Beton- und Stahlhülle, mit welcher der Unglücksreaktor in Tschernobyl abgeschirmt wird, zeigte schon 1994 mehrere Risse. Die **Internationale Atomenergiebehörde IAEO** hat vor dem Einsturz des Sarkophags und den «schwerwiegenden Konsequenzen» gewarnt. Auch über die Sicherheit von zwei weiteren Reaktoren, die in Tschernobyl noch in Betrieb sind, zeigten sich die IAEO-Inspektoren alarmiert. Doch dies ist nicht das einzige Kernkraftwerk, das zu Sorgen Anlass gibt. Schon fast regelmässig tauchen in den Medien Schlagzeilen auf wie etwa «Armenisches KKW droht ausser Kontrolle zu geraten», «Ukrainisches KKW mit blockiertem Sicher-

Internationale Atomenergieorganisation (IAEO): Sie ist 1957 als Nebenorganisation der Uno mit dem Ziel gegründet worden, einerseits die Kernenergie zu fördern und andererseits deren Anwendung zu kontrollieren. Diese Doppelrolle hat immer wieder zu Kritik Anlass gegeben. Die IAEO warnt sehr zurückhaltend vor Risiken unsicherer KKWs im Osten und in Entwicklungsländern.

heitssystem» oder «Schlamperei, Unfähigkeit, Fehlkonstruktion im bulgarischen KKW Kosloduj» oder «Litauisches Atomkraftwerk Ignalina zählt zu den vier gefährlichsten der Welt». Doch solche Alarmsignale führen nur in seltenen Fällen zur Unterbrechung des Betriebs, um die Mängel zu beheben. Zwei Gründe spielen da mit: Jede Unterbrechung eines grossen KKW hat für die Kraftwerkgesellschaften grosse Einnahmeverluste zur Folge. Und: Die Wirtschaft ist kurzfristig vom ständigen Nachschub an Elektrizität abhängig. Deshalb schalten die «Verantwortlichen» oft nicht ab, sondern gehen grössere Risiken ein.

Zahlreiche Risse im Leitungssystem des deutschen KKW Brunsbüttel oder das umstrittene An- und Abschalten des schnellen Brüters Superphénix bei Genf zeigen, dass Gefahren nicht nur in weiter Ferne lauern. Und die Abklärung der Haftungsfrage im Falle eines Unfalls gerade jenseits der Grenze macht noch deutlicher, wie minimal die Risiken gedeckt sind. Denn die Atomkraftwerkbetreiber haften für Schäden ausserhalb der Landesgrenzen nur minimal: Laut internationalen Verträgen ist von einem Nachbarstaat weniger als 1 Milliarde Mark zu erwarten. Diese begrenzte Haftung steht im krassen Gegensatz zum grenzenlosen Markt.

Die Elektrizitätsgesellschaften in Deutschland und in der Schweiz beteuern, dass ein grösserer Unfall eines KKWs bei uns praktisch unmöglich sei. Trotzdem lehnen sie es aber ab, sich für das Risiko auch eines nur mittelgrossen Unglücks zu versichern. Bei **internationalen Versicherungsverbunden** könnten die KKW ohne weiteres Schäden in der Höhe von wenigstens 10 bis 30 Milliarden Mark versichern – gegen entsprechend hohe Prämien natürlich. Auszahlungen dieser Grössenordnung haben die Versicherungen nach Naturkatastrophen in letzter Zeit mehrmals gemacht. Bei einem schweren Erdbeben in Kalifornien müsste die Versicherungsbranche sogar über

Internationale Versicherungsverbunde: Ein Milliardenrisiko zu versichern ist für eine einzelne Versicherungsgesellschaft zu riskant. Für grössere von ihnen versicherte Risiken schliessen sie deshalb ihrerseits eine Versicherung ab (Rückversicherungen). Zum Beispiel bei der Schweizer Rückversicherungs-Gesellschaft oder der britischen Lloyds. Diese wiederum kann ihrerseits für ganz grosse Risiken Verträge mit anderen Rückversicherungsgesellschaften abschliessen. So entstehen internationale Versicherungsverbunde.

hundertmal mehr für Schäden bezahlen als bei einem KKW-Unfall. Die Versicherungsgesellschaften würden dabei nicht pleite gehen. Falls Kernkraftwerkgesellschaften bedeutend höhere Schadensummen versichern müssten, würde die Atomenergie merklich verteuert. 1985 hatte die SPD-Opposition im Bundestag vergeblich eine Versicherungsdeckung von 10 Milliarden Mark verlangt. Die Regierung hielt jedoch an 0,5 Milliarden Mark fest, was «angesichts des Schadenrisikos eine angemessene Deckung» gewährleiste (Bundesinnenministerium in Atomwirtschaft, Mai 1985).

Risikoausschluss: Versicherungen schliessen die Folgen von KKW-Unfällen auf allen privaten Versicherungspolicen systematisch aus. Deshalb kann sich niemand gegen die Folgen eines Tschernobyl-Unfalls in unserer Nähe versichern.
Das zeigt das Kleingedruckte der Policen. So hält die Gebäudeversicherung fest: Nicht versichert sind Schäden an Gebäuden, die unmittelbar oder mittelbar durch Veränderung der Atomkernstruktur verursacht werden.» In der persönlichen Haftpflichtversicherung heisst es ähnlich: «Schäden durch ionisierende Strahlen sind nicht versichert.» Auch die Bestimmungen der Auto-Insassen-Versicherung schliessen «Gesundheitsschädigungen durch Einwirkung ionisierender Strahlen irgendwelcher Art» aus.

Offensichtlic‡h ist aber, dass die Risikoeinschätzung von Atomunfällen für die Versicherungen ein äusserst heikles Thema ist. Das beweist der **Risikoausschluss:** Die Folgen von KKW-Unfällen schliessen alle Privatversicherungen – von der Hausrat- bis zur Pkw-Insassenversicherung – konsequent aus. Im Kleingedruckten verborgen findet man jeweils Abschnitte mit Texten wie «Nicht versichert sind Schäden, die unmittelbar oder mittelbar durch Veränderung der Atomkernstruktur verursacht werden» oder «Nicht versichert sind Folgen ionisierender Strahlen».

Was für die Folgen eines grösseren KKW-Unfalls gilt, trifft auch zu für mögliche Zwischenfälle beim Umgang mit hochradioaktivem Atommüll, bei der Beseitigung ausgedienter Reaktoren und beim Transport von Kernmaterialien. Die am 15. Juli 1975 in Kraft getretene internationale Konvention über den Seetransport von Kernmaterialien hat «ein grosses Hindernis für den Seetransport radioaktiver Materialen beseitigt», erklärten die Vertragsunterzeichner unverhohlen. Die Reeder der Schiffe, die Nuklearmaterial transportieren, sind seither von jeder Haftung für nukleare Schäden befreit. Haftbar sind allein die Betreiber von Kernkraftanlagen mit ihrem bescheidenen Geschäftskapital.

Geradezu unabsehbar sind die Risiken des hochradioaktiven Abfalls. Dieser **Atommüll** muss mehrere hunderttausend Jahre lang sicher «entsorgt» werden. Ob die Menschheit die Sorgen mit diesem gefährlichen Müll je los wird, steht jedoch in den Sternen. Wenn es bereits nach hundert oder tausend Jahren zu Verseuchungen mit diesem hochradioaktiven Müll kommt, sind die ursprünglichen Aktiengesellschaften längst von der Bildfläche verschwunden. Für die Sicherheit, von der sie einmal gesprochen hatten, stände nicht einmal mehr das bescheidene Aktienkapital zur Verfügung. Allfällig Schuldige ruhten längst im Grab.

Kurz und ungut: Das Risiko wird voll und ganz auf spätere Generationen abgewälzt. Deshalb fällt es den Kernkraftwerkbetreibern so leicht, das Langzeitrisiko des Atommülls zu verharmlosen und zu vernachlässigen.

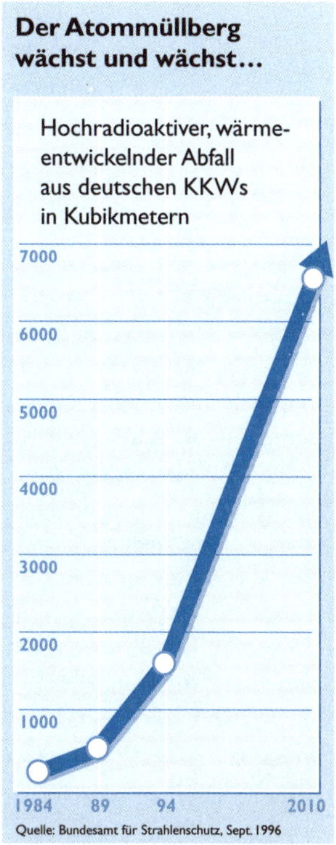

Problem für Generationen: Aus deutschen Atomkraftwerken sammelt sich immer mehr hochradioaktiver Müll an

In der Schweiz wollen die Bundesbehörden die Kernkraftwerkgesellschaften ausdrücklich von ihrer Verantwortung für den mittelradioaktiven Atommüll entbinden. Das Schweizer Kernenergie-Haftpflichtgesetz schreibt zwar vor, dass der «Inhaber des Endlagers für Nuklearschäden aus seiner Anlage» haftet. Ein «verschlossenes» Endlager sei jedoch «keine Kernanlage im gesetzlichen Sinne mehr», erklärte 1995 die Hauptabteilung für die Sicherheit der Kernanlagen (HSK) schriftlich zum Atommüllager Wellenberg. Wörtlich: «Nach Abschluss der Versiegelungsarbeiten ... wird das Endlager aus der Nukleargesetzgebung entlassen. Dem Endlagerbetreiber verbleiben keine weiter gehenden Verpflichtungen und Verantwortungen.» In Deutschland ist es ähnlich. Die deutsche Siemens schreibt in ihrer Broschüre «Entsorgung von Kernkraftwerken»: «Die Entsorgung ist abgeschlossen, wenn die zur Beseitigung anstehenden radioaktiven Abfälle endgelagert und damit dem Biozyklus auf Dauer entzogen sind.»

Das heisst: Der Staat und damit die Steuerzahler sollen alle weiteren Risiken und Schäden übernehmen, die im Laufe der nächsten paar hundert Jahre auftreten können. Auf eine parlamentarische Anfrage begründete der Schweizer Bundesrat (Regierung) seine Politik zynisch: «Aus Gründen der Solidarität gegenüber kommenden Generationen lassen sich provisorische Lösungen für Zeithorizonte von einigen 100 Jahren kaum in Betracht ziehen.» Mit dem gleichen Argument können Regierungen die Atomwirtschaft dereinst von der Verantwortung für die hochradioaktiven Abfälle entbinden. Damit würde das Sprichwort «Aus den Augen, aus dem Sinn» zum staatlich verordneten Glaubensbekenntnis.

Hochradioaktiver Abfall: Darunter befinden sich Stoffe, deren Radioaktivität sich erst nach einigen zehntausend Jahren auf die Hälfte reduziert (hohe Halbwertszeit). Zum Teil fallen sie in ausländischen Anlagen zur Wiederaufbereitung von Brennstäben an. Die Elektrizitätsgesellschaften mussten sich aber verpflichten, diese hochradioaktiven Abfälle zurückzunehmen. Eine endgültige Lagerstätte ist aber noch nicht projektreif.

Doch wen würde das noch wundern? Nicht einmal für die bereits heute verursachte Umweltbelastung muss die Atomindustrie bezahlen: Sie kann die Irische See und den Atlantik durch die Wiederaufbereitungsanlage in Windscale oder den Ärmelkanal durch die Anlage in La Hague radioaktiv verseuchen, ohne dafür auch nur einen Pfennig Entschädigung zu zahlen. Die Gesellschaften werden sich auch aus der Affäre ziehen, wenn künftige Generationen in der Umgebung von Windscale oder La Hague eines Tages Erbschäden davontragen. «Der Staat hat ja alles bewilligt und überwacht», werden sie sich herausreden. Die Manager, die heute von Eigenverantwortung sprechen und Sicherheit «garantieren», sind dann gestorben.

Schockierend am Ganzen ist, dass niemand heute im Ernst daran denkt, die Kernkraftwerkgesellschaften zur wenigstens teilweisen Deckung der von ihr erzeugten Risiken zu verpflichten. Die mächtige Energiebranche hat sich daran gewöhnt, dass sie alle grossen Risiken weitgehend auf Staat und Steuerzahler abwälzen kann. Mehr noch: Sie ist sogar daran gewöhnt, dass sie von den Steuerzahlern direkt subventioniert wird. Das fängt mit Staatsbeiträgen an den Forschungsaufwand an und geht bis zur staatlichen Abklärung bestmöglicher Lagermöglichkeiten für den **hochradioaktiven Abfall.**

Fazit: Hersteller und Verkäufer von Atomstrom profitieren von erheblichen Wettbewerbsvorteilen, welche die Wettbewerbsverhältnisse auf dem Energiemarkt stark verzerren. Vor allem erneuerbare und umweltfreundliche Energiequellen wie Sonnenkollektoren, Sonnenzellen oder Biogas sind gewaltig benachteiligt.

Industrie: Unfallschäden nur teilweise bezahlt

Verschiedene Umweltkatastrophen, die Industriefirmen in den letzten Jahren verschuldet haben, verursachten Kosten von mehreren Milliarden Mark. Doch selbst die Grosskonzerne kommen nur für einen Teil der Schäden auf – und verletzen so das Verursacherprinzip.

Ein schlimmer Industrieunfall ereignete sich 1986 in Tschernobyl in der Ukraine. Noch immer lässt sich nicht genau beziffern, wie viele Menschen dieser atomare **GAU** getötet, verletzt oder krank gemacht hat. Noch ist unabsehbar, wie hoch die Schäden als Folge der radioaktiven Verseuchung kurz- und langfristig sein werden. Sicher ist nur: Die Verursacher dieser Katastrophe können die Schadenskosten nie und nimmer bezahlen. Viele Ortschaften wurden evakuiert, ganze Landstriche für die landwirtschaftliche Nutzung verboten, Zehntausende Menschen, auch noch Ungeborene, tragen gesundheitliche Schäden davon.

«Tschernobyl» ist ein Extremfall, aber kein Einzelfall. Allein in den letzten 20 Jahren gab es eine Vielzahl von Industrieunfällen, Giftkatastrophen oder Öltanker-Havarien mit Schäden in Milliardenhöhe. Wobei auch hier die Verursacher die Kosten nur teilweise zahlen. Einige Beispiele belegen dies.

1976 schockte der Dioxin-Unfall im italienischen Seveso die Welt. In der Fabrik Icmesa explodierte am 10. Juli 1976 ein chemischer Reaktor.

GAU: Der Ausdruck entstand im Zusammenhang mit der Diskussion über mögliche Unfallfolgen in der Atomwirtschaft. Obschon das Wort aus der Abkürzung von «grösster anzunehmender Unfall» entstand, steht es heute generell für sehr grosse (also nicht nur die grössten anzunehmenden) Unfälle.

«Das geltende Haftpflichtrecht ist dem Katastrophenfall weder auf materieller noch auf verfahrensrechtlicher Ebene gewachsen.»

PIERRE TERCIER, ehemaliger Präsident der Eidgenössischen Kartellkommission

Die Fabrik produzierte Trichlorphenol, ein Zwischenprodukt zur Herstellung von Herbiziden. Durch die Explosion sind – je nach Quelle – zwischen 300 Gramm und 130 Kilogramm des hochgiftigen TCDD-Dioxins entwichen.

Es war Glück, dass Icmesa nicht eine kleine Firma war, die einfach dichtmachte und alle Folgen dem Staat überliess. Icmesa gehörte zum Weltkonzern Hoffmann-La Roche, der für Aufräumungsarbeiten und Schadenersatz etwas über 350 Millionen Mark bezahlte.

Aber auch Hoffmann-La Roche hinterlässt Langzeitrisiken, für die der Weltkonzern nicht mehr geradestehen muss. Die Umgebung der Fabrik bleibt auf Jahre hinaus verseucht. Und die 37 000 Menschen, die der Dioxin-Wolke ausgesetzt waren, sind einem langfristigen Gesundheitsrisiko ausgesetzt, dessen Ausmass man heute noch nicht voraussagen kann. Bereits zehn Jahre nach dem Unfall zeigte ein Vergleich mit der Normalbevölkerung, dass jene Menschen, die mit dem Dioxin in Berührung kamen, wahrscheinlich mit einem viel höheren Krebsrisiko rechnen müssen, vor allem mit seltenen Leukämiearten, Bindegewebe-, Leber- und Gallenblasenkrebs.

Eine Giftgaskatastrophe noch viel grösseren Ausmasses im indischen Bhopal machte 1984 deutlich: Die Gefahr in Chemiewerken war keinesfalls gebannt. Aus einer Pflanzenschutzmittelfabrik des Konzerns Union Carbide sind über 20 Tonnen, nach anderen Quellen sogar 4000 Tonnen des hochgiftigen Pestizid-Vorprodukts Methylisocyanat entwichen. Das Gas griff die Lungen der Menschen an. Mindestens 3800 Menschen wurden getötet, 200 000 zu Invaliden gemacht. Eine Tragödie für alle Betroffenen.

Um die geforderten Entschädigungssummen möglichst gering zu halten, hat Union Carbide 24 Millionen Dollar allein für Rechtsanwälte ausgegeben. Aufgrund eines **gerichtlichen Vergleichs** in Indien zahlte Union Carbide schliesslich 470 Millio-

Vergleich bei Gerichtsprozessen: Um einen langwierigen, kostspieligen (Schadenersatz-)Prozess vor Gericht zu vermeiden oder abzubrechen, schliessen die Parteien einen Vergleich ab. Die Bedingungen können vom Richter vorgeschlagen oder von den Parteien frei vereinbart sein. Beide Parteien erklären dabei den Verzicht auf weitere gerichtliche Schritte. Der Richter erklärt den Prozess damit für beendet. Oft gibt sich der Geschädigte mit einem Teil seiner Forderungen zufrieden. Dafür muss er nicht jahrelang auf eine Entschädigung oder Genugtuung warten.

nen Dollar Schadenersatz (über 800 Millionen Mark). Damit hat die Entschädigung der Opfer den Chemiekonzern nicht einmal eine **Jahresdividende** gekostet. «Bhopal – für Aktionäre eine billige Katastrophe», titelte die Zürcher «Sonntags-Zeitung». Für Vertreter der Opfer sei diese Abfindung eine «zweite Bhopal-Katastrophe» gewesen.

Nur wenn das Giftgas als Todesursache einwandfrei feststand, erhielt eine Familie als Entschädigung für den Tod ihres gutverdienenden Ernährers pauschal rund 15 500 Mark. Für einen alten toten Mann, der seinen Angehörigen finanziell zur Last gefallen wäre, gab's 6500 Mark. Die meisten Angehörigen mussten teure Prozesse führen, um von dieser Entschädigung zu profitieren.

Doch nicht nur Fabriken bergen Gefahren. Auch Zwischenfälle beim Transport heikler Güter können verheerende Folgen haben – für die Umwelt vor allem. Auch hier gilt: Die Verantwortlichen müssen nicht für alle Kosten aufkommen.

Ein Unfall des Öltankers «Exxon Valdez» löste 1989 vor Alaska eine riesige Umweltkatastrophe aus. 40 Millionen Liter Rohöl verschmutzten Meer und Ufer. Die Säuberung der Küsten habe das Ökosystem in eine «Bouillabaisse aus toten Kreaturen» verwandelt, erklärte Alan Mearns von der US-Behörde für Ozeanographie und Atmosphäre. Etwa 400 000 Seevögel und 5500 Otter gingen zugrunde. Die ölverschmutzten Miesmuschelbänke seien auf viele Jahre hinaus eine ständige Gefahr in der **Nahrungskette** vieler Seetiere.

Der Ölkonzern Exxon musste 1991 eine Busse von einer Milliarde Dollar zahlen. Davon flossen 900 Millionen in eine eigens gegründete Stiftung zur Sanierung der Umwelt. Pikantes Detail: Einen Teil davon kassierte Exxon für Aufräumungsarbeiten gleich selber! Für weitere Aufräumarbeiten musste der Konzern allerdings weitere 2,5 Milliarden Dollar ausgeben.

Jahresdividende: Jener Anteil am Jahresgewinn, den eine Aktiengesellschaft ihren Aktionären auszahlt. Die Höhe wird von der Generalversammlung der Aktionäre festgelegt. Sie können auch bestimmen, dass sie auf einen Teil davon verzichten und das Geld «in der Firma» lassen. Dies erhöht ihren inneren Wert – oft steigt dann auch der Handelswert der Aktie.

Nahrungskette: Im Laufe der sogenannten Nahrungskette (zum Beispiel Plankton – Fisch – Raubfisch – Mensch) können sich Schad- und Giftstoffe ansammeln und konzentrieren. Die Folgen können tragisch sein: Dokumentiert sind 907 Tote und Tausende von Krüppeln, welche Fische aus der quecksilberverseuchten Minamata-Bucht in Japan gegessen hatten.

Im Juni 1994 hat ein Geschworenengericht in Anchorage Exxon darüber hinaus zur Schadenersatzzahlung von 287 Millionen Dollar an 10000 Fischer verurteilt. Der Grund: Sie haben durch die Ölkatastrophe einen Teil ihrer Lebensgrundlage verloren, vor allem die Lachsfänge sind stark zurückgegangen. Über weitere Schadenersatzforderungen wird noch gestritten.

Die Geschädigten hatten enormes Glück, dass das Unglücksschiff «Exxon Valdez» zur Flotte eines reichen Weltkonzerns gehört. Unzählige Öltanker gehören nämlich kleinen, unabhängigen Gesellschaften und sind in Ländern wie Liberia, Griechenland oder Spanien registriert. Im Falle eines Unfalls können diese keine oder nur minimalste Schadenersatzansprüche erfüllen. Und die Risiken von Ölunfällen sind weiterhin sehr hoch. So fahren oft verrostete, manchmal 30 Jahre alte Schiffe von den Ölländern nach Europa oder Amerika. Und in den Wintermonaten, wenn Orkane meterhohen Wellengang auslösen, geraten immer wieder Tanker in Seenot.

Heisse Fracht: Seit 1970 stieg die Menge des geförderten Erdöls um 40 Prozent – und auch die Gefahr von Havarien

Schadenersatz ist besonders schwierig zu erlangen, wenn ein Unfall erst nach vielen Jahren schwere Folgen hat: Erst 1994 beispielsweise lief beim Kap der Guten Hoffnung Öl aus dem in Spanien registrierten 224000-Tonnen-Tanker «Castillo del Bellver» aus. Der Tanker war bereits elf Jahre vorher 25 Seemeilen vor Kapstadt gesunken. Ein Dutzend malerische Strände wurde mit Öl bedeckt. Auf vorgelagerten Inseln sind Tausende Pinguine und andere Meeresvögel verölt. Der 1994 aufgetretene Schaden geht voll zu Lasten der Natur und der südafrikanischen Steuerzahler. Die Gesellschaft, welcher der Tanker gehört hatte, existiert nicht mehr.

Gentechnik: Keine Haftung für Langzeitrisiken

Für Risiken der Gentechnik gibt es bisher keine langfristige Haftung und keine ausreichende Versicherungspflicht. Deshalb fehlt der Genindustrie das wirtschaftliche Interesse, alle Risiken abzuklären und zu vermindern und dafür auch die nötigen Kosten zu tragen.

Die Gentechnik gilt heute als die Technologie der Zukunft – wie früher die Atomtechnologie. Dank gentechnisch hergestellter Medikamente will die Medizin bisher Unheilbare heilen. Die Gentechnik soll Erbkrankheiten ausmerzen, aus Nutztieren noch mehr Fleisch und aus Nutzpflanzen noch mehr Erträge herausholen. Nahrungsmittel- und Pharmaindustrie sehen in der Gentechnologie ihre grosse ertragreiche Zukunft.

Während die Industrie jeden erdenklichen Anreiz hat, den Nutzen der Gentechnik gründlich zu erforschen, fehlt ein wirksamer Anreiz, um Risiken ebenso gründlich abzuklären. Zwar wird die Industrie aus eigenem Interesse die nötige Vorsicht walten lassen, damit **Feldversuche** mit gentechnisch veränderten Organismen niemanden akut gefährden. Um Langzeitrisiken dagegen muss sich die Industrie wenig Sorgen machen. Laut Schweizer Obligationenrecht zum Beispiel erlischt schon ein Jahrzehnt nach der «schädigenden Handlung» jeglicher Anspruch auf Schadenersatz. Dann muss die Industrie für Schäden in der Schweiz keinen Rappen Schadenersatz mehr bezahlen. Ein spezielles Haftungsgesetz wie für die Atomindustrie gibt es für die Gentechnologie in der Schweiz nicht.

In Deutschland reicht die Haftung ein wenig weiter: Während in der Schweiz jegliche Ansprüche auf Schadenersatz bereits zehn Jahre nach der «schädigenden Handlung» erlöschen, tritt in Deutschland die absolute Verjährung 30 Jahre nach der Verbreitung von genveränderten Organismen ein. Doch weil es bei der Gentechnik in er-

Feldversuche: Wenn Laborversuche im Massstab 1:1 in der Natur überprüft werden, spricht man von Feldversuchen. Im freien Feld ist die Gefahr unkontrollierter Reaktionen grösser als in Labors oder Treibhäusern.

ster Linie um Spät- und Langzeitschäden geht, ist auch diese Frist noch zu kurz.

Gentechnisch veränderte Organismen können sich infolge einer technischen Panne oder menschlichen Versagens ungewollt freisetzen, sich unbegrenzt ausbreiten und verheerende ökologische Folgen verursachen. Im Unterschied zum Einsturz einer Brücke oder dem Bruch eines Staudamms kommt es nicht zu einem einmaligen, abgeschlossenen Schaden. Vielmehr droht ein Schaden, der vielleicht erst Jahrzehnte nach der Panne entdeckt wird. Da biologische Systeme komplex sind, gibt es bei der Veränderung von genetischem Erbmaterial unzählige Kombinationsmöglichkeiten. Das Risiko konkreter Langzeitschäden, die sich aus diesen Kombinationsmöglichkeiten ergeben können, ist wissenschaftlich bisher nicht erforscht und deshalb nur zu erahnen.

Wenn sie Langzeitrisiken bagatellisiert, macht es sich die Genindustrie zu einfach. Sie selbst ist nicht bereit, für Langzeitrisiken eine verschuldensunabhängige **Kausalhaftung** zu übernehmen und sich dagegen zu versichern. Nur wenn sie dafür haften müssten, hätten Versicherungen und Genindustrie ein wirtschaftliches Interesse daran, Langzeitschäden möglichst auszuschliessen. Nur wenn sie für Langzeitschäden geradestehen müsste, würde die Genindustrie mehr Geld ausgeben für das Erforschen von langfristigen Risiken.

Die Juristin Katharina Hässig hat in ihrer Doktorarbeit über «Haftungsfragen der Gentechnologie» den Vorschlag gemacht, ein Anspruch auf Schadenersatz solle erst 20 oder 30 Jahre nach dem Zeitpunkt verjähren, an dem ein Schaden *bekannt* wird. Der Vorschlag, die Verjährungsfrist erst dann anzusetzen, wenn der Schaden auftritt, könnte den Opfern zumindest eine Chance geben, zu ihrem Recht zu kommen. Es blieben aber zwei Probleme bestehen: Erstens kann die Beweisführung schwierig werden. Und zweitens existiert

Kausalhaftung: Man spricht von Kausalhaftung, wenn jemand für angerichtete Schäden in jedem Fall haftet, soweit er den Schaden verursacht hat. Der Geschädigte braucht also nicht nachzuweisen, dass den Verursacher eine Schuld trifft (absichtliches oder fahrlässiges Verhalten). Ärzte haften für Fehler beispielsweise nur, wenn die Geschädigten nachweisen können, dass der Arzt zuwenig Vorsicht walten liess oder anerkannte Regeln der ärztlichen Kunst verletzte (Verschuldenshaftung). Dieser Beweis ist in vielen Fällen schwierig zu erbringen. Im Gegensatz dazu haftet ein Autofahrer auch dann, wenn er ohne Schuld jemanden angefahren hat (Kausalhaftung).

die verursachende Firma dann vielleicht nicht mehr oder ist finanziell nicht in der Lage, für den ganzen Schaden aufzukommen. Deshalb braucht es eine Pflicht zum Abschluss einer hohen Haftpflichtversicherung und eine Beweislastumkehr. Auch eine weitgehende Haftung der Genindustrie nützt wenig, wenn sie sich für diese Haftung nicht versichern muss und solange Geschädigte selber lückenlos beweisen müssen, wie ein genveränderter Organismus den Schaden angerichtet hat.

Falls umstritten ist, ob tatsächlich gentechnisch veränderte Organismen den Schaden verursacht haben, können sich Hersteller und Verkäufer gentechnisch veränderter Produkte nach geltendem deutschem Umwelthaftungsgesetz ins Fäustchen lachen. Sie müssen dann nur darlegen, dass sie 20 oder 30 Jahre vorher ihre Anlagen nach den damaligen gesetzlichen Vorschriften betrieben haben. Waren diese Vorschriften ungenügend, weil die Behörden viele Risiken nicht voraussehen konnten, so liegt der Ball bei den Geschädigten. Sie müssen dann den lückenlosen Beweis antreten, dass der eingetretene Schaden vom gentechnisch veränderten Organismus dieser konkreten Firma stammt. Dies wird fast unmöglich sein, weil kaum jemand die Ursachenkette genau nachvollziehen kann. Es braucht deshalb eine Kausalhaftung mit Beweislast für Hersteller und Verkäufer.

Tritt Jahrzehnte nach Inverkehrbringen eines gentechnisch veränderten Organismus ein grosser Schaden ein, muss ein verantwortliches Unternehmen zudem in der Lage sein, finanziell für Schadenersatz aufzukommen. Ohne hohe Haftpflichtversicherung ist deshalb eine Haftung wenig wert.

Die Versicherungen ihrerseits hätten dann ein Interesse, die Langzeitrisiken realistisch einzuschätzen. Im eigenen Interesse würden sie der Genindustrie strenge Auflagen machen, um Risiken möglichst auszuschliessen. Von Unternehmen, welche ihre Genforschung und -produktion unter höchsten Sicher-

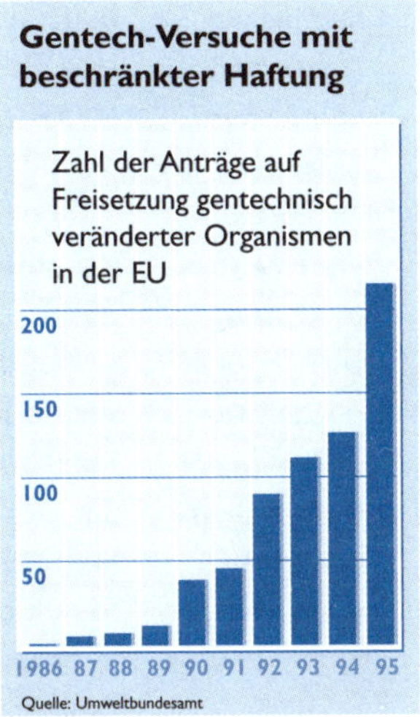

Blind drauflos: Obschon Langzeitrisiken wissenschaftlich wenig untersucht sind, soll im Freien getestet werden

Der bei der Gentechnik überforderte Staat muss der Genindustrie nur eine strenge Haftung auferlegen und sie zum Abschluss hoher Haftpflichtversicherungen verpflichten

heitsvorkehrungen betreiben, würden die Versicherungen tiefere Prämien verlangen als von Firmen, die grössere Risiken eingehen. Firmen, die allzu grosse Risiken eingehen, würden Versicherungen die Deckung schlicht verweigern.

Dies wäre dann ein wirtschaftlich klares Zeichen, dass bestimmte Risiken der Gentechnik unversicherbar sind – und mithin das Risiko dieser Anwendung der Gentechnik zu gross.

So würde der Markt das Eingehen übermässiger Risiken verhindern. Der (bei der Gentechnik ohnehin überforderte) Staat muss nur faire Marktregeln festsetzen (strenge Haftung der privaten Unternehmen und Zwang zum Abschluss hoher Haftpflichtversicherungen). Um Sicherheitsvorschriften müsste sich der Staat dann nicht mehr kümmern.

Solange eine Industrie ihre grossen Risiken auf die Steuerzahler und auf spätere Generationen abwälzen kann, sind grundlegende Regeln des freien Wettbewerbs aus den Angeln gehoben. Die Genindustrie profitiert von ungerechtfertigten Vorteilen. Als verheerende Folge davon können sich auf dem Markt nicht die wirtschaftlich und ökologisch besten Produkte durchsetzen, sondern risikoreiche und ökologisch fragwürdige.

Pleiten: Grosskonzerne lassen andere zahlen

Geht eine Firma in Konkurs, tragen in der Regel die Besitzer/innen, Gläubiger oder Aktionäre die finanziellen Folgen. Grossbanken und Konzerne aber, deren Konkurs ganze Volkswirtschaften in den Abgrund reissen würde, können den Staat als Auffangnetz benützen.

Kleine Banken können noch pleite gehen. Zum Beispiel 1991 die Schweizer Spar- und Leihkasse in Thun und das Bankhaus Carl M. Götte in Köln oder 1995 das Bankhaus J. A. Krebs in Freiburg und das Bankhaus Fischer in Hamburg. Anders die Grossbanken: Sie haben das Pleite-Risiko weitgehend auf den Staat und die Steuerzahler abgewälzt. Zwar ist das Risiko bei normalem Wirtschaftsverlauf gering, dass eine Grossbank finanziell zugrunde geht. Selbst einen Milliardenverlust in einem ihrer Geschäftszweige können solche Institute in den meisten Fällen mit den Gewinnen in den anderen Geschäftszweigen und mit ihren Reserven auffangen.

Im schlimmsten Fall aber übernehmen meistens andere Banken oder die Steuerzahler den Schuldenberg. Der **Konkurs einer Grossbank** hätte für die Volkswirtschaft derart gravierende wirtschaftliche, soziale und damit auch politische Folgen, dass es sich weder die Regierungen noch die Konkurrenzbanken in einem westlichen Industriestaat erlauben können, eine Grossbank bankrott gehen zu lassen. Deshalb haben die Regierungen in speziellen Gesetzen den Banken etliche Auflagen in Sachen Sicherheit gemacht.

Trotzdem kann es zum Zusammenbruch kommen. 1990 zum Beispiel stürmten die Kunden der amerikanischen Bank of New England die Schalter wie in den schlimmsten Zeiten der wirtschaftlichen Krise in den dreissiger Jahren, nachdem die Bank

Konkurs einer Grossbank: Einen solchen können weder die Wirtschaft noch die Politiker zulassen. Die Bankkunden würden eine kriselnde Bank stürmen und versuchen, ihr Geld in Sicherheit zu bringen. Eine Bank, der nicht geholfen wird, müsste von Unternehmen und Privaten Milliarden an ausgeliehenen Krediten und Hypotheken zurückfordern. Viele dieser Schuldner würden ihrerseits zahlungsunfähig und müssten Konkurs anmelden. Insgesamt wären Hunderttausende von Arbeitsplätzen in Gefahr. Die Folge könnte eine Wirtschaftskrise wie in den dreissiger Jahren sein.

Staatliche Einlagenversicherung der USA: Die Federal Deposits Insurance Corporation ist eine vom Staat betriebene Versicherungsgesellschaft, bei der die Banken Einlagen ihrer Kunden bis zur Höhe von 100 000 Dollar versichern.

einen Quartalsverlust bekanntgegeben hatte. Um in dieser Situation einen Kollaps zu vermeiden, hat die **staatliche Einlagenversicherung** die Bank of New England sofort übernommen. Das kostete die Steuerzahler Hunderte von Millionen Dollar. «Die Bank of New England auf Platz 33 ist zu gross, um sie einfach ihrem Schicksal zu überlassen», erklärten die Behörden. L. William Seidman, Vorsitzender der staatlichen Einlagenversicherung, gab sogar bekannt, der Staat decke auch Einlagen über 100000 Dollar zum vollen Betrag, obwohl die Versicherung eigentlich nur Konten bis zu diesem Betrag deckt. Andere Banken haben später die Bank of New England übernommen.

Als im folgenden Jahr eine ganze Reihe amerikanischer Sparkassen ins Schleudern kam, musste die staatliche Einlagenversicherung erneut tief in die Staatskasse greifen: Mehrere Milliarden waren 1991 nötig, um das Schlimmste abzuwenden.

Für die Amerikaner waren solche Debakel in der Bankenbranche allerdings nicht ganz neu. Schon 1987 hatte die staatliche Einlagenversicherung mit einer Milliardenhilfe den Zusammenbruch der First City Bancorp verhindert. Und drei Jahre zuvor hatte der Staat 4,5 Milliarden Dollar (!) zur Verfügung gestellt, um die angeschlagene Grossbank Continental Illinois zu retten. Die US-Bankenaufsichtsbehörde begründete die Staatshilfe damit, dass der Untergang einer Bank von der Grössenordnung der Continental «dem nationalen und internationalen Finanzsystem irreparablen Schaden zugefügt» hätte.

Ein Gesetz in den USA zwingt den Staat, gefährdete Banken zu übernehmen

Ende 1982 ist in den USA, dem angeblichen Musterland der freien Marktwirtschaft, auf Vorschlag der republikanischen Bush-Administration sogar ein Gesetz in Kraft getreten, das den Staat zwingt, gefährdete Banken zu übernehmen. In der Schweiz gibt es ein solches Gesetz zwar nicht, aber auch hier existiert eine vorsorgliche Staatsgarantie für Sparkonten, nämlich für diejenigen der meisten Kantonalbanken.

Aber auch ohne solche vorsorglichen Gesetze können sich Regierungen westlicher Industriestaaten nicht erlauben, dass grosse Banken in ihrem Land Pleite machen, wie die folgenden Beispiele zeigen:

- Die norwegische Regierung hat Anfang der neunziger Jahre drei notleidenden Banken mit Hunderten von Millionen Mark Steuergeldern unter die Arme gegriffen. Und auch hier traf es nicht nur kleine Institute. 1991 gab die zweitgrösste Bank Norwegens, die Christiana Bank, bekannt, ihr Aktienkapital sei wegen Kreditverlusten als verloren anzusehen. Prompt übernahm die Regierung darauf die Garantie für alle Einlagen dieser Bank.

- 1991 musste auch die schwedische Regierung 3,8 Milliarden Kronen – das entspricht einer Summe von rund 830 Millionen Mark – als Kreditgarantie bereitstellen, um den Zusammenbruch der halböffentlichen Sparkasse Första Sparbanken zu verhindern. «Die Sparkasse hat über eine Million Kleinkunden, deren Vertrauen in das Bankensystem gesichert werden muss», begründete die Regierung in Stockholm damals ihren teuren Eingriff.

- Im Jahr 1993 hat die spanische Nationalbank die Grossbank Banesto vor dem Zusammenbruch gerettet. Der Gouverneur der spanischen Zentralbank, Luis Angel Rojo, gab damals bekannt, dass der Banco Español de Crédito (Banesto) einer Sanierung im Gegenwert von 500 Milliarden Peseten bedürfe – das entspricht immerhin fast sechs Milliarden Mark. Diese Summe wäre nötig, um die schwer angeschlagene Bank mit ihren 17 000 Beschäftigten wieder auf eine solide finanzielle Basis zu stellen, erklärte Wirtschaftsminister Pedro Solbes dem Parlament in Madrid. Die spanische Nationalbank setzte daraufhin den Banesto-Verwaltungsrat ab und übernahm die Kontrolle über die Grossbank selber. Ihr Mangel an Eigenmitteln hätte das gesamte spanische Finanzsystem gefährdet, erklärte Pedro Solbes später. An der schweren Liquiditätskrise des Banesto sei die Inkompetenz des abgesetzten Präsidenten Mario Conde schuld. Die Folgen: gravierende Mängel bei der internen Kontrolle, ungenügende Organisation der Bank,

«Der Konkurs einer Bank von der Grössenordnung der Continental Illinois würde dem nationalen und dem internationalen Finanzsystem irreparablen Schaden zufügen.»

US-Bankenaufsichtsbehörde

Besondere Privilegien: Wenn die Existenz einer Grossbank auf dem Spiel steht, kann die Schweizer Regierung sonderrechtliche Massnahmen erlassen

buchhalterische Fehler und eine unterdotierte Pensionskasse. Der Banco de Santander hat 1994 den «technisch bankrotten» Banesto übernommen.

■ 1993 schloss die französische Bank Crédit Lyonnais wegen hoher Einbussen auf Immobilien mit einem Verlust von über zwei Milliarden Mark ab. Nicht etwa eine linke, sondern die bürgerliche französische Regierung sprang sofort mit einem Hilfspaket in Höhe von umgerechnet über sieben Milliarden Mark ein. Weil der französische Staat gleichzeitig Hauptaktionär der Bank ist, kommen die Steuerzahler noch viel mehr zur Kasse: Im März 1997 haben französische Parlamentarier ausgerechnet, dass das Finanzdebakel der Bank Crédit Lyonnais den Staat bis Ende 1994 bereits 60 Milliarden Mark kostete.

■ 1995 hätten zwei japanische Banken den Konkurs anmelden müssen, wenn die Regierung nicht sofort mit Überbrückungskrediten in Milliardenhöhe eingesprungen wäre. Mit der Staatshilfe an die Kreditgenossenschaft Kizu und die Regionalbank Hyogo sei die «Finanzkrise überwunden», erklärte der japanische Finanzminister Takemura. In der Folge forderte die einflussreiche Zeitung «Nihon Keizai» endlich «klare Regeln, bevor öffentliches Geld zur Rettung von Banken eingesetzt wird».

Ausnahmen bestätigen die Regel: Als Anfang 1995 die englische Bank Barings in finanzielle Not geriet und unter Zwangsverwaltung gestellt wurde, weigerte sich die britische Nationalbank, die Bank of England, die Barings-Bank zu retten. Die Bank galt als zahlungsunfähig, ohne dass dies jedoch das britische Bankensystem nachhaltig erschüttert hätte. Nur weil sie also zu unbedeutend war, hat ihr die englische Nationalbank nicht unter die Arme gegriffen.

Im Bankenland Schweiz sind zwar bisher noch keine gravierenden Fälle aufgetreten. Ohne Zweifel würden jedoch ähnliche Massnahmen greifen. So hat der ehemalige Präsident der Schweizerischen Nationalbank, Fritz Leutwiler, mehrmals erklärt, dass auch den grossen Schweizer Banken «nichts passieren» kann: Die Notenbank würde finanziell einspringen. Nur schon wegen relativ bescheidener Spekulationsverluste mit Silber hatte die Nationalbank im Jahre 1980 der damals viertgrössten Schweizer Bank, der Schweizerischen Volksbank, besonders günstige Dollars zur Verfügung gestellt und die Bank damit im Wettbewerb begünstigt. Gesetzlich darf die Nationalbank einer einzelnen Bank günstiges Geld ausleihen. Das geschieht nach Angaben Leutwilers möglichst geheim, um die Kunden nicht aufzuschrecken.

Falls das Überleben einer Grossbank auf dem Spiel steht, jedoch ohne das ganze Bankensystem zu gefährden, kann die Schweizer Regierung «im übergeordneten langfristigen Interesse des Finanzplatzes» notrechtliche Sondermassnahmen erlassen. Das schrieb 1995 Jean-Pierre Blancpain, Bankenspezialist der «Neuen Zürcher Zeitung» («NZZ»). Würde eine wankende Grossbank sogar das gesamte Bankensystem gefährden, «so hat die Nationalbank die Notenpresse anzukurbeln und das Land auch um den Preis einer höheren Teuerung vor Schaden zu bewahren». Auch für die «Neue Zürcher Zeitung» ist es also selbstverständlich, dass Grossbanken einen entscheidenden Teil ihres Geschäftsrisikos auf den Staat abwälzen können.

Die Regierung der USA hat verschiedene Grossunternehmen mit Finanzspritzen vor dem Bankrott bewahrt und damit die Marktgesetze ausser Kraft gesetzt

«NZZ»-Redakteur Blancpain begründete dies folgendermassen: «Wäre der Konkurs eines Bankhauses mit dem eines Gewerbetreibenden vergleichbar, könnte man leichter zur Tagesordnung übergehen. (...) Doch Informationsmängel und Funktionsweise einer Bank können im Krisenfall eine gesamte Volkswirtschaft gefährden. Die dreissiger Jahre belegen dies eindrücklich. Damit wird Stabilität zu einem öffentlichen Gut.» Das heisst indessen nichts anderes, als dass die Banken ihr grösstes Unternehmerrisiko auf die Allgemeinheit abwälzen können.

In Deutschland verfügen weder der Staat noch die Deutsche Bundesbank über eine gesetzliche Grundlage, um gefährdete Banken zu unterstützen. Stünde aber eine Grossbank vor dem Kollaps, würden ohne Zweifel die andern Grossbanken und auch der Staat oder die Bundesbank helfend eingreifen.

Was für die Grossbanken dieser Welt gilt, trifft weitgehend auch für grosse Versicherungen und Industriekonzerne zu.

1991 mussten in den USA die Aufsichtsbehörden Kaliforniens und New Yorks die grosse Versicherungsgesellschaft Executive Life Insurance übernehmen. Sie hatte Verluste von über zwei Milliarden Dollar gemeldet. Ein halbes Jahr später musste der US-Staat New Jersey die Mutual Benefit Life Insurance Co. mit 400 000 versicherten Personen übernehmen, weil diese «notleidende Immobilienkredite» in Höhe einer halben Milliarde Dollar aufwies.

In der Vergangenheit hatte der Staat in den USA verschiedene Grossunternehmen mit Finanzspritzen vor dem Bankrott bewahrt, nachdem private Banken dazu nicht mehr bereit waren: vom Autokonzern Chrysler, der 1975 die Entlassung von 25 000 Mitarbeitern angedroht hatte, über den Flugzeugbauer Lockheed bis zur Bahngesellschaft Penn Central. Missmanagement war jeweils der Hauptgrund der Schwierigkeiten.

Bürgschaften: Wenn der Staat eine Bürgschaft für ein Unternehmen übernimmt, verpflichtet er sich, für allfällige Schulden dieses Unternehmens einzustehen.

Auch in Europa funktioniert dieses Spiel. Staatliche Finanzspritzen und **Bürgschaften** haben den österreichischen Reifenkonzern Semperit, den deutschen Kamerahersteller Carl Zeiss, den britischen Autokonzern Leyland und andere wenigstens für einige Zeit über Wasser gehalten.

Ein grösserer Brocken war der deutsche Elektrokonzern AEG. Sein Engagement im KKW-Bereich brachte in den siebziger Jahren einen Verlust von 1,7 Milliarden Mark. Der Aufkauf einer ganzen Reihe von Haushaltgerätefirmen erwies sich als Flop: Aktionäre und Management der AEG mit damals 15 Milliarden Mark Umsatz standen vor der Pleite. Einigen Banken, die der AEG zuviel Geld geliehen hatten, drohten Verluste. Doch Ex-Wirtschaftsminister Otto Graf Lambsdorff – ein wortreicher Verfechter von freiem Wettbewerb – hat den Markt nicht spielen lassen. Mit dem «hohen volkswirtschaftlichen Interesse» und dem «Ansehen der deutschen Exportwirtschaft» rechtfertigte er eine staatliche Bürgschaft von über einer Milliarde Mark. Der damalige Bonner Wirtschaftskorrespondent der «NZZ», Daniel Hofmann, kommentierte 1982: «Am Ende unternehmerischer Fehlleistungen steht die Pleite.

Nur marktgerechtes Verhalten wird mit Erfolg belohnt. Im Falle der AEG scheinen diese Gesetze nicht zu gelten.» Doch «Stern»-Chefredakteur Henri Nannen stellte die Frage: «Welche Regierung könnte sich den Zusammenbruch des Elektro-Riesen mit seinen 124 000 Beschäftigten leisten?»

Nicht immer bringt die Hilfe des Staates auch den gewünschten Erfolg. In der Schweiz hatte das Parlament 1982 mit einem 160-Millionen-Auftrag für teure Militärlastwagen dem notleidenden Saurer-Konzern unter die Arme gegriffen. «Tages-Anzeiger»-Redakteur Jürg Schoch kommentierte verständnisvoll: «Wenn Saurer dank diesem Auftrag die Beschäftigung aufrechterhalten kann, so ist damit in jener Region vielen Leuten gedient.» Doch der Mehrpreis für die Schweizer Produktion waren hinausgeworfene Steuerfranken. Saurer musste die Lastwagenproduktion später trotzdem einstellen. Die subventionierte Region um Arbon hat die technologische Erneuerung zur Schaffung neuer, langfristig sicherer Arbeitsplätze verschlafen. Nicht immer hat also die Hilfe mit Steuergeldern das langfristige Überleben gesichert.

Standortwettbewerb: Mehr Staat ist willkommen

Wie Unternehmen beim Bau neuer Fabriken Staaten und Gemeinden schröpfen

Das weltweite Überangebot an Arbeitskräften führt dazu, dass Grossunternehmen bei der Wahl neuer Produktionsstandorte beliebig viele Gratisleistungen aus Staat und Gemeinden herauspressen können. Diese unfreiwillige Subvention führt zu Verzerrungen des Marktes.

«*Bei solchen Projekten kann man davon ausgehen, dass der Produktionsstandort im wesentlichen die Kosten des Investments übernimmt.*»

JÜRG SCHÄR, Präsident des Swatchmobil-Herstellers MCC, über den internationalen Wettbewerb um den Produktionsstandort für das Swatchmobil

Dara Longgrear, Direktor des Büros für Industrieansiedlung in Tucaloosa: «Soso, Sie wollen also hier in Alabama eine neue Autofabrik bauen und 1500 Leute aus der Region einstellen. Sehr interessant. Aber wissen Sie, genau das wollen bereits hundert andere Arbeitgeber auch. Darunter auch einige erstklassige Adressen.»

Andreas Renschler, Mercedes-Manager: «Wir sind selbstverständlich bereit, sagen wir 2500 unserer Luxuslimousinen rüberzuschicken, damit Sie sich erst einmal ein Bild machen können von unserer Qualitätsarbeit.»

Longgrear: «Ja, darum wollte ich Sie ohnehin noch bitten. Wissen Sie, die Leute hier in Alabama wollen natürlich genau wissen, wofür sie arbeiten, bevor sie sich auf ein längerfristiges Engagement einlassen. Im übrigen ist es hier üblich, dass die Arbeitgeber die Löhne vier Jahre im voraus bezahlen, damit wir sehen, ob ein allfälliger Arbeitgeber überhaupt zahlungsfähig ist.»

Renschler: «Selbstverständlich, ich glaube, darüber müssen wir wirklich nicht diskutieren. Wenn ich Sie hingegen noch einmal auf unser Angebot betreffend das neue Stadttheater erinnern dürfte…»

Dieses Gespräch hat tatsächlich stattgefunden – allerdings mit umgekehrten Vorzeichen. Die Stadt Tucaloosa und der US-Staat Alabama haben Daimler-Benz 1993 für den Bau einer Autofabrik 400 Hektar Land nicht nur gratis zur Verfügung gestellt, sondern das Areal auch noch für 17,5 Millionen Dollar hergerichtet. Sie haben darüber hinaus für weitere 77 Millionen die Zufahrtswege und die übrige **Verkehrsinfrastruktur** ausgebaut, haben für die Ausbildung der künftigen Arbeitskräfte bei Mercedes und bei den Zulieferanten der neuen Fabrik weitere 60 Millionen zugesagt, haben Kosten von 30 Millionen Dollar für ein Ausbildungszentrum übernommen und überdies Verträge über den Kauf von 2500 Mercedes unterschrieben. Ferner verzichtet Alabama für zehn Jahre auf die Gewinnsteuer, und den Mercedes-Arbeitern werden 5 Lohnprozent für die Finanzierung ihrer Fabrik abgezogen.

Insgesamt liessen sich Staat und Gemeinde die 1500 Arbeitsplätze bei Mercedes 257 Millionen Dollar kosten. Umgerechnet in Arbeitszeit, bedeutet dies, dass die 1500 Angestellten zuerst einmal fast vier Jahre lang gratis arbeiten, bevor die Sache dann vielleicht anfängt, sich für Alabama und seine Steuerzahlerinnen und -zahler zu lohnen.

Szenenwechsel: Ringaskiddy ist ein Vorort der irischen Hafenstadt Cork, die ihrerseits etwa drei mühsame Autostunden von der Hauptstadt Dublin entfernt liegt. Tiefste Provinz also. Dennoch ist Ringaskiddy vielen Einwohnern von Basel heute ein Begriff. Anfang der neunziger Jahre hat nämlich die Konzernleitung des Pharma-Multis Sandoz beschlossen, die Wirksubstanzen seiner Arzneimittel erstmals nicht mehr nur in Basel, sondern auch im Ausland zu produzieren. Dass sich Sandoz für Irland entschieden habe, so sagt Werkleiter Wilfried Pedersen, hänge in erster Linie damit zusammen, dass es hier viele gut ausgebildete Leute gibt. «Eine Produktion von Pharma-Wirkstoffen können Sie nicht im Busch aufziehen.» Dass es diese gut ausgebildeten Leute hier in genügenden Mengen gibt, ist der irischen Regierung zu verdanken, die jährlich über eine Milliarde Mark – das sind gut 2 Prozent des Sozialprodukts – in die berufliche Aus- und Weiterbildung steckt.

Bereitstellung der Infrastruktur: Im engeren Sinne bedeutet dies die Erschliessung eines Gebietes mit öffentlichen Einrichtungen, also von der Wasser- und Elektrizitätsversorgung über Strassenzufahrt und öffentliche Verkehrsmittel bis hin zu Krankenhäusern und Schulen. Im weiteren Sinne gehören auch die für den Alltag erforderlichen Unternehmen dazu, vom Lebensmittelgeschäft übers Restaurant bis hin zu Freizeitangeboten wie Kino oder Sportplätze.

Doch Irland tut noch wesentlich mehr, um neue ausländische **Investoren** anzulocken. Die Irish Development Authority unterhält ein weltweites «Spionagenetz», das potentielle Investoren ortet und ihnen in kürzester Zeit interessante Angebote unterbreiten kann. Sandoz beispielsweise wurde ein voll erschlossenes Fabrikareal von 440 000 Quadratmetern zur Verfügung gestellt. Die Baukosten von insgesamt 380 Millionen Mark werden weitgehend mit Krediten bezahlt, deren Zinsen die irische Regierung zur Hälfte übernimmt. Ausserdem muss Sandoz bloss 10 Prozent Gewinnsteuern bezahlen.

Vorhang auf für Eurodisney: Mitte der achtziger Jahre schwärmten die Manager von Walt Disney nach Europa aus, um dort einen Standort für einen riesigen Vergnügungspark zu suchen, der – mit allem Drum und Dran – 170 000 Leuten Arbeit bieten sollte. Paris erhielt den Zuschlag, stellte 20 Quadratkilometer Land praktisch gratis zur Verfügung und mobilisierte überdies über 8,5 Milliarden Mark Kredite und Risikokapital. Walt Disney selbst steuerte bloss 250 Millionen Eigenkapital bei, bleibt aber mit 49 Prozent der Stimmen Hauptaktionär und lässt sich seinen Einsatz überdies mit 45 Millionen Mark **Lizenzgebühren** vergolden.

Investoren: Dies sind Leute, die voll haftendes Risikokapital in ein Projekt oder in ein Unternehmen stecken. Dabei kann es sich um sogenannte Portfolioinvestitionen (also um den Kauf bereits in Umlauf befindlicher Aktien) oder um Direktinvestitionen (Kauf von Firmen oder Bau von Anlagen) handeln. Nur im letzteren Fall wird tatsächlich etwas Neues geschaffen. Meist führen Investitionen bloss dazu, dass bestehende Objekte den Besitzer wechseln.
Lizenz: Die Erlaubnis, ein Verfahren oder eine Erfindung anzuwenden. Dafür bezahlt man eine Lizenzgebühr.

Für Paris beziehungsweise für Frankreich ist die Bilanz dieser Investition weit weniger positiv. Statt der erwarteten 170 000 sind nur 45 000 Arbeitsplätze geschaffen worden, etwa 10 000 davon bei Eurodisney – und die sind mit umgerechnet 3000 Mark monatlich überdies mies bezahlt. Die gesamte Lohnsumme der 45 000 neuen Stellen entsprach im Jahre 1993 ziemlich genau dem Verlust, den allein Eurodisney 1993 erlitten hat. Und klar ist, dass die Rechnungen der aus dem Boden gestampften Hotels und Parkhäuser oder der betroffenen Verkehrsbetriebe ebenfalls mies aussehen.

Diese drei Beispiele stehen für eine Tendenz: «Der internationale Handel», so schrieb der amerikanische Management-

Die Starthilfe vom Staat kann zu Lohndrückerei führen

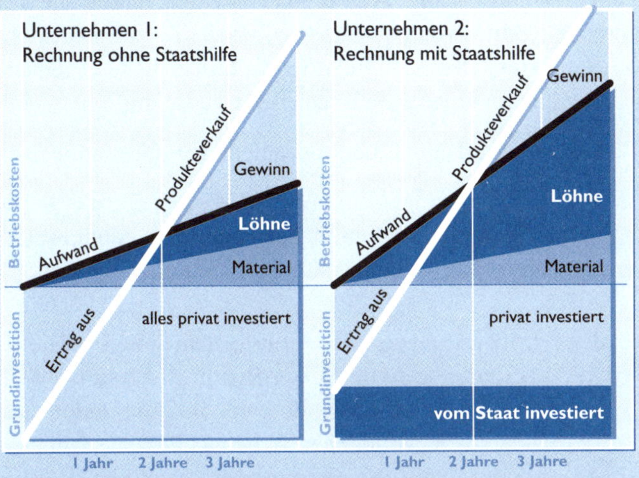

Unternehmen 1 und 2 verkaufen das gleiche Produkt zum gleichen Preis (Linie Ertrag ist gleich flach). Aber: Unternehmen 2 muss das vom Staat investierte Geld nicht zurückzahlen. Damit Unternehmen 1 (ohne Staatshilfe) in der gleichen Zeit in die Gewinnzone (Schnittpunkt Ertrag/Aufwand) vorstossen kann, muss es die Betriebskosten massiv drücken – zum Beispiel, indem es tiefere Löhne bezahlt.

Unfairer Vorteil gegenüber bestehenden Fabriken: Im EU-Raum können Grossunternehmen beim Bau neuer Werke mit staatlichen Starthilfen von 30 Prozent und mehr der Investitionen rechnen

Guru Peter Drucker schon 1987, «hat im letzten Jahrzehnt immer mehr an Schwung verloren. Gleichzeitig schiessen die grenzüberschreitenden Investitionen beispiellos in die Höhe. Traditionellerweise folgten die Investitionen dem Handel. Heute jedoch folgt der Handel den Investitionen.» Das heisst: Heute wird in erster Linie, und immer wieder neu, über die kostengünstigsten Standorte entschieden. Der Handel hat sich danach zu richten. Diese Entwicklung hat im wesentlichen vier Gründe.

- Erstens ist es dank den modernen Produktionsmethoden und der Datenverarbeitung sehr viel leichter geworden, ganze Produktionstechniken von einem Industrieland in ein anderes zu verlegen.

- Zweitens sind die modernen Produkte sehr viel weniger lang auf dem Markt als ihre Vorgänger. In der Computerbranche

Der Ausdruck «Wettbewerb der Standorte» ist eine beschönigende Umschreibung dafür, dass die Staaten erpressbar geworden sind

etwa kommen inzwischen schon alle drei Monate neue Modelle in den Handel; in der Automobilherstellung laufen alle drei Jahre neue Autos von den Bändern. Dank dieser Entwicklung haben die Hersteller sehr viel öfter als bisher die Gelegenheit, sich die Standortfrage grundsätzlich neu zu stellen.

- Drittens kann Kapital heute problemlos rund um die Welt verschoben werden.
- Viertens fallen die Kosten für den Transport kaum ins Gewicht, da sie von der Allgemeinheit subventioniert werden.

All diese Entwicklungen haben zum sogenannten «Wettbewerb der Standorte» geführt. Dieser Begriff ist irreführend. Er ist eine beschönigende Umschreibung dafür, dass die lokal gebundenen Arbeitskräfte und damit der Staat durch das internationale Kapital erpressbar geworden sind. Wenn hundert Standorte um einen einzigen Anbieter von Arbeitsplätzen kämpfen, dann ist das eben kein Wettbewerb mehr, sondern ein Monopol. Wenn – wie die Irish Development Authority erfreut feststellt – amerikanische Investoren in Irland eine jährliche **Profitrate** von über 25 Prozent erzielen, so ist dies selbstverständlich nicht das Ergebnis eines fairen Wettbewerbs, sondern allen noch so schönen Umschreibungen zum Trotz eine Monopolrente, wie sie das Lehrbuch nicht schöner darstellen könnte. Dass dies niemand sagt und schon gar keiner von Erpressung spricht, hängt lediglich mit dem Respekt zusammen, den Irland angesichts seiner 20 Prozent Arbeitslosen seinen Investoren schuldet.

> **Profitrate:** Der Anteil des Gewinns am Umsatz.
> **Volkswirtschaftliche Gesamtrechnung:** Sie zeigt, wie das Bruttosozialprodukt zustande gekommen ist (Anteil der einzelnen Branchen und des Staates), wie es verteilt (Löhne, Gewinne, Renten, Steuern und so weiter) und wofür es verwendet wird, nämlich für Konsum, Investitionen und für den Exportüberschuss.

Ein Blick auf die **volkswirtschaftliche Gesamtrechnung** zeigt jedoch, dass Irland jedes Jahr rund 13 Prozent seines Sozialprodukts ans Ausland abliefern muss – nämlich 9 Prozent als Gewinne und 4 Prozent für Schuldzinsen. Um diesen «Zehnten» einzutreiben, müssen die ausländischen Geldgeber allerdings nicht selbst mit der Pistole in der Hand ausrücken.

Dafür sorgt ein Steuersystem, das den einheimischen Konsum mit 21 Prozent Mehrwert- und die Arbeit mit 27 bis 48 Prozent Lohnsteuer stark belastet.

Dank dem sogenannten Wettbewerb der Standorte ist der internationale Handel wieder da gelandet, wo er schon vor hundert Jahren war. Statt mit Zöllen und Exportsubventionen wie damals im **Merkantilismus** schützen oder fördern die Staaten die Produktion auf ihrem Gebiet heute mit Gratis-Bauland, Zinssubventionen, Steuererleichterungen und so weiter für die in- und vor allem für die ausländischen Investoren. Einen wichtigen Unterschied gibt es allerdings: Damals handelten die Staaten freiwillig, und sie konnten die Kosten des industriellen Heimatschutzes über Zölle und höhere Binnenmarktpreise problemlos finanzieren. Heute werden die Staaten erpresst, und sie können die Kosten dieser Erpressung nur über höhere Steuern finanzieren, denen sich aber die Reichen dank ihrer Mobilität leicht entziehen können (siehe Kapitel «Eigentum: Gewinne im Schlaf»).

Merkantilismus: Jene Form von staatlicher Aussenhandelspolitik, die darauf abzielt, möglichst viel zu exportieren, wenig zu importieren und dadurch immer mehr Gold- und Devisenreserven oder auch Auslandsvermögen anzuhäufen.

Der Zweck des freien Marktes und des Preiswettbewerbs ist es, die Hersteller zu zwingen, die Produktionskosten möglichst tief zu halten und dank rationeller Produktion unnötige Aufwendungen zu vermeiden. Der Standort-«Wettbewerb» hingegen senkt die Kosten nicht. Hier wird die Marktmacht lediglich dazu missbraucht, die Kosten aus der betrieblichen Rechnung verschwinden zu lassen und statt dessen auf den Staat und auf die Steuerzahler abzuwälzen.

Dass in diesem Zusammenhang überhaupt von Wettbewerb gesprochen wird, ist reiner Etikettenschwindel. In Wirklichkeit versteckt sich dahinter meist ein Monopol, das zur Erpressung genutzt wird. Der Wettbewerb der Standorte ist also im Grunde genommen bloss die Wiedergeburt des Protektionismus, dem als Nachgeburt die Schuldenkrise der Staaten folgt.

Eigentum: Gewinne im Schlaf

Wie der Staat dazu beiträgt, die Baulandpreise in die Höhe zu treiben und Steuern zu sparen

Theoretisch sorgt der Markt dafür, dass vor dem Lohn die Leistung kommen muss. In der Praxis sorgt der Staat dafür, dass gerade für die Leistung nicht mehr viel übrigbleibt, wenn der Lohn verteilt wird. Zum Beispiel beim Boden und bei den Kapitaleinkommen.

In einem echten Markt hat der Gewinn immer zwei Funktionen: Er ist Belohnung und Ansporn. Belohnung für diejenigen, die neue Produkte mit einem verbesserten Kosten-Nutzen-Verhältnis schaffen. Und Ansporn für alle Konkurrenten, noch bessere Leistungen zu bieten. Dieser Ansporn führt dazu, dass der Gewinn allmählich gegen Null tendiert, es sei denn, jemand entwickelt noch bessere Lösungen. Überall dort, wo hohe Gewinne erzielt werden, drängen also neue Anbieter auf den Markt. Das Angebot erweitert sich, und damit sinken die Preise.

Die staatlichen Einschränkungen für die Nutzung des Bodens sorgen dafür, dass die privaten Bodenbesitzer saftige Gewinne einstreichen können

Diese Marktregel funktioniert allerdings nur dort, wo zusätzliche Angebote überhaupt möglich sind. Wo zum Beispiel bereits eine Eisenbahnlinie besteht, ist es wenig aussichtsreich, eine zweite zu bauen, selbst wenn der Betreiber der ersten unanständig hohe Gewinne erzielen sollte. Solche natürlichen Monopole haben in der Regel dazu geführt, dass der Staat die entsprechenden Aktivitäten übernommen hat.

In jüngster Zeit werden die natürlichen Monopole wie etwa Telefon, Elektrizitätsversorgung usw. vermehrt wieder entstaatlicht und an Private übertragen. Um Missbräuche zu vermeiden, sind aber staatlich fixierte Spielregeln in jedem Fall nötig.

Das gilt insbesondere für die Nutzung des Bodens. Allein schon die Notwendigkeit, privat genutzte Bauten mit Strassen, Abwasserkanalisationen usw. zu verbinden, macht eine staatliche Planung nötig, von Landschaftsschutz, Industriezonen usw.

ganz zu schweigen. Nun sind es aber gerade diese Einschränkungen, die den ökonomischen Wert des Bodens ausmachen, und nicht – wie man meinen könnte – eine natürliche Knappheit des Bodens.

Natürlich trifft es zu, dass die westlichen Industrieländer allesamt stark übervölkert sind. Dies gilt aber strenggenommen nur für die Funktion des Bodens (der Luft, des Wassers und der Biomasse) als Produzent von Nahrungsmitteln. Beim gegenwärtigen Konsumniveau könnte die Schweiz gemäss den Berechnungen des Genfer Ökologen Gonzague Pillet nur etwa einen Sechstel ihrer Bevölkerung ernähren. In Deutschland sind die Verhältnisse angesichts des etwas weniger hohen Lebensniveaus und der grösseren fruchtbaren Fläche deutlich besser, aber immer noch stark defizitär. Diese Defizite werden durch einen massiven Import billiger Biomasse insbesondere aus den Entwicklungsländern ausgeglichen.

Der Staat schanzt einem kleinen Teil der Bevölkerung eine Pfründe zu, die mit keiner Leistung verdient ist

Diese Importe bzw. die (weitgehend auf Raubbau beruhende) Billigkonkurrenz aus den landwirtschaftlichen Überschussländern führt dazu, dass das landwirtschaftlich genutzte Land bei uns sehr billig und (markttechnisch gesehen) im Überfluss vorhanden ist. Dies wiederum müsste eigentlich zur Folge haben, dass auch das für die übrigen Zwecke gebrauchte Land reichlich verfügbar und entsprechend billig ist. Doch genau das verhindert der Staat und schanzt damit einem kleinen Teil der Bevölkerung eine mit keinerlei Leistung verdiente Pfründe zu.

Nehmen wir Deutschland. Die Gesamtfläche beträgt rund 360 000 Quadratkilometer. Davon sind etwa 30 Prozent Wälder und städtische Erholungsgebiete. Weitere je rund 5 Prozent sind Verkehrsfläche und unbewohnbare Gebiete wie Flüsse, Seen usw. Bleiben gut 210 000 Quadratkilometer, die vorwiegend für die Landwirtschaft gebraucht werden. Mindestens ein Drittel dieses Restgebietes – also rund 70 000 Quadratkilometer – käme theoretisch (d.h. ohne gesetzliche Einschränkungen) auch für Wohnen, Arbeiten und Einkaufen in Frage. In einem einigermassen dicht besiedelten Quartier mit 60 Prozent der Bevölkerung in Reihen- und 40 Prozent in Mehrfamilienhäusern beansprucht der Durchschnittsbürger maximal 70

Die Freigabe des Bodenmarktes hätte vor allem zur Folge, dass die Rente der Bodenbesitzer zurückginge

Quadratmeter für die drei genannten Funktionen. 60 000 Quadratkilometer, geteilt duch 70 Quadratmeter pro Mensch ergibt Platz für 1000 Millionen Menschen. Theoretisch könnten also rund zwölfmal mehr Menschen in Deutschland leben und arbeiten. Für die Schweiz haben wir mit etwas präziseren Annahmen eine theoretische Wohnbevölkerung von rund 200 Millionen berechnet.

Natürlich sind dies Milchmädchenrechnungen. Sie belegen aber dennoch eindrücklich, dass das Bauland letztlich nur deshalb knapp ist, weil es der Staat – meist aus gutem Grund – knapp hält. Erstens indem er die Bauzonen beschränkt. In Deutschland auf insgesamt 13 500 und in der Schweiz auf 1200 Quadratkilometer. Zweitens indem er auch innerhalb der Bauzonen die Nutzung, insbesondere die Gebäudehöhe, in teilweise recht engen Grenzen hält. Drittens weil das staatliche Knapphalten des Bodens der Bodenspekulation und damit dem oft jahrzehntelangen Horten des Bodens erst die Grundlage gibt.

Ohne diese staatlichen Einschränkungen müsste sich der **Bodenpreis** in den Industriestaaten ungefähr auf dem Niveau einpendeln, das sich aus dem Wert der landwirtschaftlichen Nutzung ergibt und aus den Kosten der Erschliessung – soweit diese richtigerweise vom Staat auf die Bodenbesitzer abgewälzt werden. Begründung: Wenn der Boden im Überfluss verfügbar ist und wenn angesichts des überwältigenden Überangebots keine Aussicht auf Wertsteigerung besteht, müssen die Bodenbesitzer zufrieden sein, wenn ihnen überhaupt jemand eine Nutzungsgebühr für ihren Boden bezahlt. Diese richtet sich nach der landwirtschaftlichen Nutzung (die immer möglich ist) bzw. nach dem landwirtschaftlichen Ertragswert. Zusätzlich verlangt der Besitzer natürlich noch eine Entschädigung für allfällige Erschliessungskosten.

Auf diese Weise lassen sich «natürliche» Bodenpreise von rund 20 bis 100 Mark pro Quadratmeter

Konsumgüter- und Bodenpreise: Der teure Boden ist einer der wichtigsten Gründe für die hohen Konsumgüterpreise der Schweiz. Denn die hohen Bodenpreise beeinflussen die Produktionskosten auf vielfältige Weise: Sie treiben via Mieten die Lohnkosten hoch, fliessen in die Mieten der Büros, Ladenlokale und so weiter ein. Nicht zuletzt erhöhen sie auch die Steuern, weil auch der Staat Mieter ist oder Land für Strassen kaufen muss.

errechnen. Wie jedermann weiss, liegen die effektiven Preise weit darüber. Die Differenz kann man als Monopolvermögen bezeichnen, den Ertrag daraus als Knappheitsrente des Bodens (**Bodenrente**).

Diese Rente kann man theoretisch aufgrund folgender Überlegung ausrechnen: Der Immobilienbesitzer hat die Möglichkeit, seinen Boden zum Marktwert zu verkaufen und das Geld zum Zins für Obligationenanleihen anzulegen. Deswegen wird er seinen Boden bzw. seine Immobilie nur dann nicht verkaufen und jemandem zur Nutzung überlassen, wenn der dadurch erzielte Ertrag mindestens ebenso gross ist. Aus dieser Überlegung ergibt sich folgende Formel für die Knappheitsrente des Bodens:

Bodenrente: Der Betrag, den der Bodenbesitzer ohne eigenes Zutun (also abzüglich seiner Aufwendungen) dafür kassiert, dass er sein Grundstück andern zur Verfügung stellt.

Bodenrente = bebautes Land mal Landpreis mal Kapitalmarktzins

Für Deutschland schätzen wir folgende Grössenordnungen
12 Milliarden x 250 DM x 7 Prozent =
210 Milliarden DM

In der Schweiz lauten die entsprechenden Zahlen:
1,2 Milliarden x 500 Franken x 4 Prozent =
24 Milliarden Franken

In beiden Fällen entspricht das rund 6 Prozent des Bruttosozialprodukts – wohlverstanden für den Boden allein, ohne Bauten. In Wirklichkeit dürfte die Rente um einiges geringer ausfallen, denn die Immobilienbesitzer sind glücklicherweise nicht immer in der Lage, die ganze theoretische Rente durchzusetzen. Einige haben zudem gemerkt, dass das obenerwähnte Renditenkalkül eigentlich nicht richtig ist. Im Gegensatz zu einer Obligation, deren realer Wert mit der Inflation sinkt, erleidet das Land keine deflationäre Entwertung. Deswegen muss Land auch keinen Nominal-, sondern einen Realzins von 2 bis 4 Prozent abwerfen.

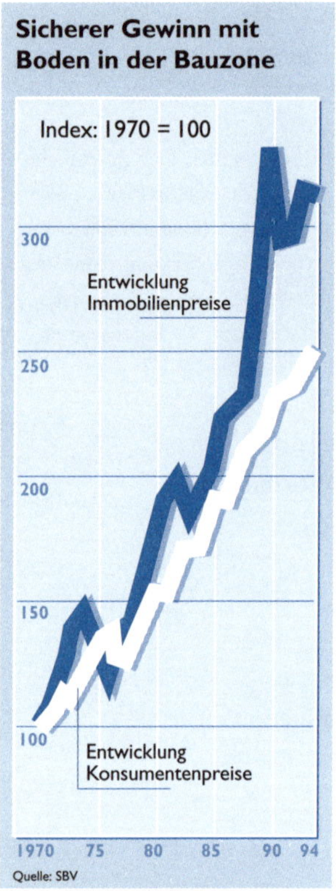

Garantiertes Einkommen: Wer Boden besitzt, wird reicher – weil der Staat den entstehenden Mehrwert nur ungenügend abschöpft

Dennoch: Auch wenn die Knappheitsrente des Bodens «nur» drei Prozent des Bruttosozialprodukts ausmachen sollte, so ist damit doch eine beträchtliche Umverteilung verbunden, die vor allem die ärmere Bevölkerungshälfte ohne nennenswerten eigenen Bodenbesitz hart trifft. Diese Leute zahlen über höhere Wohnungsmieten und Einkaufspreise sowie via tiefere Löhne die Bodenrenten der Reichen. In Einzelfällen kann die Belastung weit über 20 Prozent des verfügbaren Einkommens hinausgehen.

Die vom Staat verursachte Knappheitsrente des Bodens stellt somit eine unbeabsichtigte Umverteilungssteuer dar, die zumindest der Tendenz nach von den Armen bezahlt und von den Reichen kassiert wird. Das wäre nicht so schlimm, wenn dieser Fehler durch die bewusst erhobenen Steuern kompensiert würde. Leider ist dies immer weniger der Fall.

Zwar sind ursprünglich in allen westlichen Industrieländern die Steuergesetze nach dem Grundsatz gemacht worden: Die Belastung steigt mit der Belastbarkeit. Wer mehr verdient, soll auch mehr bezahlen. Die Einkommensteuern haben deshalb in der Regel einen progressiven Satz, der in Deutschland einen maximalen Wert von 53 bei Einkommen von 240 000 Mark und mehr beträgt.

In Wirklichkeit gelten diese Sätze jedoch nur für die Dummen. Konkret: für die, welche ihr Einkommen als gewöhnliche Angestellte verdienen und dafür einen Lohnausweis erhalten, den sie der Steuerbehörde abgeben müssen. Einkommen aus Kapital und insbesondere aus Immobilienbesitz bleibt von der Steuer weitgehend verschont, wobei der Immobilienbesitz noch den zusätzlichen Vorteil hat, dass er auch deklariertes Arbeitseinkommen dem Zugriff des Steuervogtes entziehen kann.

Wie das geht, zeigt ein Beispiel, das wir dem «Spiegel» entnommen haben:

Der Architekt C. aus Mettmann verdient mit seinem Büro jährlich rund 400 000 Mark. Zusätzlich besitzt er in verschiedenen Städten Immobilien im Wert von 900 Millionen Mark, die jährlich über 10 Millionen Mark Nettoertrag abwerfen. Dennoch hat C. noch nie auch nur eine Mark Einkommenssteuer bezahlt.

Das geht so: C. kauft regelmässig neue Objekte, die er mit Kredit finanziert. Da die Objekte vom Finanzamt tiefer bewertet werden als der Kredit, den er dafür aufgenommen hat, entsteht erst einmal ein steuerlich abziehbarer Verlust. Im weiteren kann er die Zinskosten gegen die Mieteinnahmen verrechnen. Allfällige Renovierung vermindern sein Einkommen ebenfalls. Dazu kommen noch die gesetzlichen Abzüge, die in den ersten acht Jahren jeweils 5, in den folgenden 6 Jahren 2,5 und weitere 36 Jahre lang 1,25 Prozent der Anschaffungskosten ausmachen. C. muss noch nicht einmal darauf achten, dass seine Abzüge regelmässig anfallen, denn seit dem Steuerreformgesetz von 1990 darf er seinen Verlust zeitlich unbegrenzt mit künftigem Einkommen verrechnen.

Immobilienbesitz ist eines der bewährtesten Mittel zur Vermeidung von Steuern

Auch für die Schweiz ist Immobilienbesitz eines der bewährtesten Mittel zur legalen Steuervermeidung. Zum einen können die Schuldzinsen auf den Hypotheken vom Einkommen abgezogen werden. Diese Möglichkeit steht dem Mieter, der ja die Zinskosten als Teil der Miete genauso bezahlen muss, nicht zur Verfügung. Dieses Privileg der Hauseigentümer wird zwar durch den Zuschlag eines sogenannten Eigenmietwerts zum steuerbaren Einkommen theoretisch kompensiert. In der Praxis werden diese Eigenmietwerte aber immer deutlich unter den Marktmieten vergleichbarer Häuser und Wohnungen angesetzt.

All dies geschieht unter dem löblichen Motto der Förderung des Eigenheims – was an sich durchaus sinnvoll wäre. Leider funktioniert die Sache noch nicht einmal halbwegs. Da Bauland rar ist und deshalb am Immobilienmarkt die Käufer am längeren Hebel sitzen, kommen die Steuervorteile letztlich nicht (oder nur zum kleinen Teil) den Eigenheimbesitzern zugute, sondern sie treiben letztlich den Preis für Bauland hoch.

Die Käufer können sich ja dank Steuerersparnissen mehr leisten.

Vor allem aber fördern die erwähnten Steuervorteile den Eigenheimbesitz deshalb nicht, weil sie vor allem denjenigen nützlich sind, die sich auch ein zweites, drittes, viertes und zehntes Haus leisten können. Wer verlotterte Immobilien billig einkauft und dann teuer renoviert, kann die entsprechenden Kosten von der Steuer abziehen und bildet so steuerfrei Ersparnisse.

Die Immobilien sind dazu allerdings nicht die einzige Möglichkeit. Mit der nicht ganz falschen Begründung, dass Ersparnisse die Voraussetzung für Investitionen und diese wiederum die Vorbedingung für wirtschaftliches Wachstum seien, ist es den politischen Lobbies der Banken, der Rentner und der Sparer immer wieder gelungen, Steuerschlupflöcher für Ersparnisse und die daraus fliessenden Erträge zu schaffen.

All diese Eingriffe sind in ihrem Zusammenwirken extrem leistungsfeindlich. Sie bewirken tendenziell, dass nur noch die Einkommen aus Arbeit voll versteuert werden müssen. Und auch dies nur in dem Umfang, wie der Arbeitslohn für den direkten Lebensunterhalt gebraucht wird. Die Ersparnisse hingegen geniessen fast alle irgendwelche Steuervorteile.

Die verfehlte Boden- und Steuerpolitik führt zu einem Teufelskreis steigender Einkommens- und Vermögensunterschiede, sinkender Nachfrage und höherer Staatsdefizite

Damit aber hat sich der volkswirtschaftliche Zweck, nämlich Investitionen und Wachstum zu fördern, längst in sein Gegenteil verkehrt. In den meisten westlichen Industriestaaten, insbesondere in Deutschland, den USA und der Schweiz, sparen sowohl die Haushalte als auch die Privatunternehmen seit etwa 1980 deutlich mehr, als sie für Investitionen aller Art wieder ausgeben bzw. als Renteneinkommen verzehren. Die Summe der privatwirtschaftlichen Ersparnisse plus die auf den entsprechenden Guthaben fälligen Zinsen übersteigt die Summe aus Investitionen, konsumierten Renten und Exportüberschüssen. Damit sammelt also der private Sektor Guthaben an, die grösser sind als ihr realer Gegenwert in Form von zusätzlichem Produktionskapital oder Auslandsguthaben. Die Differenz zwischen dem realen und dem nominellen Sparen sind die zusätzlichen Schulden des Staates. Schliesslich muss jedem Guthaben notwendigerweise eine Schuld gegenüberstehen. Die Zunahme der staatlichen Schulden ist also eine notwendige Konsequenz aus dem Bestreben der Haushalte und der Unternehmen, mehr zu sparen, als zu investieren. Konkret: Wenn die Wirtschaft mangels Nachfrage nicht läuft, hat der Staat weniger Steuereinnahmen, muss aber für soziale Zwecke mehr ausgeben. Dieser wiederum muss immer höhere Anteile seiner Einnahmen für Zinszahlungen ausgeben. In Deutschland waren es 1995 bereits 140 Milliarden Mark, mehr als doppelt soviel wie fünf Jahre zuvor und rund 5 Prozent des Volkseinkommens. Dieses Geld geht zum überwiegenden Teil an die reichere Hälfte der Bevölkerung, die auf diesen Einnahmen aus den erwähnten Gründen keine Steuern bezahlt.

Ausgerechnet die Steuer- und die Bodenpolitik werden zur entscheidenden Triebfeder einer unsozialen Konzentration der Vermögen

So entsteht ein Teufelskreis. Dieser wird zwar nicht allein durch eine verfehlte Steuer- und Bodenpolitik angetrieben. Andere Ursachen, wie etwa zu hohe Zinsen, kommen hinzu. Doch wenn man bedenkt, dass eigentlich die Steuer- und die Eigentumspolitik dazu dienen sollten, den sozialen Zusammenhalt eines Landes zu stärken, dann mutet es schon seltsam an, dass ausgerechnet der Boden und das Steuersystem zu entscheidenden Triebfedern der Vermögenskonzentration werden.

Arbeit: Macht statt Markt

Warum es zwischen Arbeitnehmern und Arbeitgebern keinen fairen Wettbewerb gibt

Mehr Markt senke die Arbeitslosigkeit, behaupten die Verfechter des freien Marktes. Doch in Wirklichkeit profitieren die Arbeitgeber von einer monopolartigen Stellung – weil der Arbeitsmarkt vor allem in Krisenzeiten nicht nach den klassischen Regeln funktioniert.

Eine Feststellung ist unbestritten: Der **Arbeitsmarkt** funktioniert heute nirgends nach den Regeln der klassischen Marktwirtschaft. Denn gemäss der Theorie von Adam Smith müsste die unsichtbare Hand des Marktes dafür sorgen, dass der Wohlstand aller gemehrt wird – und dass sich Angebot und Nachfrage im Gleichgewicht einpendeln. Konkret: Abgesehen von ein paar Leuten, die gerade die Stelle wechseln, dürfte es keine Arbeitslosen geben. Tatsache ist aber, dass auch in Industrieländern, die sich offiziell zum Kapitalismus, also zum angeblich freien Markt bekennen, 35 Millionen Menschen offiziell und weitere 14 Millionen inoffiziell ohne Arbeit sind.

Warum? Über dieser Frage ist ein neuer ideologischer Grabenkrieg entbrannt, in dem sich nicht mehr Kommunisten und Kapitalisten gegenüberstehen wie zu Zeiten des kalten Krieges, sondern die sogenannten **Neoliberalen** und die Anhänger einer **sozialen Marktwirtschaft.**

Klar in der Offensive ist dabei der neoliberale Kapitalismus, wie er derzeit in den USA praktiziert wird. Seine Forderungen in bezug auf den Arbeitsmarkt sind: flexible Löhne, schwache Gewerkschaften, wenig soziale Sicherheit – und entsprechend geringere Staatsausgaben. Die Erfolge die-

Klassische Theorie des Arbeitsmarkts: Sie geht davon aus, dass Arbeit ein einheitliches Gut ist, das sich nur nach dem Grad der Qualifiziertheit unterscheidet. Der Lohn steigt oder sinkt so lange, bis sich ein Marktgleichgewicht einpendelt. Jeder, der zu diesem Gleichgewichtslohn arbeiten will, kann das tun.
Neoliberale: Sie gehen in ihrer Theorie davon aus, dass der Markt ganz ohne staatliche Eingriffe von selbst zu einem sozialen Optimum führt. Die Vertreter der **sozialen Marktwirtschaft** dagegen glauben, dass die Macht des Marktes ein politisches Gegengewicht braucht, das soziale Ungleichgewichte ausgleicht.

ser Methode lassen aufhorchen: In den vergangenen 20 Jahren sind in den USA jährlich 1,8 Prozent oder insgesamt rund 40 Millionen neue Arbeitsplätze geschaffen worden. Die offiziell ausgewiesene Arbeitslosenquote konnte auf rund 5 Prozent gesenkt werden.

Klar in der Defensive ist das Modell der sozialen Marktwirtschaft, wie es in Deutschland und weitgehend auch in der ganzen Europäischen Union – mit Ausnahme Englands – praktiziert wird. Es zeichnet sich durch hohe soziale Sicherheit und einen starken Staat aus. Seine Leistungen auf dem Arbeitsmarkt sind jedoch bescheiden: In den letzten 20 Jahren wurden in den heutigen EU-Ländern nur gut 10 Millionen neue Arbeitsplätze geschaffen. Die Arbeitslosenquote ist seit 1965 von 3 auf 11 Prozent gestiegen. Der Anteil der EU-Exporte am Weltmarkt ist von 28 auf 24 Prozent gesunken.

Je einfacher die Rezepte gegen die Arbeitslosigkeit klingen, desto mehr sind sie mit Vorsicht zu geniessen

Wie unterschiedlich die Arbeitsmärkte der beiden Systeme funktionieren, zeigt auch ein Blick aufs Detail:

- Verliert ein Deutscher seinen Job, erhält er von der Arbeitslosenkasse oft jahrelang 75 Prozent seines früheren Lohns. In den USA werden während dreier Monate 55 und dann noch 28 Prozent bezahlt. Frage: Wer hat mehr Anreiz, eine neue Stelle zu suchen?

- In der Schweiz und in Deutschland sorgen starke Gewerkschaften und Sozialgesetze dafür, dass Verkäuferinnen mindestens 3000 Mark pro Monat kosten und dass die Läden nicht zu lange offen bleiben. In den USA ist Verkaufspersonal halb so teuer zu haben, und die Läden können auch siebenmal 24 Stunden pro Woche offen bleiben. Frage: Wo wird mehr Verkaufspersonal beschäftigt?

- Ein anderes Beispiel: Beim gegenwärtigen Niveau der Altersvorsorge und angesichts der zunehmenden Überalterung muss Deutschland schon in 20 Jahren 43 Prozent des Sozialprodukts für die Altersvorsorge ausgeben. Frage: Ist ein solcher Sozialstaat noch wettbewerbsfähig?

Rezepte gegen die Arbeitslosigkeit schüren oft die Armut

Aus solchen Überlegungen haben unter vielen anderen die Freisinnig-Demokratische Partei der Schweiz, der europäische Unternehmerverband UNICE und neuerdings auch das Generalsekretariat der OECD sowie eine französisch-deutsche Regierungskommission Rezepte abgeleitet, deren Grundtenor immer derselbe ist: Europa muss seinen Arbeitsmarkt deregulieren, das heisst konsequent nach den Regeln der Marktwirtschaft ausrichten. Und entsprechend härter, länger und billiger sollen Franzosen, Spanier, Deutsche und Schweizer arbeiten, um konkurrenzfähig zu bleiben.

Doch so einleuchtend diese Rezepte auf den ersten Blick scheinen mögen, sie sind mit Vorsicht zu geniessen. Einiges spricht dafür, dass sie sich als Armutsfalle entpuppen, denn – so kontern die Gegner – sie beruhen auf falschen Annahmen:

Arbeitslosenquote: Sie gibt an, wie viele Leute zu einem bestimmten Zeitpunkt bei der Arbeitslosenversicherung gemeldet waren, und setzt diese Zahl ins Verhältnis zur Arbeitsbevölkerung (Beschäftigte plus Arbeitslose). Die Ausgesteuerten fehlen in dieser Statistik. Das Problem der internationalen Vergleiche von Arbeitslosenquoten besteht darin, dass in Ländern mit einer schlecht ausgebauten Arbeitslosenversicherung eher sogenannte prekäre Arbeitsverhältnisse (wie Gelegenheitsjobs, Selbständige mit ungenügender Beschäftigung, gelegentliche Arbeit im Familienbetrieb) ebenfalls als Beschäftigung gezählt werden.

- Nicht die hohen Löhne der Arbeitnehmer sind an Europas Problemen schuld, sondern die schlechten Leistungen der Manager: Gemäss einer McKinsey-Studie über die Wettbewerbsfähigkeit von Europa, Japan und den USA hat Europa zwar Mehrkosten von 30 bis 50 Prozent. Davon ist jedoch nur ein Fünftel auf hohe Kosten für Arbeit, Kapital und Material zurückzuführen. Der Rest wird durch eine ineffiziente Arbeitsorganisation und falsche Produkteentwicklung verursacht. Zum selben Schluss kommt eine Untersuchung der Universität Hannover zur Rationalisierungspolitik der deutschen Industrie, die überdies festhält: «Die Arbeiter als Akteure der Rationalisierung in einen Produktivitätspakt einzubinden gelingt nur, wenn Besitzstandssicherung und Erfolgsbeteiligung zur Geschäftsgrundlage gehören.» Die Arbeiter haben schliesslich kein Interesse daran, Partner eines Geschäfts zu sein, das ihre Position verschlechtert.

- Nach unten flexible Löhne verringern zwar die **Arbeitslosenquote,** doch wem hilft's? Seitdem

Grossbritannien unter Margaret Thatcher die soziale Sicherheit abgebaut und die Gewerkschaften zerschlagen hat, ist der Einkommensunterschied zwischen den ärmsten und den reichsten 20 Prozent der Bevölkerung von 300 auf 700 Prozent gestiegen. In den USA ist der Unterschied noch grösser. Die Arbeitslosenquote ist dort vor allem deshalb niedriger als in Europa, weil Millionen von US-Bürgern entweder ganz aus dem sozialen Netz herausgefallen sind und so auch in keiner Arbeitslosenstatistik erscheinen und weil weitere 30 Millionen gezwungen sind, sich in unproduktiven und miserabel bezahlten Jobs mit immer länger werdenden Anfahrtswegen aufzureiben. Ein Arbeitsmarkt, auf dem die Armen den Reichen die Schuhe putzen müssen, so kontern die Gegner der neoliberalen Theorie, sei keine erstrebenswerte Alternative zu 11 Prozent Arbeitslosigkeit.

Es ist ein Irrtum anzunehmen, dass der Arbeitsmarkt nach den klassischen Regeln des Konsummarktes funktioniert

Mit diesem Austausch von Argumenten ist allerdings wieder einmal nur eines bewiesen worden: dass volkswirtschaftliche Theorien nie mit Fakten bewiesen oder widerlegt werden können, sondern immer nur mit besseren Theorien. Und zu einer solchen kann eine einfache Analyse des Arbeitsmarktes führen. Denn die heute vorherrschende neoliberale Denkschule geht davon aus, dass der Arbeitsmarkt wie ein klassischer Markt funktioniert. Auf diesem klassischen Markt nimmt mit sinkenden Preisen das Angebot ab, während die Nachfrage steigt. Das Ergebnis ist ein Gleichgewichtspreis, bei welchem das gesamte Angebot verkauft wird. Auf dem Arbeitsmarkt sind diese Voraussetzungen jedoch nicht erfüllt. Dies zeigt eine Gegenüberstellung der Situationen der Anbieter und der Nachfrager in diesem Markt:

- Für den Arbeitnehmer besteht die Alternative zur bezahlten Arbeit in Musse, privater Weiterbildung oder in unbezahlter Arbeit für die Familie oder die Nachbarschaft. Im Sozialstaat gibt es zudem die Möglichkeit, all diese Alternativen mit dem Bezug von Arbeitslosengeld zu verbinden. Aus diesen alternativen (Un-)Tätigkeiten zieht der Anbieter von Arbeitskraft

Sinkender Grenznutzen: Mit diesem Ausdruck ist gemeint, dass der Nutzen eines Produktes oder einer Dienstleistung abnimmt, je mehr man schon davon hat. Konkret: Das dritte Auto bringt weniger Nutzen als das erste. Im Arbeitsmarkt geht diese Rechnung jedoch nicht auf.

einen Nutzen, zu dem auch das Arbeitslosengeld gehören kann. Diesen vergleicht er mit dem **Grenznutzen** aus dem Lohn einer zusätzlichen Stunde Arbeit. Diese Nutzenmaximierung sagt dem Anbieter von Arbeit beispielsweise, dass er lieber auf den Lohn der 15. täglichen Arbeitsstunde verzichtet und sich dafür fünf statt nur vier Stunden Schlaf gönnt.

■ Für den Arbeitgeber besteht die Alternative zum Einstellen von Personal entweder in einer Drosselung der Produktion oder im Ersatz von Arbeit durch Kapital, konkret also durch Maschinen und Roboter, die er mit Strom oder einem anderen Energieträger betreiben kann. Grundsätzlich wird so lange weiterproduziert, bis die zusätzlichen Aufwendungen für Kapital und Arbeit die zusätzlichen Einnahmen übersteigen. Und wo immer möglich, wird er die billigere Variante einsetzen.

Pech für die Arbeitnehmer: Auf dem Arbeitsmarkt gibt es keine kleinen Optimierungsschritte, sondern nur radikale Veränderungen

Nach dieser Theorie kommt die Arbeitslosigkeit vor allem dadurch zustande, dass ein unflexibler Arbeitsmarkt – beziehungsweise der Druck der Gewerkschaften, staatliche Mindestlohnvorschriften oder das Arbeitslosengeld – die Löhne daran hindert, auf das Niveau zu sinken, das es ihnen erlaubt, mit den Kosten des Kapitaleinsatzes konkurrenzfähig zu bleiben.

In der Praxis ist es allerdings meist so, dass jede Arbeit, die durch eine Maschine ersetzt oder durch Reorganisation von Produktionsabläufen überflüssig gemacht wird, nur noch bei weit unter dem Existenzminimum liegenden Löhnen erhalten werden könnte. In der Praxis gibt es keine kleinen Veränderungen und Optimierungsschritte, sondern nur radikale Umstellungen. Eine Fabrik wird wegrationalisiert oder geschlossen, allenfalls in ein Billiglohnland verlegt. Der Arbeitnehmer muss sich nicht überlegen, ob er mit 5 Prozent weniger Lohn auch zufrieden wäre, sondern in welche Gegend er umziehen oder welchen neuen Beruf er lernen will.

Der Arbeitsmarkt ist also kein System, das sich gemäss klassischer Theorie laufend durch kleine Schritte optimiert. Statt dessen handelt es sich um ein sehr viel komplexeres System, das ganz anderen Regeln gehorcht. Die Annahme, dass der Arbeitsmarkt einem Gleichgewicht mit minimaler Arbeitslosigkeit und maximalem volkswirtschaftlichem Nutzen zustrebt, hat mit der Wirklichkeit nichts zu tun – dafür um so mehr mit Wunschdenken und einer falschen Analyse der Situation.

Das leuchtet erst recht ein, wenn man die Angebotsseite des Arbeitsmarktes betrachtet. Das von der Theorie erwartete stabile Gleichgewicht bei tiefer Arbeitslosigkeit kann nämlich nur zustande kommen, wenn sich die Arbeitnehmer bei sinkenden Löhnen genauso aus dem Arbeitsmarkt zurückziehen können wie die Arbeitgeber bei steigenden. Das ist jedoch in einem freien Arbeitsmarkt ohne soziale Sicherheit nicht der Fall. Im Gegenteil. Normale Menschen wollen nämlich nicht nur ihren Nutzen maximieren, sondern sie wollen auch dann überleben, wenn die Nutzenrechnung nicht mehr aufgeht. Das bedeutet, dass sinkende Löhne nicht etwa zum Rückzug aus dem Arbeitsmarkt per Selbstmord führen, sondern dazu, dass die Arbeitnehmer versuchen werden, ihren Existenzbedarf mit dem Lohn von zehn oder zwölf täglichen Arbeitsstunden zu decken.

Wenn aber mit sinkenden Löhnen das Angebot an Arbeit steigt, statt zu sinken, dann führt das zu weiter sinkenden Stundenlöhnen, was wiederum die Arbeitnehmer dazu zwingt, noch länger zu arbeiten – was völlig gegen die klassischen Regeln des Marktes ist. Was Wunder, produziert der Arbeitsmarkt statt des erhofften Gleichgewichts der Kräfte ein Nachfragemonopol mit extremen Ungleichgewichten und Ausbeutung. Dass dies mehr ist als eine Theorie,

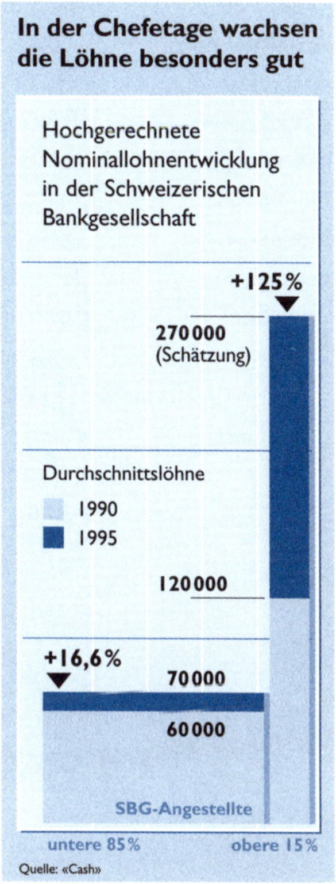

Krasse Lohnunterschiede (in Franken): Unten, wo die Konkurrenz gross ist, wachsen die Löhne langsam. Oben, wo der Markt praktisch ausgeschaltet ist, wachsen sie rasant

zeigen nicht nur die Verhältnisse in vielen Entwicklungsländern, das erfahren auch Millionen von Westeuropäern, Amerikanern und Japanern, die ihre unqualifizierte Arbeitskraft oder ihre wenig gefragten Talente jetzt schon auf einem monopolistischen Arbeitsmarkt anbieten.

Weder die Arbeitnehmer noch die Arbeitgeber haben die Möglichkeit, sich marktgerecht zu verhalten

Fazit: Die Arbeitnehmer haben gar nicht die Möglichkeit, sich marktgerecht zu verhalten. Denn bei sinkendem Lohnniveau müssen sie länger arbeiten, damit sie ihren Lebensstandard halten können oder damit sie wenigstens nicht verhungern. Und genausowenig haben die Arbeitgeber einen Anreiz, marktgerecht auf neue Verhältnisse zu reagieren. Denn bei sinkenden Löhnen fehlt die Kaufkraft, welche die Unternehmer veranlassen könnte, mehr zu produzieren und damit mehr Arbeit einzukaufen – sprich: Leute anzustellen.

Damit ist es – im Gegensatz zu den Lehrbüchern der klassischen Ökonomie – durchaus denkbar, dass ein frei funktionierender Arbeitsmarkt zu einem Ergebnis führt, das für alle Beteiligten eine Verschlechterung ihrer Lage bringt.

Schutzreviere: Kassieren ohne Wettbewerb

Warum ein grosser Teil der heutigen Wirtschaft am Markt vorbeifunktioniert

Monopole verhindern den Wettbewerb, Kartelle schalten ihn aus, Protektionismus und Subventionen verfälschen das freie Spiel von Angebot und Nachfrage. Die Folge: In grossen Teilen der Wirtschaft sind die positiven Kräfte des Marktes heute blockiert.

Der überwiegende Teil der Wirtschaft ist den Gesetzen des freien Marktes nicht oder nur bedingt ausgesetzt. Das Spiel von Angebot und Nachfrage spielt insbesondere nicht für

- die Produkte und Dienstleistungen von Staat und Staatsbetrieben,
- die Energielieferungen der Strom- und Gasversorgung,
- das Angebot der regionalen und kommunalen Betriebe des öffentlichen Verkehrs,
- das staatlich stark reglementierte Gesundheitswesen,
- die staatlich subventionierte und reglementierte Überproduktion der Landwirtschaft.

Nicht nur in staatlichen Betrieben spielt der Markt nicht richtig, auch in der Privatwirtschaft wird er oft mit Absprachen blockiert

Wo der Markt ausgeschaltet ist, macht sich vielfach Ineffizienz und Verschwendung breit. Solche Entwicklungen sind etwa zu beobachten, wenn der Staat auf Einkaufstour geht und dabei dank Vetternwirtschaft und falsch verstandenem Heimatschutz viel Geld verschleudert. Investiert der Staat sein Geld falsch, so hat dafür der Steuerzahler geradezustehen. Ebenfalls kräftig zur Ader gelassen wird der Verbraucher und Steuerzahler mangels Wettbewerbs in der monopolisierten Energieversorgung oder im Gesundheitswesen. Wider den Markt funktionieren auch grosse Teile der Landwirtschaft, weil die EU dort vie-

Nur jeder dritte Preis in der Schweiz ist frei

12% Administrierte Preise (Elektrizität, Gas, öffentlicher Verkehr, Gesundheit, Radio- und TV-Gebühren usw.)
5% Stark regulierte Preise (Milch, Eier, Öl, Kartoffeln usw.)
28% schwach regulierte Preise (Fleisch, Getreide, Früchte, Wein, Mieten u.a.)
20% Durch Kartelle, Absprachen, Normen festgelegte Preise (Tabak, Autos, Bücher, Sportartikel, Spielzeuge usw.)

Quelle: OECD 1990

Beschränkter Markt: Die Mehrzahl der Schweizer Preise richtet sich nicht nach Angebot und Nachfrage

le Subventionen nach falschen Kriterien verteilt. Selbsternannte Verfechter der Marktwirtschaft fordern dann vermehrt Deregulierung und Privatisierung von Staatsleistungen. Sie sehen aber daran vorbei, dass ein erheblicher Teil der Privatwirtschaft den Gesetzen des Marktes ebenfalls nicht ausgesetzt ist. Monopole, Normen und Kartelle beeinflussen die Preise von vielen Produkten.

Versucht die Politik hier einzugreifen, um entweder Marktverhältnisse zu schaffen oder – wo dies nicht möglich ist – unverdiente Gewinne aus privaten Monopolen und Kartellen zu verhindern, setzen sich die bisherigen Nutzniesser prompt zur Wehr. Die Profiteure von Monopolen und Kartellen, die Nutzniesser von Protektion und Subventionen versuchen, solche Neuerungen zu verhindern. Sie reden lieber von Marktwirtschaft, als sich der harten Konkurrenz im Markt zu unterwerfen. Das Nachsehen haben die Verbraucherinnen und Verbraucher, die zu hohe Preise bezahlen müssen.

Doch auch wo markthemmende Absprachen und Regelungen fehlen, ist für den Verbraucher noch lange nicht alles zum besten bestellt. Indem Unternehmen das Angebot möglichst unübersichtlich gestalten und so die nötige Transparenz verunmöglichen, erschweren sie ihren Kundinnen und Kunden das marktgerechte Verhalten.

All diese Wettbewerbsbehinderungen sichern einer Minderheit von Profiteuren ausserordentlich hohe Gewinne und Renditen, die ein funktionierender Markt nicht über längere Zeit zuliesse. Am stärksten beherrschen solche Kräfte den «Markt» in der Schweiz, wie eine Erhebung der OECD aus dem Jahre 1990 zeigt: Fast zwei Drittel des gesamten Schweizer Marktvolumens machten noch 1990 Produkte und Dienstleistungen aus, deren Preise nicht oder nicht allein vom Spiel von Angebot und Nachfrage abhingen.

Stromversorgung: Hochspannung im Überfluss

Elektrizitätsunternehmen missbrauchen ihr Monopol: Mit attraktiven Tarifen für Grossverbraucher heizen sie den Stromverbrauch an. Und mit ihrer Mischkalkulation verzerren sie den Wettbewerb. Deshalb verbrauchen wir zuviel Strom und bezahlen obendrein noch zuviel dafür.

250 bis 300 Milliarden Mark kostet insgesamt der Strom, der pro Jahr im Gebiet des westeuropäischen **Stromverbundes** (UCPTE-Netz ohne Oststaaten) verbraucht wird. Das wäre ein stattlicher Markt – aber es ist keiner. Zwischen Stromproduzenten und Stromverbrauchern gibt es in den meisten Staaten vorderhand kein freies Spiel von Angebot und Nachfrage, denn die Elektrizitätsversorgung ist gebietsmässig aufgeteilt und monopolisiert. Konkret: Wer Strom braucht, um Maschinen anzutreiben, Computer zu kühlen oder Eier zu kochen, kann ihn nur bei «seinem» Elektrizitätswerk beziehen, das über das örtliche Versorgungsmonopol verfügt und den Tarif bestimmt.

Die Verbraucher sind damit dem lokalen oder regionalen Stromlieferanten auf Gedeih und Verderb ausgeliefert. Das gilt insbesondere für den Bedarf an Elektrizität für Motoren und für Licht. Wer elektrisch heizt, kann allenfalls umsteigen auf Gas, Öl oder Sonnenkollektoren – sofern er das Geld für die notwendige Umrüstung besitzt.

Auf dem europäischen Hochspannungsnetz besteht zwar längst schon ein Markt, doch daran können bislang nur die grossen Elektrizitätsgesellschaften teilnehmen, die selber Kraftwerke und/oder Teile des Hochspannungsnetzes besitzen. Dieser internationale Grosshandel mit beschränktem Zugang dient den Stromkonzernen dazu, Pro-

Stromverbund: Zum westeuropäischen Stromverbund (UCPTE-Netz) gehörten bis Herbst 1995 die EU-Staaten (ohne Grossbritannien und Skandinavien), die Schweiz und das ehemalige Jugoslawien. Die Kraftwerksleistung betrug total 414000 Megawatt, die gesicherte Leistung im Dezember 292000 Megawatt. Im Herbst 1995 wurden die ehemalige DDR und die Centrel-Staaten Polen, Tschechien, Slowakei und Ungarn mit dem UCPTE-Netz direkt verknüpft, womit sich die gesamte Kraftwerksleistung um weitere 75000 Megawatt erhöhte. Dieser Stromverbund ermöglicht es den angeschlossenen Elektrizitätsgesellschaften, Produktionsüberschüsse zu kaufen und zu verkaufen, teils aufgrund langjähriger Liefer- und Bezugsverträge, teils kurzfristig im Spotmarkt. Weil grosse Produktionsüberkapazitäten bestehen, sind die Spotmarktpreise seit Jahren sehr tief.

duktionsüberschüsse abzusetzen, Versorgungslücken zu stopfen, die Netzspannung zu regulieren und Handelsgeschäfte untereinander abzuwickeln.

Einige Staaten ausserhalb des UCPTE-Netzes, insbesondere Grossbritannien und Norwegen, haben in den letzten Jahren mit der Realisierung von – unterschiedlichen – Marktöffnungs-Modellen begonnen. Im Juni 1996 hat nun auch die Europäische Union eine Richtlinie beschlossen, die den abgeschotteten Strommarkt ab 1998 schrittweise öffnen will. Demnach sollen in einer ersten Phase nur Grossverbraucher, insbesondere energieintensive Industriebetriebe, Marktzutritt erhalten und ihre Lieferanten frei wählen können. Bei der Umsetzung der allgemein formulierten Richtlinie bleibt den einzelnen EU-Mitgliedstaaten allerdings ein grosser Spielraum.

Öko-Dumping: Kann ein Hersteller von grosszügigeren nationalen oder regionalen Umweltschutz-Vorschriften profitieren, so hat er gegenüber seinen Konkurrenten einen Wettbewerbsvorteil auf Kosten der Natur.

Wie gut und fair der Markt in der Praxis tatsächlich spielen wird, ist bei Drucklegung dieses Buches noch kaum abschätzbar. Einerseits trachten die Stromkonzerne danach, den Wettbewerb schon vor der Marktöffnung zu begrenzen und aufzuteilen, indem sie sich vermehrt zu Konsortien und Konglomeraten zusammenschliessen. Ein Beispiel dafür lieferten der französische Strommonopolist EdF und der deutsche Stromkonzern RWE, die sich im November 1996 eine starke Beteiligung an der grössten Schweizer Stromgesellschaft Atel sicherten.

Andererseits besteht die Gefahr, dass die vielzitierte «Liberalisierung» der Stromversorgung das **Öko-Dumping** und die Quersubventionierung begünstigt. So können wenige marktzutrittsberechtigte Grossverbraucher die billigsten Stromangebote aus umweltbelastenden Kraftwerken ergattern, während die Mehrheit der Kleinverbraucher, die im Versorgungsmonopol verbleiben, die Kosten dieses fragwürdigen Rosinenpickens mit höheren Tarifen bezahlen und in Form von erhöhter Umweltverschmutzung erleiden müssen.

Zu fordern wäre deshalb ein echter Strommarkt, an dem alle Verbraucherinnen und Verbraucher gleichzeitig und gleichberechtigt teilnehmen könnten. Doch die Realisierung ist schwierig, denn die leitungsgebundene Elektrizität ist schwer fassbar, schwer regulierbar und stellt damit eine höchst unhandliche Handelsware dar. Ein Idealmarkt für den Strom erfordert derart viel komplizierte technische und gesetzliche Regulierung, dass man sich fragen muss, ob sich das Ganze wirklich lohnt. Unter gewissen Rahmenbedingungen kann es gesamtwirtschaftlich effizienter sein, die heutige Monopolstruktur bei leitungsgebundenen Energieträgern wie Strom oder Gas zu erhalten.

In einem monopolisierten Bereich gilt es, möglichst wettbewerbsähnliche Bedingungen zu schaffen

Wenn aber eine monopolisierte Versorgung wirtschaftlich optimal funktionieren soll, so setzt dies voraus, dass die Elektrizitätswerke ihre Tarife kostengerecht und die Produktionskapazitäten bedarfsgerecht gestalten. Und dass dort, wo kein Wettbewerb zwischen verschiedenen Energiedienstleistungen besteht, versucht wird, marktähnliche Verhältnisse möglichst gut zu simulieren.

Das alles ist heute nicht gewährleistet. So operieren Elektrizitätsunternehmen, die über ein Versorgungsmonopol verfügen, mit **Mischkalkulationen** und Tarifsystemen, die meist nur einem Zweck dienen: der Absatzförderung und mithin der Produktionssteigerung. Mit jeder neuen Produktionsanlage aber verteuern sich die Stromgestehungskosten.

Mischkalkulation: Eine solche kommt dann zum Einsatz, wenn ein Verkäufer teurere und billigere Produkte zu einem Durchschnittspreis verkauft.

Die Folgen von Mischkalkulation und Absatzförderung sind vielfältig: Gemessen an den wahren Kosten, zahlen die einen Verbraucher zuwenig für die hochwertige Energie Elektrizität, andere verhältnismässig zuviel. Und die meisten, die Strom beziehen und dafür bezahlen, hätten bei einer marktgerechteren Stromversorgung einen Anreiz, einen Teil ihres Verbrauchs und mithin Kosten einzusparen. Konkret krankt die Stromversorgung heute an drei zentralen Missständen:

- Umweltkosten sind sozialisiert: Die Elektrizität ist generell zu billig, weil die externen Kosten – wie bei allen andern Energieträgern auch – im Preis nicht enthalten sind. Selbst wenn man die Risikokosten für Kernkraftwerke ausklammert (siehe Kapitel «Atomkraft: Die Allgemeinheit haftet»), bleiben sozialisierte Kosten übrig. Deren verursachergerechte Anrechnung würde den Strom aus Atom- und Wasserkraftwerken bei Normalbetrieb (ohne atomare Risikokosten) gegenüber den heutigen Durchschnittskosten um 5 bis 11 Prozent verteuern, zeigt die Schweizer Studie über «Die externen Kosten der Energieversorgung» von 1994 (siehe Grafik Seite 22). Die Preise des Stroms aus Kohle- oder Ölkraftwerken müssten sich bei Berücksichtigung aller Umweltkosten mehr als verdoppeln.

Grenzkosten: So bezeichnet man die Kosten für eine zusätzliche Produkteinheit, zum Beispiel für eine zusätzlich zu produzierende Kilowattstunde Strom. Zu unterscheiden sind kurz- und langfristige Grenzkosten.

■ Bei den kurzfristigen handelt es sich beim Strom zum Beispiel um die Produktions- plus Verteilkosten aus dem letzten bestehenden Kraftwerk, das zugeschaltet werden muss, um die momentane Nachfrage zu decken. Oder um den Marktpreis plus die Verteilkosten für den Strom, der dafür von Drittfirmen eingekauft werden muss. Bei knappem Angebot sind diese kurzfristigen Grenzkosten höher, bei zu grossem Angebot tiefer.

■ Bei langfristigen Grenzkosten handelt es sich zum Beispiel um die Kosten des Stromes aus einem zusätzlich oder ersatzweise neu zu bauenden Kraftwerk plus Verteilkosten.

■ Mischtarife führen zur Verschwendung: Je nach Verbrauchsmenge und Anwendungsart ist der Strom teils zu billig, teils zu teuer. So machen die meisten Elektrizitätsgesellschaften eine Mischkalkulation. Auf der Basis ihrer Gesamtkosten legen sie Tarife fest, die den wahren **Grenzkosten** in mehrfacher Hinsicht zuwiderlaufen. In den meisten Staaten sind zum Beispiel die Tarife für die energieintensive Industrie zu tief im Vergleich zu den Haushalttarifen. Das rührt daher, dass die mehrheitlich staatlichen oder halbstaatlichen Stromversorger ihre Industrie unter dem Druck des internationalen Standortwettbewerbs quersubventionieren.

Aber auch innerhalb der Haushalttarife gibt es Verzerrungen, wie eine Analyse der Elektrizitätstarife in der Schweiz zeigt. Einerseits wenden die meisten Elektrizitätswerke einen Tarif an, der sich aus einer fixen Grundgebühr und einem bestimmten Ansatz pro Kilowattstunde zusammensetzt. Das führt dazu, dass die Verbraucherpreise pro Kilowattstunde Strom mit wachsendem Verbrauch sinken. Diese degressiven Tarife fördern die Verschwendung, was den Bau von zusätzlichen Kraftwerken bedingt.

Der Strom aus neuen Kraftwerken aber ist teurer als jener aus den bestehenden. Damit steigen die Produktionskosten pro Kilowattstunde. Will man die Tarife kostengerecht festlegen, müssen sie deshalb mit wachsendem Verbrauch steigen. Andererseits bieten die meisten Elektrizitätswerke – gemessen an ihren Grenzkosten – zu tiefe Nachttarife im Winter und zu hohe Tagtarife im Sommer an. Die Verbraucher, welche die Elektrizität zum Betrieb von Kühlschränken, Lampen, Maschinen, Computern und weiteren Geräten benötigen, wo es ausser Sparen keine Alternative zum Strom gibt, subventionieren damit unfreiwillig den Strom für Elektro-Speicherheizungen. Nur dank dieser Quersubvention konnten die Elektrizitätswerke in grossem Stil in den Wärmemarkt eindringen, wo sie in Konkurrenz zu andern, Heizöl und Erdgas, stehen. Die marktwidrige Förderung von Elektroheizungen ist aber auch aus energetischen Gründen ineffizient, denn der Einsatz von so hochwertiger Energie wie Strom zur Erzeugung von Raumwärme ist etwa gleich sinnvoll wie der Einsatz eines Ferraris zum Einkaufen in der Tempo-30-Zone.

■ **Überkapazitäten** führen zu Verlusten: Zu teuer ist der Strom heute in den Versorgungsmonopolen, weil die Elektrizitätsproduzenten riesige Überkapazitäten aufgebaut und damit gigantische Fehlinvestitionen getätigt haben. Das belegt die Leistungsbilanz in der jüngsten UCPTE-Statistik über das Jahr 1995: Im verbrauchsstärksten Monat Januar lag die nachgefragte Höchstlast bei 254 000 Megawatt. Die gesicherte Leistung (nach Abzug von Revisionen und Reserven etc.) hingegen betrug 292 000 Megawatt. Das heisst: Kraftwerkskapazitäten mit einer Gesamtleistung von 38 000 Megawatt lagen zum Zeitpunkt der grössten

Überkapazitäten: In einem freien Markt führen Überkapazitäten zu sinkenden Preisen, weil das Angebot die Nachfrage übersteigt. Bei einer monopolisierten Stromversorgung hingegen ist das Gegenteil der Fall: Die Verluste, welche die Stromproduzenten mit ihren Überkapazitäten im europäischen Grosshandel einfahren, können sie heute durch höhere Tarife im Versorgungsmonopol ausgleichen. Ganz anders funktioniert etwa der Strommarkt in den USA: Nationale Energiekommissionen prüfen dort regelmässig, ob Investitionen der Elektrizitätswerke (EW) den Marktverhältnissen standhalten. Das EW X hat zum Beispiel in ein AKW investiert, das EW Y in Wärmekraftkopplung. Später stellt sich heraus, dass Strom aus Wärmekraftkopplung günstiger zu haben ist als der Atomstrom. Das EW Y hat also richtig investiert, das EW X falsch. Als Aufsichtsbehörde sorgt nun die Energiekommission dafür, dass das EW X seine Fehlinvestition nicht einfach auf den Strompreis abwälzt. Vielmehr haben die Aktionäre für die Fehlinvestition aufzukommen.

Nachfrage in Westeuropa brach. Zur Illustration: Die überflüssige Leistung von 38 000 Megawatt oder 15 Prozent gemessen an der Spitzennachfrage entspricht der Leistung von 38 grossen Kernkraftwerken. In den übrigen Monaten ist die verfügbare Überkapazität meist noch grösser (siehe Grafik).

Die Folge dieser Überkapazitäten: Die Grosshandelspreise auf dem abgeschotteten Markt unter den europäischen Elektrizitätswerken sind seit Jahren im Keller. Handelsorientierte Elektrizitätswerke mit wenig eigenen Kraftwerken machen riesige Gewinne. Die Kosten und Verluste hingegen, welche den Produzenten mit überrissenem Kraftwerkpark aus den brachliegenden Kapazitäten erwachsen, werden auf die Tarifkunden in den Versorgungsmonopolen überwälzt. Das ist deshalb möglich, weil in der heutigen Elektrizitätsstruktur Produzenten und Versorger mit Gebietsmonopol oft identisch oder eng miteinander verbandelt sind.

Fazit: Die Strommonopolisten gehen mit natürlichen und finanziellen Ressourcen verschwenderisch um, wirtschaften ineffizient und verursachen grobe Wettbewerbsverzerrungen. Zu Lasten der Natur und auf Kosten von sparsamen Verbraucherinnen und Verbrauchern.

Selbst in der Verbrauchs-Spitze im Januar liegt eine Leistung von 38 000 Megawatt brach

Westeuropa leidet unter riesigen Strom-Überkapazitäten

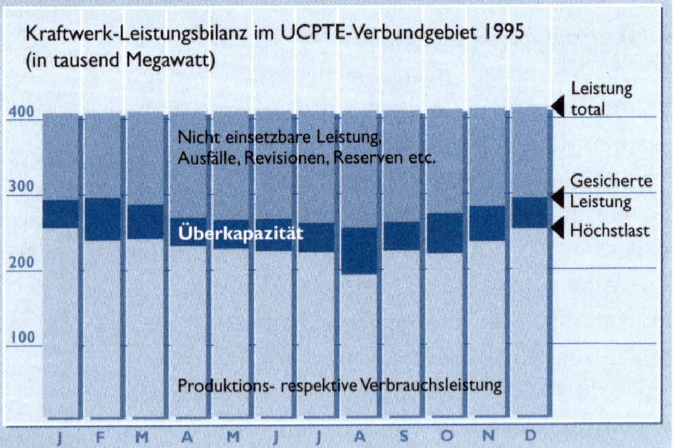

Quelle: UCPTE

Gesundheitswesen: Planwirtschaft gegen Patienten

Die Krankheitskosten explodieren. Daran ist nur zum kleinen Teil die Überalterung schuld. Hauptursache ist ein aufgeblähter Gesundheitsapparat. Krankenhäuser, Ärzte und Pharmaindustrie kassieren viel, ohne sich dem Wettbewerb oder der Leistungskontrolle zu stellen. Die Kostenexplosion trägt zur Gesundheit nur wenig bei.

Über Sparen im Krankheitswesen wird viel geredet. Trotzdem sind die Ausgaben allein der gesetzlichen Krankenversicherung in Deutschland zwischen 1991 und 1996 um weitere 30 Prozent auf 229 Milliarden Mark emporgeschnellt. «Gesundheitspolitiker» sprechen zwar von «Gesundheitsausgaben», doch das Geld kommt nicht etwa einer gesunden Lebensweise und einer gesunden Umwelt zugute, sondern praktisch ausschliesslich den bereits Kranken. Fast jede zehnte Mark, die Deutsche ausgeben, fliesst in das Krankheitssystem: total rund 500 Milliarden Mark. Über ein Viertel davon versickert allein in den Krankenhäusern, weitere 20 Prozent sacken die Ärztinnen und Ärzte ein und über 10 Prozent die Apotheken und Labors. Markt und Wettbewerb herrscht jedoch weder unter den Apothekern noch unter Ärzten und schon gar nicht unter den Krankenhäusern. Die Preise sind weitgehend staatlich reguliert. Und das ganze Krankheitswesen ist – vorwiegend nach dem **Giesskannenprinzip** – mit Milliarden von Steuergeldern subventioniert.

Giesskannenprinzip: Subventionen, die wie mit einer Giesskanne an alle ausgeschüttet werden, unabhängig ob sie reich oder arm sind, bezeichnet man als Subventionen nach dem Giesskannenprinzip. Wenn Subventionen statt dessen gezielt nur an Bedürftige ausbezahlt werden, kann diesen mit dem gleichen Aufwand viel mehr geholfen werden.

In Deutschland und in der Schweiz hat das kostensteigende Reglementieren und Subventionieren besondere Blüten getrieben: In beiden Ländern erreichen die Krankheitsausgaben pro Kopf der Bevölkerung den Europarekord. Weltweit melden nur noch die USA höhere Pro-Kopf-Ausgaben. Um diese horrenden Kosten zu verschleiern, vergleicht man sie häufig mit dem Anteil am

Sind wir auch doppelt so gesund?

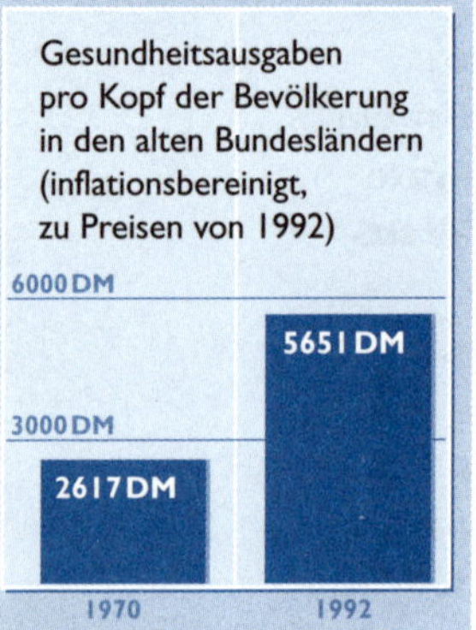

Quellen: «Daten des Gesundheitswesens 1995» (Bundesamt für Gesundheit); «Bevölkerung» und «Preisindex» (Statistisches Bundesamt)

Teure Ärzte und Spitäler: Für die Gesundheit geben wir pro Kopf real mehr als doppelt soviel aus wie noch 1970

Bruttosozialprodukt. Bei diesem beschönigenden Vergleich liegt Deutschland im Mittelfeld der Kostenrangliste. Wieso soll aber ein reiches Land automatisch mehr Geld für das Krankheitswesen brauchen? Aussagekräftig sind die Kosten pro Kopf der Bevölkerung, die in Deutschland und in der Schweiz meistens verschwiegen werden.

Mit 6100 Mark pro Kopf gibt Deutschland ein Drittel mehr aus als Schweden oder Dänemark. Trotzdem geht es den Deutschen gesundheitlich nicht besser als den Skandinaviern. Der Gesundheitszustand der Bevölkerung hängt also längst nicht nur von der Summe Geld ab, die ein Land dafür ausgibt.

Das beweisen auch folgende Zahlen: Die Deutschen, Schweizer und Österreicher geben heute für das Krankheitswesen real, also nach Abzug der Teuerung, und pro Kopf der Bevölkerung mehr als doppelt soviel aus wie noch 1970. **Sind wir heute auch doppelt so gesund?** Nein. Die Leute haben mindestens ebenso viele Arbeitsausfälle, klagen über ebenso viele chronische Krankheiten und leiden sogar häufiger an Allergien, Asthma und Bronchitis. Nicht einmal die glänzend verdienende Krankheitsindustrie behauptet, dass die Menschen heute gesünder sind. Sie rechtfertigt die gewaltige Kostenexplosion in erster Linie damit, dass die Menschen heute länger leben. Diese Begründung hält einer kritischen Beurteilung nicht stand.

Zwar werden die Menschen in Deutschland, Österreich und der Schweiz heute im Schnitt tatsächlich etwa fünf Jahre älter als 1970. Indes: In welchem Alter die heute Zwanzig- oder Vierzigjährigen sterben werden, weiss noch niemand. Wegen der negativen Umwelteinflüsse kann die Lebenserwartung der heute Lebenden wieder sinken. Sicher ist nur: An der realen Verdopplung der Krankheitskosten binnen weniger als 30 Jahren ist nur zum kleinsten Teil die Alterung der Bevölkerung schuld:

Beweis Nummer 1: Deutsche sterben heute im Schnitt mit 75 Jahren, Schweizer mit 78 Jahren. Japaner werden sogar 79 Jahre alt. Trotzdem gibt Japan pro Kopf der Bevölkerung erheblich weniger für das Krankheitssystem aus.

Beweis Nummer 2: Die Menschen verursachen 10 bis 15 Prozent ihrer gesamten Krankheitskosten im letzten Lebensjahr (Durchschnitt). Dabei spielt keine Rolle, ob jemand mit 50, 70, 80 oder erst mit 90 Jahren stirbt. Im Gegenteil: Jüngere Menschen liegen vor ihrem Tod in der Regel länger im Spital, und Ärzte geben ihnen vor dem Tod mehr medizinische Leistungen als betagten Leuten. Statistische Daten widerlegen auch die Behauptung, betagte Menschen würden wegen chronischer Leiden hohe Kosten verursachen. Pflegebedürftige Frauen und Männer haben nämlich eine viel kürzere verbleibende Lebenserwartung als andere im gleichen Alter. Eine hohe Pflegebedürftigkeit führt in den meisten Fällen in wenigen Jahren zum Tod. Die Kosten sind im Schnitt nicht höher als die Ausgaben, welche jüngere Menschen vor dem Tod verursachen. Aus diesen Gründen kommt der Gesundheitsökonom Professor Peter Zweifel von der Universität Zürich zum Schluss: «Das Alter selbst hat keinen Einfluss auf die Krankenpflegekosten.» Die Alterung der Bevölkerung könne man deshalb nicht für die Kostenexplosion im Gesundheitswesen verantwortlich machen. Zweifels Forschungsergebnisse decken sich mit solchen in den USA (Lubitz und Riley 1993) und in Deutschland (Busse und Schwartz 1996).

Es erstaunt also nicht, dass die Experten des deutschen Sachverständigenrats in einem Gutachten von 1996 die Folgen der demographischen Entwicklung für das deutsche Gesundheitswesen eher gelassen einschätzen: Die altersspezifischen Ausgaben der medizinischen Versorgung alter Menschen würden «überschätzt».

Statistische Untersuchungen von Professor Peter Zweifel machen für die Kostenexplosion einen andern Grund verantwortlich: die technologische Entwicklung der Medizin. Besonders Sterbende würden immer aufwendiger behandelt. In welchem Alter jemand stirbt, spiele auch hier eine untergeordnete Rolle. Die Kosten für die Behandlung im letzten Lebensjahr sind innerhalb der letzten zehn Jahre in der Schweiz um fast

50 Prozent gestiegen. Das Sterbealter hat im gleichen Zeitraum nur wenig zugenommen.

An der realen Verdopplung der Krankheitskosten pro Kopf der Bevölkerung binnen weniger als dreissig Jahren ist in erster Linie ein aufgeblähter, ineffizienter Krankheitsapparat schuld, mit dem viel verdient wird und in dem fast kein Wettbewerb herrscht. Das zeigen folgende Statistiken:

- Zu viele Krankenhäuser: Ein **Akutbett** in einem Krankenhaus kostet jeden Tag annähernd 1000 Mark. Daraus haben die USA und die Niederlande die Konsequenzen schon früher gezogen: Sie haben die durchschnittliche Aufenthaltsdauer in den Krankenhäusern drastisch gekürzt und die Zahl der Akutbetten seit 1980 doppelt so stark gesenkt wie Deutschland oder die Schweiz. Im Verhältnis zur Bevölkerung gab es 1992 in Deutschland doppelt so viele und in der Schweiz 84 Prozent mehr Akutbetten als in den USA. Auch im Vergleich zu den Niederlanden gab es in Deutschland 80 Prozent und in der Schweiz 62 Prozent mehr Akutbetten.

Akutbetten:
(pro 10 000 Einwohner 1992)

Deutschland	78
Österreich	72
Schweiz	70
Frankreich	51
Niederlande	43
USA	38
Grossbritannien	29

Quelle: F. Weber, McKinsey, Zürich

Bei uns haben Krankenhäuser ein finanzielles Interesse daran, Patientinnen und Patienten möglichst lange zu behalten. «Die Bettenbelegung hat erfreulich zugenommen», hiess es dann am Jahresende in Geschäftsberichten von Krankenhäusern.

Die durchschnittliche Aufenthaltsdauer in amerikanischen Krankenhäusern ist nur halb so lang wie in deutschen: 1994 entliessen amerikanische Krankenhäuser ihre Patienten im Schnitt nach 6,1 Tagen, in Deutschland nach 11,9 Tagen. Bis 1999 wollen die Krankenhäuser in den USA die Aufenthaltsdauer um zusätzliche 10 Prozent auf 5,5 Tage drücken. Dafür werden die ambulanten Operationen um 70 Prozent auf 12 Millionen pro Jahr zunehmen, prognostiziert die Firma McKinsey.

In Deutschland nehmen Ärzte zur Zeit erst gut 3 Millionen ambulante Operationen vor. Nach Angaben des Augsburger Inifes-Instituts könnte man in Deutschland ohne weiteres 4,5

Millionen Operationen ambulant durchführen. Das sind 50 Prozent mehr. Die Hälfte der ambulant Operierten braucht eine Woche lang Hilfe im Haushalt und ein Viertel der Operierten auch Pflegeleistungen. Diese spitalexternen Dienste kosten erheblich weniger als ein Aufenthalt in einem Krankenhaus.

In der Schweiz kann man die Zahl der Akutbetten nach Berechnungen der St. Galler Consulting Group SCG bis zum Jahr 2005 von 40000 auf 23000 senken. Etwa hundert Krankenhäuser würden überflüssig.

■ Zu viele Ärzte: Noch 1970 gab es in Deutschland einen Arzt oder eine Ärztin für 612 Einwohner. Heute gibt es einen Arzt oder eine Ärztin für 300 Einwohner! Auch in der Schweiz hat sich die Zahl der Ärzte im Vergleich zur Einwohnerzahl verdoppelt: 1970 gab es pro 1125 Einwohner einen Arzt, 1995 pro 573 Einwohner. Trotz zu vieler Ärzte sind sie nicht etwa billiger geworden. Einkommensunterschiede zwischen guten und schlechten Ärzten gibt es kaum: Innerhalb der gleichen medizinischen Fachrichtung – also jener der Anästhesisten, Gynäkologen, Urologen und so weiter – verdienen alle praktisch gleich viel. Im Verhältnis zum allgemeinen Lohnniveau verdienen deutsche Ärztinnen und Ärzte am meisten: In keinem andern europäischen Industrieland (OECD) ist das durchschnittliche Ärzteeinkommen so viel höher wie das durchschnittliche Arbeitnehmereinkommen.

Die Hauptprofiteure im Gesundheitswesen haben ein planwirtschaftliches System entwickelt, das Mehrausgaben mit finanziellen Anreizen belohnt – statt umgekehrt

■ Unnötige Operationen: Chirurgen operieren viel zuviel: Sie verdienen dabei gute Honorare, schaden aber ihren Patienten und verursachen unnötige Kosten. Für Deutschland gibt es dafür zahlreiche Indizien, jedoch noch keine gründliche Auswertung des Zahlenmaterials. Für die Schweiz hat dies Gesundheitsökonom Gianfranco Domenighetti gemacht. In seinem Buch «Consommation chirurgicale en Suisse et comparaison avec la France» hat er nachgewiesen, dass Frauen und Männer, die 1992 und 1993 in der Schweiz lebten, 40 Prozent häufiger operiert worden sind als die Einwohner Frankreichs.

Normalbürger werden so viel häufiger operiert:

Gallenblase	+84%
Hämorrhoiden	+83%
Gebärmutter	+58%
Leistenbruch	+53%
Mandeln	+46%
Alle Operationen	+33%
Curetagen	+19%

Im Schnitt aller Operationen operieren Chirurgen die Normalbevölkerung 33% häufiger. (Im Vergleich zu Arztfamilien und Rechtsanwälten). Jede vierte Operation würden Ärzte an sich selber und ihren Angehörigen also nicht vornehmen.

Quelle: Krankenversicherung BSV 96

Die fünf gängigen Eingriffe Gebärmutter-, Blinddarm-, Mandel-, Gallenstein- und Hüftgelenkoperation führen Chirurgen in der Schweiz zwei- bis dreimal so häufig durch wie in Frankreich. Wäre in der Schweiz in den letzten Jahrzehnten nur soviel operiert worden wie in Frankreich, so hätten Chirurgen bei rund 200000 Frauen die Gebärmutter nicht entfernt. Über eine Million Schweizerinnen und Schweizer hätten die Mandeln noch. Und rund 50000 Einwohner der Schweiz hätten sich keiner Gallensteinoperation unterzogen. Im Laufe der Jahre hätten so allein an Spitalkosten fast sieben Milliarden Mark gespart werden können.

Domenighetti hat auch nachgewiesen, dass Patienten mit privater oder halbprivater Versicherungsdeckung, an denen Chirurgen das doppelte oder sogar das dreifache Honorar verdienen, willkürlich häufiger operiert werden als Patienten mit gesetzlicher Krankenversicherung. Andrerseits lassen sich Leute mit hoher Ausbildung zu 20 Prozent weniger operieren als Leute mit Grundschulbildung. Sogar zu 25 Prozent weniger als **Normalbürger** lassen sich Angehörige von Arztfamilien sowie Rechtsanwälte operieren. Das bedeutet, dass Chirurgen jede vierte Operation, die sie an andern durchführen, an sich selber und ihren Angehörigen nicht vornehmen würden. Ärzte halten sich also nicht an die ethische Grundregel, dass sie nur Operationen vornehmen, denen sie sich bei gleicher Diagnose auch selber unterziehen würden.

■ Zu teure Arzneimittel: Bei den Arzneimitteln bezahlen wir in Deutschland und in der Schweiz im Vergleich zu andern Ländern immer noch hohe Preise, obwohl viele Arzneimittel in Deutschland und in der Schweiz hergestellt werden. Und obwohl die Bundesregierung Festbeträge eingeführt hat.

Die Hauptprofiteure im Krankheitssystem – Krankenhäuser, Ärzte, Apotheker und Pharmaindustrie – haben ein planwirtschaftliches System entwickelt, das Mehrausgaben mit finanziellen Anreizen belohnt. Politiker und Beamte haben dieses System umgesetzt. Wer in diesem System Kosten einspart, wird in der Regel bestraft.

Krankenhäuser rentieren besser, wenn sie Patienten unnötig lange im Krankenhaus behalten. Und Krankenhäuser haben umso höhere Einnahmen, je mehr unnötige Operationen durchgeführt werden.

«Krankenhäuser sind weiterhin nicht gezwungen, eine Kostenstellenrechnung zu erstellen, wie dies jeder Industriebetrieb auch macht. Es ist grotesk, dass es in einem so bedeutenden Wirtschaftssektor an jeglicher Transparenz fehlt.»

ROBERT E. LEU,
Professor an der Universität Bern

Nach den klassischen Regeln der Marktwirtschaft müssten zu viele Krankenhäuser mit zu vielen Akutbetten zu sinkenden Krankenhaustarifen führen. Das Gegenteil ist der Fall, weil Marktmechanismen fehlen. So machen zu viele Ärzte die Arztbesuche nicht billiger. Und zu viele teure Diagnose- und Untersuchungsapparate lassen die Untersuchungspreise nicht purzeln. Und wo es unter gleichartigen Medikamenten teure und günstige gibt, verschreiben Ärzte oft die teureren, auch wenn es medizinisch keinen Grund dafür gibt.

Ärzte haben umso höhere Einnahmen, je mehr unnötige Untersuchungen sie anordnen und je häufiger sie Patienten zu sich kommen lassen. Ein Arzt, der keine überflüssigen Behandlungen macht, verdient weniger. Eine Folge davon sind überflüssige Behandlungen und ein unnötig hoher Arzneimittelkonsum. Ein Beispiel: In Deutschland wird jedes zweite (!) Ruhe-Elektrokardiogramm «ohne ausreichende Indikation» vorgenommen. Bei beschwerdefreien Personen wird auch viel zu häufig die «höchst umstrittene» Knochendichtemessung vorgenommen. Das steht 1996 im Gutachten des «Sachverständigenrats der konzertierten Aktion im Gesundheitswesen».

Vorschriften, welche Pfründen schmälern wollten, wurden von den meisten Ärztinnen und Ärzten schnell umgangen. Als beispielsweise Chefärzten an einigen Krankenhäusern verboten wurde, an Leistungen ihres Personals mitzuverdienen, sind ihre Einkommen deswegen nicht gesunken. Sie schrieben einfach vermehrt andere Leistungen auf. Auch Hausärzte haben sich von der Reform der kassenärztlichen Vergütungen, die 1996 in Kraft trat, wenig beeindrucken lassen. Erklärtes Ziel

Unnötige Ausgaben: Über unnötige Ausgaben im Krankheitswesen schweigen die Ärzte lieber. Dennoch: Ohne Qualitätseinbusse liessen sich 30 Prozent der Kosten einsparen. Das schätzt Paul Saner, Vertrauensarzt der Schweizer Krankenkasse CSS. Saner nennt Beispiele: «Fast immer wird das teuerste Medikament zur Senkung des Cholesterins verschrieben, obwohl dies medizinisch nicht gerechtfertigt wäre. Viele Achtzigjährige erhalten das Medikament unnötigerweise. Auch dubiose Hirndurchblutungsmittel werden zahlreich abgegeben, was enorm ins Geld geht. Oder man macht wegen einer simplen Grippe teure Laboruntersuchungen. Hohe Tarife führen zur Verschwendung: Deshalb schossen Computertomographen wie Pilze aus dem Boden. Ein anderes Beispiel: Ein Alkoholiker mit einer kaputten Leber und einer Entzündung der Bauchspeicheldrüse aus der Innerschweiz wurde auf die Intensivpflegestation des Zürcher Universitätsspitals geschickt, obwohl klar war, dass man ihn nicht retten kann. Die fünf Monate Krankenhaus vor seinem Tod kosteten auf der Allgemeinabteilung insgesamt 400 000 Franken.»

der Reform war es zwar, Anreize für unnötige Leistungen abzuschaffen. Pauschale Abgeltungen pro Behandlungsfall sollten die Vergütung für jede Einzelleistung weitgehend ersetzen. Doch schon im ersten Quartal 1996 stiegen die Umsätze der Kassenärzte um sagenhafte 30 Prozent (gegenüber 1994), obwohl die Krankheitsfälle nicht signifikant zunahmen. Auch für die Kassenärztliche Bundesvereinigung war damit klar, dass 1997 ein neues Honorarkonzept her musste: Die Ärzte erhalten jetzt neu ein Jahresbudget zugesprochen, das von einer durchschnittlichen Anzahl Patienten (quartalsweise abgerechnet) und der Fachrichtung des Arztes abhängt. Zusätzlich werden bis zu 20 Prozent des Praxisbudgets auch bestimmte Einzelvergütungen zugestanden. Schutzimpfungen werden ebenfalls zusätzlich vergütet.

Auch diese 1997er Honorarvereinbarung mit den Spitzenverbänden der Krankenkassen birgt grosse Schwächen:

- Die Ärzte haben bis zum Erreichen des Praxisbudgets keinen Anreiz, bei ihren Patienten nur das Notwendige zu verordnen. Im Gegenteil: Sie werden die Leistungen bis zum Erreichen des Budgets möglichst ausschöpfen.

- Je häufiger die Patienten mit verschiedenen Diagnosen den Arzt aufsuchen, je grösser die Zahl der Fälle, desto höher das Honorarvolumen. Die Ärzte können Patienten auch quartalsoptimal verteilen und sie sich gegenseitig überweisen.

- Es bestehen weiterhin Anreize, das Einkommen mit bestimmten Einzelleistungen zu erhöhen.

Diese Mechanismen bei der Behandlung in der Arztpraxis und im Krankenhaus sind längst bekannt. Auch wenn nur wenige Kenner der Branche die **unnötigen Ausgaben** beim Namen nennen. Die Profiteure der Krankheitsindustrie wollen an diesen Zuständen verständlicherweise möglichst wenig ändern. Lediglich einige der unverschämtesten Ärzte bekommen einen Rüffel; und nur in Einzelfällen werden völlig überrissene Tarife an den Pranger gestellt. Am System aber wird kaum gerüttelt.

Um dieses verschwenderische System zu finanzieren, reichen die ständig steigenden Beiträge an die gesetzliche Krankenversicherung längst nicht aus. Mindestens ein Drittel der Krankheitskosten decken heute die öffentlichen Haushalte mit Subventionen und Lohnzahlungen. Diese weit über 100 Milliarden Mark würden ausreichen, um sämtlichen Leuten mit niedrigem Einkommen die Lohnabzüge für die gesetzliche Krankenkasse zu erlassen oder rückzuvergüten.

Bis heute sind Krankenhäuser geschützte Werkstätten geblieben. Sie müssen nicht einmal genügendes Zahlenmaterial liefern, damit man Qualität und Tarife miteinander vergleichen könnte. Im Gegenteil: Sowohl Krankenhäuser als auch frei praktizierende Ärzte tun alles, damit man ihre Arbeit und Effizienz nicht beurteilen und ihre Qualität nicht miteinander vergleichen kann. Das Nachsehen haben Patientinnen und Patienten gleich doppelt: Sie zahlen überhöhte Tarife und Beiträge an die Krankenversicherung, und sie können Arzt und Krankenhaus nicht nach objektiven Kriterien auswählen. Im besten Fall erkundigt man sich bei Bekannten und Verwandten, welche bei einem Arzt oder in einem Krankenhaus eine gute oder eine schlechte Erfahrung gemacht haben, doch das kann immer auch Pech oder Glück gewesen sein.

Jede Patientin und jeder Patient ist ein individueller Fall. Erst die grosse Zahl führt zu aussagekräftigen Statistiken. Wenn die Aufenthaltsdauer sämtlicher Blinddarmpatienten in einem Krankenhaus während eines Jahres im Durchschnitt länger ist, wenn es viel häufiger zu Komplikationen oder Infektionen kommt oder wenn die Operations- und Behandlungs-

« *Überleben sollen nicht die Krankenhäuser mit dem grössten politischen Einfluss, sondern jene, die sich am Markt durchsetzen können.»* »

JÜRG H. SOMMER,
Professor und Gesundheitsökonom an der Universität Basel

kosten pro Patient im Schnitt viel höher sind, dann hat dies etwas mit Qualität und Leistung zu tun. Doch: Solche Vergleichszahlen machen Krankenhäuser nicht publik. Die meisten veröffentlichen nicht einmal vergleichbare Statistiken. Sie verrechnen für Operationen einheitliche Entgelte. Die Abrechnung nach unterschiedlichen Fallpauschalen je nach Diagnose steckt noch in den Anfängen.

Mangels vergleichbarer Zahlen gibt es keine Qualitätsrangliste der Krankenhäuser. Niemand weiss, in welchen Krankenhäusern es beispielsweise am seltensten zu Infektionen oder zu Komplikationen kommt. Es gibt auch keine Rangliste der erfolgreichsten Operationsärzte. In einzelnen US-Staaten wird genau Buch geführt über Kunstfehler, Komplikationsrate, Spitalaufenthaltsdauer und Kosten. Und all diese Zahlen werden veröffentlicht, so dass die Arbeitsqualität der Ärzte und Krankenhäuser transparenter wird. Ärzte verdanken ihre Karriere vor allem ihrem ausgewiesenen Erfolg und weniger ihrem «Vitamin P» oder politischen Ränkespielen.

Diagnoseschlüssel: Der Aufwand von Ärzten und Spitälern kann nur verglichen werden, wenn sie nach den gleichen Kriterien abrechnen. Bis heute sind die Krankheiten in der Schweiz jedoch nicht einheitlich definiert. Anders in den USA oder in Deutschland, wo die Krankheiten im sogenannten Diagnoseschlüssel einheitlich definiert sind.

Voraussetzung für vergleichbare Zahlen sind Diagnosen nach einheitlichen Diagnosekriterien. Einen solchen **Diagnoseschlüssel** hat die Weltgesundheitsorganisation schon längst entwickelt, und er wird in einigen Ländern angewandt. Nur das Abrechnen mit einem einheitlichen Diagnoseschlüssel erlaubt aussagekräftige Vergleiche. Krankenkassen hätten die Möglichkeit, umfassende Statistiken über unterschiedliche Behandlungskosten in Krankenhäusern und unter Ärzten zu führen. Politiker, die so gern von Wettbewerb und Markt reden, haben sich nicht dafür eingesetzt, dass das Abrechnen nach einheitlichen Diagnoseschlüsseln gesetzlich vorgeschrieben ist.

Landwirtschaft: Subventionierte Überproduktion

Nahrungsmittel sind einerseits zu billig, weil die Landwirtschaft auf Kosten der Natur produziert. Sie kommen uns aber andererseits zu teuer zu stehen, weil wir die landwirtschaftliche Produktion und die Vermarktung von Agrarüberschüssen massiv subventionieren.

Wenn die tollsten Beispiele über unsinnige Subventionen, bürokratischen Leerlauf oder die Verschwendung öffentlicher Gelder zum besten gegeben werden, so dreht sich die Rede oder Schreibe meist um den Bauernstand. Die Landwirtschaft gilt als Inbegriff für marktfernes Wirtschaften. Die Europäische Union (EU) zum Beispiel schüttete 1994 rund 75 Milliarden Mark oder annähernd 60 Prozent ihrer Gesamtausgaben allein für den Agrarsektor aus.

Noch drastischere Zahlen lieferte die **OECD** 1990 in einer vielzitierten Studie über die Kosten der Urproduktion und ihre Vermarktung. Demnach wurde die Landwirtschaft aller westlichen Industriestaaten zusammen schon im Jahre 1988 mit mehr als 300 Milliarden Mark subventioniert. Bis 1995 stieg diese Summe nominal auf annähernd 500 Milliarden Mark.

> **OECD:** Die vier Buchstaben stehen für Organization for Economic Cooperation and Development – übersetzt: Organisation für wirtschaftliche Zusammenarbeit und Entwicklung. Dabei handelt es sich um den Dachverband der westlichen Industriestaaten.

Absolut gesehen wird die Landwirtschaft damit zwar weniger stark subventioniert als der Verkehr (vergleiche Kapitel über den Verkehr). Gemessen an der gesamten Wertschöpfung der Agrarbranche machen jedoch die Agrarsubventionen einen beträchtlichen Anteil aus: Anteilmässig an der Spitze der Subventionspyramide steht die Schweiz, wo sich staatliche Beiträge, Konsumsteuern, Zölle und andere Schutzmassnahmen auf einen Anteil von 79 Prozent am landwirtschaftlichen Gesamtertrag summieren. Bei den Bauern in der EU belaufen sich diese Subventionen auf durchschnittlich 48 Prozent des Ertrages, bei den US-Farmern auf 38 Prozent, während sich die Agrarproduzenten in Australien und Neuseeland mit einem Subventionsanteil von 10 Prozent begnügen müssen.

Die Rechnung der OECD ist einfach: Die Buchhalter hatten die gesamten Einnahmen erfasst, welche die Bauern und Bäuerinnen in den einzelnen Ländern für ihre Produkte von Staat und Käufern erhalten, mit den Preisen derselben Produkte auf dem Weltmarkt verglichen und die Differenz als Subvention verbucht. Dieser Vergleich ist freilich allzu simpel, denn die OECD-Erhebung verkennt, dass es sich bei den gegenwärtigen Weltmarktpreisen um **Dumping-Preise** handelt. Dies aus folgenden Gründen:

- Im Weltmarktpreis fehlen die Kosten, die durch die Ausbeutung und Schädigung der Natur entstehen, ein klassischer Fall von Öko-Dumping. So laugt die intensive Bewirtschaftung mit ihrem geballten Maschinen- und Chemieeinsatz die Böden aus, fördert die **Erosion**, vermindert die Vielfalt an Tier- und Pflanzenarten, verschmutzt Grundwasser sowie Oberflächengewässer und pufft riesige Mengen an Stickstoff und Methan in die Luft.

- Nicht nur die Natur, auch viele Bauern und Bäuerinnen werden schamlos ausgebeutet, sei es durch Grossgrundbesitzer, Agromultis oder durch die verarbeitende Grossindustrie. Dieses **Sozial-Dumping** drückt vor allem auf die Preise für Nahrungsmittel, die aus der dritten Welt kommen.

- Zusätzlich werden die Weltmarktpreise stark verfälscht, weil viele Staaten ihre Überschüsse mit Exportsubventionen verbilligen.

- Und schliesslich fehlen in den Marktpreisen der weltweit gehandelten Agrarprodukte auch die sozialisierten Transportkosten.

Doch abgesehen davon: Die Nahrungsmittelpreise würden auch dann kaum auf das Niveau der heuti-

Dumping-Preise: Davon spricht man, wenn die Preise eines Produktes tiefer sind als die Beschaffungskosten, wenn also Produzent und Händler drauflegen. Dumping-Preise werden missbräuchlicherweise eingesetzt, um einen Konkurrenten aus dem Markt zu drängen.

Erosion: Bezeichnet den Vorgang, wenn Böden durch Wasser weggespült oder durch Wind abgetragen werden. Die Entwaldung ist der wichtigste Grund für die zunehmende Erosion. Aber auch Überdüngung und Übernutzung der Böden tragen dazu bei.

Sozial-Dumping: Profitiert ein Produzent von grosszügigeren nationalen Sozialvorschriften und mithin von tieferen Lohnkosten, spricht man von Sozial-Dumping. Wenn etwa Kin-derarbeit erlaubt ist, hat er dadurch einen Wettbewerbsvorteil – auf Kosten der sozial Schwachen.

gen Weltmarktpreise fallen, wenn die Regierungen alle Subventionen und Grenzschutzmassnahmen ersatzlos abschafften. Denn bei einer vollständigen **Marktöffnung** müssten Millionen von Bauern ihre Anbauflächen aufgeben, was die nationale Selbstversorgung vermindern würde. Und wenn die gesamte Nahrungsmittelverteilung über einen zentralen Weltmarkt erfolgen müsste, ergäben sich unabsehbare Versorgungsprobleme und Infrastrukturkosten für den zusätzlichen Transport und die Verteilung der Nahrungsmittel, was die Nahrung wieder massiv verteuern würde.

Marktöffnung: Bedeutet einen Abbau von staatlichen Regulierungen, etwa ein Verzicht auf Anbau- und Exportsubventionen, auf mengenmässige Importbeschränkungen oder eine Senkung von Zöllen.

Um eine optimale Versorgung zu gewährleisten, sind Abgaben auf Landwirtschaftsprodukten oder Beiträge an die Landwirtschaft also durchaus gerechtfertigt. Und sie sind auch verkraftbar, denn Agrarprodukte sind ja nicht generell zu teuer. Im Gegenteil: Dank Öko- und Sozial-Dumping bezahlen die Industriestaaten gemessen am Gesamteinkommen für die Nahrung immer weniger. Für einen Liter Milch oder ein Kilo Fleisch müssen die Menschen in den Industriestaaten nur noch ein Viertel oder höchstens halb so lange Zeit arbeiten wie noch vor 35 Jahren.

Das Problem liegt jedoch darin, dass die bisherigen landwirtschaftlichen Subventionen, Abgaben und Grenzschutzmassnahmen, die auf einem kaum durchschaubaren Geflecht von Vorschriften basieren, in die falsche Richtung steuern. Dies in mehrfacher Hinsicht:

- Statt einer bedarfsgerechten Nahrungsmittelversorgung wird Überproduktion gefördert. In den Lagern der meisten Industriestaaten füllen sich Milchseen, erheben sich Buttertürme, Käse- und Getreideberge. Dies liegt daran, dass ein wesentlicher Teil der Subventionen trotz Reform der Agrarpolitik immer noch aufgrund der Produktionsmenge ausgerichtet wird nach dem Prinzip «Wer mehr produziert, bekommt mehr Geld vom Staat».

- Viele Subventionen geraten an die Falschen. In der Schweiz zum Beispiel erreicht nur ein Drittel aller Produktionssubventionen die Bauernfamilien; der Rest versickert in den Lebensmittel-Verarbeitungsbetrieben, im Handel und Transport, bei Zulieferern von Futtermitteln, Dünger und Maschinen sowie bei den Verbänden.

■ Statt mit der Natur wird gegen die Natur produziert. So verleiten die mengenabhängigen Subventionen die Bauern und Bäuerinnen dazu, ihre Produktion ohne Rücksicht auf Natur und Landschaft zu steigern. Honoriert wird, wer am meisten Ertrag aus seinen Böden und Tieren herauspresst. Die Intensivierung der Landwirtschaft verwandelte die einst kleinräumige Kulturlandschaft mit ihren vielen Bäumen, Hecken und frei fliessenden Bächen zur grossflächigen Agrar-Einöde. Übermässiger Dünger- und Chemieeinsatz bringt Seen in Atemnot, vergiftet das Trinkwasser und vermindert letztlich auch die Qualität der Nahrungsmittel: Nitrat im Salat, Hormone im Fleisch oder Salmonellen in Eierspeisen schlagen uns auf den Magen.

Biolandbau und IP-Produktion: In der Schweiz bestehen beim Biolandbau strenge ökologische Vorschriften, die einen Chemie- oder einen übermässigen Düngeeinsatz verhindern. Das anerkannte Kennzeichen für Biolandbau-Produkte ist die Knospe. Bei der IP-Produktion – IP steht für Integrierte Produktion – ist der Einsatz von chemischen Düngern und Pestiziden zwar erlaubt, aber nur begrenzt.
Im Detail gibt es umfangreiche Vorschriften für die verschiedenen Produktionsarten, die sich von Staat zu Staat unterscheiden.

Zwar werden die Produktionssubventionen in der EU und in der Schweiz allmählich ersetzt durch produktionsunabhängige Direktzahlungen. Doch leider wird erst ein kleiner Teil dieser Direktzahlungen eingesetzt, um eine weniger intensive und ökologisch verträglichere Bewirtschaftung zu fördern, etwa **Biolandbau** oder wenigstens **IP-Produktion**. Als Folge davon ist heute das Angebot an Bioprodukten trotz höherer Preise zu klein, während die Überschüsse an konventionellen Produkten sich kaum verringern.

Weil heute in den meisten Industriestaaten zuviel produziert wird, lassen sich die landwirtschaftlichen Überschüsse auf dem Weltmarkt nur schwer absetzen. Deren Lagerung und die Massnahmen zur Verkaufsförderung verschlingen zusätzliche Subventionen – auf Kosten der einheimischen Steuerzahler und Verbraucher. Allein die Käseverwertung wird von der Schweizer Bundeskasse mit jährlich mehr als einer halben Milliarde Franken gesponsert.

Die zu Schleuderpreisen exportierten Nahrungsmittel verfälschen den Weltmarkt zusätzlich und konkurrieren dadurch die Eigenproduktion in den Abnehmerstaaten. Viele Kleinbauern in der dritten Welt haben als Folge von billigen Nahrungslieferungen aus Europa ihre Existenz verloren, ihr Land verlassen und das Elend in den Armenvierteln der rasch wachsenden Grossstädte vergrössert. Zudem verbauen die hochsubventionierten Überschüsse der Industriestaaten den Agrarproduzenten im Süden den Zugang zum Weltmarkt: Weil sie für ihre nichtsubventionierten Landwirtschaftsprodukte keinen fairen Marktpreis erzielen können, werden viele in den Ruin getrieben.

Ein verzerrter Markt für Autos ist ärgerlich – Marktversagen im Bereich Nahrungsmittel aber wirkt tödlich

Das hochkomplizierte System von unsinnigen Agrarsubventionen verfälscht nicht nur den Markt. Es fördert auch Überfluss und Mangel, ungesunde Überproduktion hier und Hunger dort. Das ist deshalb verheerend, weil die Nahrung zur Grundversorgung der Menschen gehört. Ein verzerrter Markt für Autos oder Bier ist ärgerlich – Marktversagen im Nahrungsmittelbereich wirkt tödlich.

Kartelle und Monopole: Wettbewerb ausgeschlossen

Die beste Art für Unternehmer, sich hohe Gewinne nachhaltig zu sichern und dadurch schnell reich zu werden, besteht darin, den Wettbewerb auszuschalten. Deshalb gibt es Monopole und Kartelle – klassische und versteckte: Auch der Finanzplatz gehört dazu.

Die Beratungsfirma McKinsey hat kürzlich eine interessante Untersuchung durchgeführt, mit der sie feststellen wollte, welches die wichtigsten Gründe für den Erfolg von Unternehmen sind. Zu diesem Zweck hat sie unter den 9450 an der Börse gehandelten Unternehmen weltweit jene 4 aus der Datenbasis von Compustat herausfiltriert, die in den 10 Jahren von 1984 bis 1993 jeweils mindestens 20 Prozent an Umsatz und Gewinn dazugewonnen haben. Dann wurden Interviews mit den Führungskräften dieser Unternehmen durchgeführt, um die Gründe dieses Erfolgs herauszufiltern.

Wo das Gesetz der positiven Rückkoppelung wirkt, entwickelt sich ein errungener Vorsprung leicht zur Lawine.

Das Ergebnis war eindeutig: Um erfolgreich zu sein, gibt es sehr verschiedene Möglichkeiten. Um sehr erfolgreich zu sein, bleibt aber nur eines – man muss die Realität der zunehmenden Skalenerträge auf möglichst vielen Ebenen für sich nutzen und sich verstärkende Rückkoppelungskreise schaffen. Ein einmal errungener Vorsprung entwickelt sich so zur Lawine.

Wie das geht, zeigt etwa das Beispiel des Betriebsprogramms Windows von Microsoft. Je tiefer die Kosten eines solchen Programms sind, desto leichter lassen sich Computerhersteller finden, die es als Basis-Software mit ihren Geräten mitliefern. Je mehr Computerhersteller mitmachen, desto eher sind die Softwarefirmen bereit, ihre Anwenderprogramme (zuerst) für Windows zu entwickeln. Je mehr Kollegen und Bekannte eines potentiellen Käufers schon mit Windows arbeiten, desto attraktiver ist es für ihn oder sie, ebenfalls die Windows-Software zu installieren. Je erfolgreicher Windows ist, desto leichter ist es, gute Fachkräfte für die weitere Entwicklung, für den Verkauf usw. zu finden.

In einer Welt der positiven Rückkoppelung gelten ganz andere Gesetze als in der Welt der abnehmenden Skalenerträge, von denen die Lehrbücher reden. In den Lehrbüchern herrscht - zumindest tendenziell – der totale Wettbewerb mit Preisen, die den Grenzkosten entsprechen. Bei steigenden Skalenerträgen dagegen funktioniert der Markt gemäss dem McKinsey-Artikel wie folgt: «Je mehr die Unternehmen investieren, desto höher steigt ihre Profitrate, und schliesslich beherrschen zwangsläufig ein oder zwei Unternehmen ihren Markt.» Das nennt man dann Monopol oder Duopol.

Auch scheinbar wettbewerbs-intensive Bereiche wie die Welt der Finanzen können monopolartig funktionieren

Bleibt die Frage, welcher Typus von Markt heute die meisten Marktanteile hat: der klassische Wettbewerbsmarkt oder der moderne Rückkoppelungs-Monopolmarkt. Dazu gibt es keine Untersuchungen, zumal auch die Unterschiede fliessend sind. Zweifellos aber ist die Rückkoppelung auf dem Vormarsch. Zum einen wird immer mehr Information vermarktet: Computerprogramme, Popgruppen, Filme, CDs, Börseninformationen usw. In diesem Geschäft kostet es fast nichts, einen zusätzlichen Kunden zu bedienen. Der grössere ist also klar im Vorteil und wird, wenn er keine Fehler macht, immer grösser, bis es auf seinem Markt nur noch einen Konkurrenten gibt oder allenfalls zwei, die beschlossen haben, sich nicht mehr weh zu tun.

Zweitens leisten auch die Globalisierung und die Sättigung aller Märkte der Konzentration Vorschub, weil sie die Bedeutung der Märkte erhöhen. Wer auf einem globalen Markt bestehen will, muss grosse Summen in die Werbung stecken, was sich umso eher lohnt, je höher der Marktanteil ist. Kommt dazu, dass sich der Endkunde in der Regel sowieso nur 3 bis 5 Markennamen pro Produktegruppe merken kann. Doch noch wichtiger ist dies: Wenn bei einem Produkt oder einer Dienstleistung nicht mehr der Nutz-, sondern der Prestigewert entscheidet, wird die Werbung zum entscheidenden Produktionsfaktor. Man kann dann beispielsweise mit 50 Millionen Dollar Werbeaufwand jedes Produkt mit 10 Dollar Mehrwert «aufladen» und den Preis entsprechend erhöhen. Das lohnt sich jedoch erst ab 5 Millionen verkauften Exemplaren. Je höher der

Umsatz, desto höher der Gewinn. Auch hier ist also der Weg zur Konzentration vorgezeichnet.

Drittens schliesslich kommen die Unternehmen allmählich auf den Geschmack. Die positiven Rückkoppelungseffekte der Grösse werden auch dort aktiv angestrebt, wo dies nicht unbedingt in der Natur der Märkte und der Produkte liegt. Dies belegt etwa eine 1996 veröffentlichte Broschüre der Unternehmensberater Andersen Consulting und Phoenix Group unter dem bezeichnenden Titel «Dominieren oder Untergehen». Dort wird klar die These vertreten, dass es nicht mehr genügt, den Marktanteil zu erhöhen, sondern dass es darum gehe, den Markt zu beherrschen. Nicht Konkurrenz kennzeichne den Markt, sondern das Bestreben, «den Krieg zu gewinnen, indem man die Flotte des Feindes und deren Kampffähigkeit zerstört». Und weiter im Klartext: «Diese Lebensdauerrendite ist in Wirklichkeit abhängig von einer Monopolisierung der Markttätigkeit.» Wem dies zu kriegerisch ist, der findet in der Kampf-Broschüre immerhin einen kleinen Trost: Die Vormachtstellung, so schreiben die Unternehmensberater von Andersen und Phoenix, könne auch mit strategischen Partnerschaften erreicht werden.

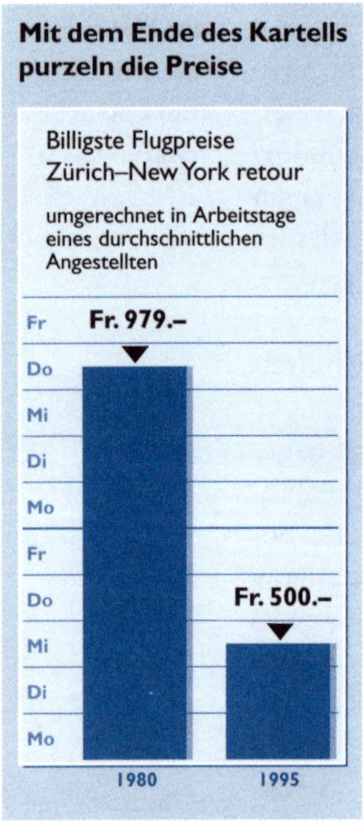

Deutliche Folgen: Nach dem Ende der Preisabsprachen im Flugverkehr sanken die Preise auf den umkämpften Strecken

Dass der klassische Markt mit seinen spitz kalkulierten Preisen bald nur noch ein Museumsstück sein könnte, ist auch die Meinung der beiden US-Ökonomen Robert Frank und Philip Cook. In ihrem Bestseller «The Winners-Take-All-Society» legen sie die Basis für eine neue Ökonomie, die auf dem Prinzip der positiven Rückkoppelung beruht. Die modernen Monopole, die dabei ständig geschaffen werden, aber auch öfter wieder zerfallen, haben wenig zu tun mit den klassischen Monopolen, welche die alten Lehrbücher etwa auf dem Zementmarkt oder in der Stromversorgung am Werk sehen.

Das beste Beispiel, wie diese modernen Monopole trotz scheinbar hartem Wettbewerb funktionieren, ist die Welt der Finanzen. Dort wird inzwischen das ganz grosse Glücksrad gedreht. Der Devisenspekulant George Soros etwa hat 1992 allein durch seinen Angriff auf das Pfund rund 1 Milliarde Dollar verdient. Martin Ebner, der Soros der Schweiz, ist 1993 dank seinen beiden Fonds Pharma-Vision und Bank-Vision um immerhin 500 Millionen Franken (fast 600 Millionen Mark) reicher geworden.

Es versteht sich, dass in solchen Kreisen auch für das Umfeld einige Brosamen abfallen. Die Verwaltungsräte (Aufsichtsräte) in Ebners diversen Banken kassieren für ihr Nebenamt in guten Jahren mehrere Millionen Franken allein für das Studium einiger Akten und ein paar Sitzungen im Verwaltungsrat. Die wenigen Angestellten erhalten nebst dem ordentlichen Lohn zuweilen einen ausserordentlichen Bonus in Millionenhöhe. Auch bei den Grossbanken darf zugelangt werden. Insbesondere im **Devisenhandel** und bei der **Vermögensverwaltung** für die reiche Privatkundschaft werden Bruttogewinne in der Grössenordnung von einer Million Franken pro Angestellten erzielt.

Devisenhandel: Darunter versteht man den Kauf und Verkauf sowie die Spekulation mit Währungen verschiedener Länder. Jeden Tag werden weltweit Devisen im Wert von über 1000 Milliarden Dollar umgesetzt.

Vermögensverwaltung: Auf der ganzen Welt gibt es Bankguthaben, Aktien, Obligationen und andere Wertschriften im Gesamtwert von rund 60 000 Milliarden Dollar. Ein gutes Viertel dieses Geldes (mit steigendem Anteil) wird von professionellen Vermögensverwaltern betreut. Sie verdienen meist einen festen Anteil der Vermögen plus einen Anteil am Gewinn. Die Vermögensverwaltung ist wahrscheinlich die wichtigste Quelle neuer Vermögen.

Wenn man das Problem von dieser Seite her betrachtet – wenn man sich also fragt, wie kommt leichtverdienter Reichtum zustande –, dann sieht man, dass das Problem der Monopole und Kartelle einen zusätzlichen Aspekt hat, von dem in den Lehrbüchern normalerweise nicht die Rede ist. Bankgeschäfte zum Beispiel gelten allgemein nicht als monopolisiert, sondern im Gegenteil als Transaktionen, die einem äusserst harten Wettbewerb ausgesetzt sind. Begründet wird das meist mit dem Hinweis, dass es hier einen weltweiten Markt gibt. In Wirklichkeit werden aber gerade im internationalen Geschäft sehr viel höhere Renditen erzielt als auf dem Heimmarkt, wo Absprachen eher möglich sind. Während im Inland oft sogar mit Verlust gearbeitet wird, gelten im internationalen Geschäft

Eigenkapitalrendite: Der Reingewinn eines Unternehmens geteilt durch das Eigenkapital der Firma.

15 Prozent **Eigenkapitalrendite** als «Existenzminimum».

Nun gibt es zwar Politiker, die mit einem gewissen Recht darauf hinweisen, dass die von Bankenvertretern immer wieder als betriebswirtschaftliche Notwendigkeit hingestellte Forderung nach mindestens 15 Prozent Eigenkapitalrendite letztlich einer kartellistischen Absprache gleichkomme. Genau so, wie etwa der Schweizer Gipsermeisterverband seinen Mitgliedern die Preiskalkulation vorschreibt. Davon abgesehen fällt es jedoch schwer, beispielsweise die Vermögensverwaltungsbanken als ein Kartell zu bezeichnen. Dazu gibt es ihrer einfach zu viele, und ausserdem sind da ja noch die privaten Vermögensverwalter.

Dennoch ist auf diesem Gebiet der Preiswettbewerb, ähnlich wie in einem klassischen Monopol oder Kartell, aus zwei Gründen stark beschränkt:

- Zum einen sind die Eintrittshürden in diesem Geschäft, wie in fast allen Finanzgeschäften, sehr hoch. Wer eine Vermögensverwaltungsbank gründen will, braucht nebst etlichen Millionen auch noch einen guten Ruf und eine möglichst 100jährige Geschichte. Als privater Vermögensverwalter kann man sich nur als Spross einer reichen Familie etablieren oder wenn man zuvor als Angestellter einer einschlägigen Bank in jahrelanger Kleinarbeit eine Kundschaft aufbauen konnte.

Sogar mit raffinierter Werbung lässt sich ein geschützter Markt schaffen

- Zweitens verunmöglicht die Grösse der in diesem Geschäft involvierten Summen jeden vernünftigen Kostenvergleich: Wenn jemand mit einem Stundenlohn von 40 Mark sein gebrauchtes Fahrrad flicken lässt und dann einen Stundenlohn von 150 Mark verrechnet bekommt, wird er das nächste Mal sein Fahrrad selber flicken. Als ein Multimillionär, der eine seiner vielen Millionen in der Pharma-Vision angelegt hat, im guten Börsenjahr 1993 ein Fünftel von seinen gut 70 Prozent Rendite an seinen Vermögensverwalter Martin Ebner abgeben musste, so hätte ihn das selbst dann kaum gestört, wenn er gewusst hätte, dass Ebner und seine Angestellten diese 140 000

Franken mit weniger als zwei Stunden Arbeit verdient haben. Das ist keineswegs ein Einzelfall. Wenn Tom Jones oder Bayern München vor 20 Millionen Fernsehzuschauern aufspielen, besteht zwischen dem Aufwand der Akteure und dem Nutzen für die Zuschauer kein vernünftiges Verhältnis mehr. Weil Swatch-Uhren, Toblerone-Schokolade oder Gucci-Taschen weltweit verkauft werden, lässt sich mit 5 Umsatzprozent so viel Werbung machen, dass die entsprechenden Produkte bis zu 20 Prozent teurer verkauft werden können.

In beiden Fällen wird der Preiswettbewerb ausgeschaltet: das eine Mal, weil die Kunden keine Ahnung von den Kosten eines Konzerts oder eines Fussballspiels haben können. Im zweiten Fall, weil durch die Werbung ein geschützter Markt geschaffen wird: Die Kunden wollen nicht einfach eine Uhr, sie wollen eine echte Swatch, und die gibt es nur bei der SMH von Nicolas Hayek.

Diese lange Vorbemerkung ist nötig, weil heute vielfach die Meinung herrscht, dass der harte Preiswettbewerb vorwiegend durch klassische Kartelle und Monopole ausgeschaltet wird und dass dies fast ausschliesslich auf lokaler und nationaler Ebene geschieht. Oder umgekehrt ausgedrückt: weil viele Politiker und Wirtschaftsführer die These vertreten, dass die Internationalisierung der Märkte ein Garant für mehr Wettbewerb ist. Das ist eine sehr einseitige Optik. Gerade die Globalisierung der Märkte gibt den grossen Anbietern oft uneinholbare Vorteile und schafft so neue Monopole und **Oligopole.** Der Sonderbericht der OECD zum Wettbewerb in der Schweiz aus dem Jahre 1992 erklärt den mangelnden Wettbewerb vor allem durch den kleinen Markt und empfiehlt als wichtigstes Gegenmittel die Öffnung der Märkte durch einen Beitritt zum Europäischen Wirtschaftsraum.

> **Oligopol:** Mit diesem Wort bezeichnet man einen Markt, auf dem entweder auf der Angebotsseite oder auf der Nachfrageseite nur wenige Anbieter beziehungsweise Nachfrager zueinander in Konkurrenz stehen. Eine solche Situation besteht zum Beispiel für Fluggesellschaften, für die nur ein paar wenige Flugzeugbauer Maschinen der benötigten Grösse herstellen können.

Trotz dieser – wie wir gesehen haben – etwas einseitigen Optik trifft der Bericht oft voll ins Schwarze. So zeigt er etwa, dass die Schweizer Importeure die durch den starken Franken geschaffenen Preisvorteile nur zu einem Teil an die Kunden weitergeben. Allein zwischen 1985 und 1991, so zeigt ein Vergleich mit Deutschland, sind auf diese Weise die Importpreise um 12 Prozent verteuert worden.

In der Schweiz wird lediglich ein Drittel der im Verbraucherpreis-Index enthaltenen Waren und Dienstleistungen wirklich frei gehandelt. Alle andern Preise werden von staatlichen Vorschriften, monopolistischen Anbietern oder Kartellen beeinflusst. Obschon diese Erhebung aus dem Jahre 1990 stammt und inzwischen zum Beispiel die Erschwernisse bei der privaten Einfuhr von Autos gelockert wurden, dürfte sich das Gesamtbild nicht wesentlich verbessert haben.

Daraus kann man ersehen, dass der echte Preiswettbewerb in der Schweiz noch immer die Ausnahme ist. Da stellt sich natürlich sofort die Frage, welche Einkommenseinbussen mit diesem Mangel an Wettbewerb verbunden sind. Darauf gibt es eine naheliegende Antwort: In der Schweiz liegt das Niveau der Verbraucherpreise laut OECD rund 40 Prozent über dem Schnitt der übrigen Industrieländer. Mit mehr Wettbewerb könnte deshalb die Kaufkraft des Durchschnittsschweizers um 40 Prozent erhöht werden.

Diese Antwort ist jedoch aus zwei Gründen falsch: Zum einen müssten mit den Preisen auch zumindest die Löhne derjenigen Arbeitnehmer gesenkt werden, die in den kartellisierten Branchen beschäftigt sind. Das ergäbe für die meisten Schweizer eine Lohnsenkung. Zweitens ist das hohe Preisniveau der Schweiz in erster Linie eine Folge des starken Frankens, was wiederum damit zusammenhängt, dass die Schweiz weltweit als Hort und Hehler der reichen Leute bekannt ist.

Die OECD schätzte 1991 deshalb die möglichen Wohlstandsgewinne durch mehr Wettbewerb we-

Umverteilung: Die Wirtschaftstheorie unterscheidet zwischen Primärverteilung und Umverteilung. Unter Primärverteilung werden die Löhne und Gewinne verstanden, so wie sie sich aus dem Spiel der Marktkräfte ergeben. Die Umverteilung bewirkt der Staat über Steuern und Subventionen. Diese Wortwahl ist insofern ideologisch vorbelastet, als der Begriff Primärverteilung etwas Ursprüngliches oder gar Natürliches suggeriert, während im Gegensatz dazu die Umverteilung als künstlicher Eingriff in eine natürliche Ordnung erscheint. In Wirklichkeit ist die Primärverteilung genauso die Folge von Machtverhältnissen wie die sogenannte Umverteilung. Das gilt nicht nur dort, wo ein Monopol oder ein Kartell herrscht.

sentlich nüchterner ein: 0,2 bis 0,3 Prozent Sozialprodukt könnten in Industrie, Bau und Grosshandel gewonnen werden, weitere 2,8 Prozent liegen bei Banken und Versicherungen drin. Die Aufhebung der Bier-, Tabak- und Zementkartelle könnte weitere 0,3 Prozent bringen. Dazu kämen dann noch dic Kosten der reglementierten Landwirtschaft, die von anderen Quellen auf rund 2 Prozent des Sozialprodukts geschätzt werden. Per Saldo kommen wir also auf eine Grössenordnung von rund 6 Prozent als zusätzliches Sozialprodukt. Das sind rund 20 Milliarden Franken. Dies setzt allerdings voraus, dass die in den wettbewerbsfeindlichen Branchen freigesetzten Angestellten anderweitig beschäftigt werden können.

Trotz allen Beschwörungen des Marktes im Parlament und in den Chefetagen der Konzerne: Der echte Preiswettbewerb ist heute noch die Ausnahme

Anders sähe die Rechnung aus, wenn man statt nach dem zusätzlichen Wirtschaftswachstum nach den **Umverteilungswirkungen** von mehr Wettbewerb fragt. Wettbewerbsbehinderungen haben ja in der Regel nicht das Ziel, das Wirtschaftswachstum zu behindern, sondern sie bevorzugen die einen auf Kosten der andern. Darüber gibt es keine wissenschaftlichen Untersuchungen. Doch das ist auch gar nicht nötig: Ein Blick in die «Bilanz»-Liste der hundert reichsten Schweizer genügt, um zu erahnen, welche enormen Pfründen durch den Mangel an echtem Wettbewerb geschaffen werden können.

Fehlende Transparenz: Handicap für Verbraucherinnen und Verbraucher

Nur wenn man die Preise und Leistungen der verschiedenen Waren und Anbieter vergleichen kann, wird ein bedürfnis- und marktgerechtes Einkaufen möglich. Doch mit der Deklaration und der Preistransparenz hapert es, vor allem bei Banken und Versicherungen.

Ein fairer Wettbewerb setzt richtige und vergleichbare Information sowie den freien Zugang zur Information voraus. Denn der Markt beeinflusst die Produktion selbstverständlich nicht im gewünschten Sinne, wenn Verbraucherinnen und Verbraucher wegen falscher oder irreführender Information falsch einkaufen, ihr Sparbuch bei der schlechteren Bank anlegen oder ihre Police bei der schlechter arbeitenden Versicherung abschliessen.

Bei Lebensmitteln und vielen Gebrauchsgütern ist die **Transparenz** am grössten. Die Qualitätsbezeichnungen sind relativ einheitlich definiert, die Preise sind pro Laufmeter, Liter oder Kilo angegeben und deshalb vergleichbar. Der Staat hat diese Spielregeln festgesetzt, damit der Markt funktioniert. Ein Beispiel: Würden die einen Läden die Preise für Eis pro Kilo angeben, die andern pro Liter, so wären Käuferinnen und Käufer nicht mehr in der Lage, die Preise auf Anhieb miteinander zu vergleichen. Das gleiche gilt auch für Angaben über die Zusammensetzung des Produkts. Deshalb hat der Gesetzgeber auch Mindestanforderungen für Begriffe wie «Rahmeis» und so weiter aufgestellt.

Ganz anders sieht es bei den Banken und Versicherungen aus. Weil klare Spielregeln fehlen, herrscht ein Wildwuchs an Begriffen und Preiseinheiten. Preisvergleiche sind bei vielen Angeboten unmöglich. Für Bankkundinnen und -kunden fehlt die Markttransparenz weitgehend.

Transparenz: Wörtlich übersetzt: Durchsichtigkeit. Diese spielt in der Wirtschaft nicht nur bei der Information über Produkte eine Rolle, welche Verbraucher miteinander in bezug auf Preis und Qualität vergleichen sollen. Information wird auch in anderen Bereichen gefordert, etwa bei Bilanzen und Geschäftsberichten oder – heute immer öfter – in bezug auf die ökologischen Folgen von Produktion und Verbrauch von Gütern.

Filialen verschiedener Banken «konkurrenzieren» sich oft unmittelbar nebeneinander: Die eine Fassade ist etwas prunkvoller als die andere. Die eine Bank ist vielleicht ein wenig bekannter als die andere, weil Stars der Sportwelt ihr Emblem oder Plastik-Skisäcke ihr Kürzel tragen. Die andere Bank wirbt dafür mit einem lokalen Namen. Die Farben der Werbebroschüren sind unterschiedlich. Nur das Wichtigste wissen die Kunden nicht, wenn sie vor diesen Fassaden stehen: Welche dieser Banken ist für welche Dienstleistung die günstigste, welche die effizienteste und welche die sicherste?

Bei soviel Unklarheit im Prämiendschungel und im Kleingedruckten stellt sich die Frage: Wer schützt uns vor dem Begriffswirrwarr der Versicherungen?

Für Kundinnen und Kunden bleibt die Markttransparenz ein frommer Wunsch. Bei den Spesen ist es den Banken bisher mit Erfolg gelungen, jeden Vergleich zu verhindern. Gleiche Konten verschiedener Banken haben unterschiedliche Namen. Konten mit gleichem Namen haben unterschiedliche Rückzugs- und Kündigungsbedingungen. Das Kleingedruckte ist unverständlich und unvollständig.

In der Schweiz hat das Verbrauchermagazin «Kassensturz» 1994 den Versuch eines Vergleichs gemacht: Eine ehemalige Bankangestellte war selbst nach einem aufwendigen Vergleich der Werbebroschüren und des Kleingedruckten in den Unterlagen nicht in der Lage, die Spesen der Banken miteinander zu vergleichen.

Wenn die Banken von sich aus die nötige Transparenz nicht bieten, ist es Aufgabe des Staates, für die entsprechenden Spielregeln zu sorgen, damit Kundinnen und Kunden klare Marktverhältnisse vorfinden. Doch gegen solche Massnahmen wehren sich ausgerechnet die angeblichen Verfechter einer Marktwirtschaft. Sie betreiben damit ein falsches Spiel, denn ihre verwirrenden Begriffe und Angebote schaffen keine Marktverhältnisse, sondern behindern das Funktionieren von Markt und Wettbewerb.

Bei den Versicherungen ist die Situation ähnlich. Ihre mächtige **Lobby** wehrt sich mit Erfolg dagegen, dass der Staat klare Wettbewerbsspielregeln aufstellt. Kundinnen und Kunden sind heute ausserstande, Preise und Leistungen der verschiedenen Versicherungen miteinander zu vergleichen. Entsprechend

Lobby: Als Lobby bezeichnet man den organisierten oder auch nur losen Zusammenschluss mehrerer Unternehmen oder Branchen, um im Hinblick auf ein gemeinsames Ziel Einfluss auf Politik und Öffentlichkeit zu nehmen.
Die gesamte Wirtschaft kämpft als Wirtschaftslobby für eine möglichst niedrige Besteuerung der Unternehmensgewinne. Die gesamte Pharma-Industrie setzt sich als Pharma-Lobby beispielsweise dafür ein, dass die Behörden für rezeptpflichtige Medikamente möglichst hohe Preise bewilligen. Innerhalb der Pharma-Branche gibt es aber auch die Lobby der Arzneimittel-Importeure, die sich gegen die Diskriminierung der ausländischen Arzneimittel einsetzt.
Die Versicherungslobby setzt sich gegen mehr Transparenz im Versicherungsmarkt ein. Ein Branchenverband kämpft nämlich selten für mehr Konkurrenz zwischen den angeschlossenen Firmen, sondern lieber für Extragewinne, die aus dem Mangel an Wettbewerb entstehen.

werden sie von den Versicherungen gerupft. Bestimmt ist es ohnehin nicht ganz einfach, Versicherungsangebote miteinander zu vergleichen. Die Versicherungen erschweren jedoch absichtlich einen Vergleich. Das Versteckspiel hat System. Ähnlich wie die Banken verwenden sie unklare Begriffe. So vernebeln zum Beispiel Lebensversicherer, was unter «Versicherungssumme», «Ablaufleistung» oder «Gesamtleistung» zu verstehen ist. Sie unterscheiden nicht klar und deutlich zwischen garantierten Leistungen und nur prognostizierten, jedoch nicht garantierten Leistungen. Das deutsche Versicherungsaufsichtsgesetz schreibt den Versicherungen zwar vor, dass sie die Verbraucher über alle Punkte des Vertragsverhältnisses «vor Abschluss des Vertrags» informieren müssen. Doch viele Versicherungen klären beim Gespräch und in den schriftlichen Unterlagen sehr mangelhaft auf. Wichtige Informationen senden sie ihren Kunden erst zusammen mit der Police. «Das ist zu spät», urteilt die Stiftung Warentest. Es sei für die Kunden eine Zumutung, zuerst verschiedene Anträge zu unterschreiben und dann die zugeschickten Vertragsunterlagen in Eile miteinander zu vergleichen. Fazit der Stiftung Warentest nach einem Vergleichstest von 24 Lebensversicherungen: «Die meisten Versicherungen informieren ihre Kunden spärlich. Das macht den Vergleich verschiedener Angebote unmöglich.»

Die Versicherten sind dem Prämiendschungel und dem weder verständlichen noch vergleichbaren Kleingedruckten hilflos ausgeliefert. Das Preis-Leistungs-Verhältnis der einzelnen Versicherungen ist für Kunden aus den schriftlichen Angeboten der Versicherungen nicht herauszulesen. Von einem transparenten Markt für Kundinnen und Kunden kann keine Rede sein.

2. Gegen den Markt

Wie falsche Signale die Wirtschaft unsozial, ineffizient und umweltzerstörend machen

Im ersten Teil dieses Buches haben wir analysiert, weshalb Markt und Wettbewerb über weite Teile nicht funktionieren, obwohl die meisten Manager und Politiker für den freien Markt plädieren. Im zweiten Teil zeigen wir nun, wie eine andere Vorstellung, die sich in den Köpfen der Ökonomen festgesetzt hat, das Funktionieren des Marktes behindert – die Vorstellung nämlich, dass die Wirtschaft ewig weiterwachsen wird.

Der Traum vom stetigen und dauerhaften Wachstum bezieht sich zuerst auf den Umsatz. Das Heil der Nationen wird am Bruttosozialprodukt gemessen, also an der Höhe und Zunahme der mit Geld erfassten Produktion. Auf der anderen Seite setzt sich die Wachstumsgläubigkeit auch beim internationalen Handel durch. **Globalisierung** heisst die Devise, unter welcher der grenzüberschreitende Markt in die letzten Winkel dieser Erde vordringen soll. Die Vorstellung an sich besticht. Denn wenn der Markt – wie im Idealmodell – das Wohlergehen aller Völker und Nationen förderte, käme ein ständig zunehmender Austausch von Waren und Dienstleistungen weltweit im gleichen Masse auch den Entwicklungsländern zugute.

> **Globalisierung:** Unter diesem Begriff versteht man die Ausbreitung der Tätigkeit von Firmen über die Grenzen des eigenen Landes hinaus in alle Welt. Betraf dies zu Beginn dieser Entwicklung vor allem den Export und internationalen Vertrieb der Produkte, so geht es heute auch um die Verlagerung der Produktionsstandorte, konkret darum, dort arbeiten zu lassen, wo es am rentabelsten ist. Zudem wird die Globalisierung begünstigt durch die Öffnung der bisher durch Zoll, Subventionen und andere Einfuhrbarrieren geschützten nationalen Märkte sowie durch Subvention des Transports.

Die Sache hat nur einen Haken: Ewiges Wachstum in einer begrenzten Welt ist nicht möglich – auch in der Theorie nicht. Dennoch setzt die Wirtschaft hartnäckig auf die Steigerung von Produktion und Handel.

Trotz Rückschlägen: die Börse boomt

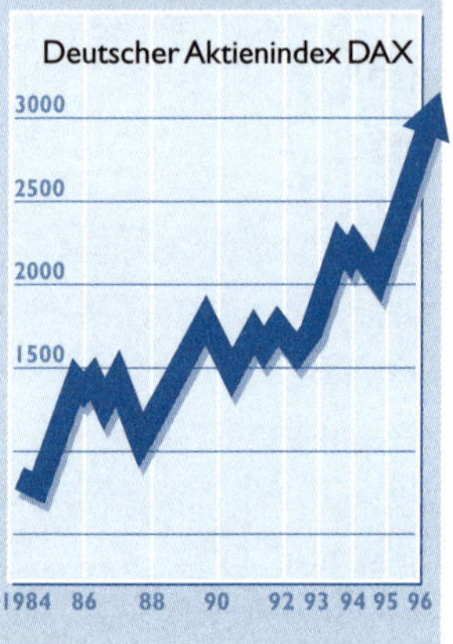

Gefährliches Indiz: Auf lange Sicht steigen die Börsenkurse und bestärken die Manager in ihrem Wachstumsglauben

Einige der Marktverzerrungen, die im ersten Teil des Buches beschrieben sind, begünstigen diese Entwicklung zusätzlich. So fördert der Umstand, dass die Wirtschaft den Naturverbrauch aus ihrer Buchhaltung ausklammert, das Wirtschaftswachstum. In Wirklichkeit aber schrumpft mit dem Wachstum der Wirtschaft das Naturkapital. Und im Gegenzug dazu schreitet die Umweltzerstörung voran. Das wiederum vermindert die Lebensqualität: Trotz stetiger Steigerung des Bruttosozialprodukts ist der Wohlstand in den letzten Jahren vielerorts gesunken, während die Arbeitslosigkeit und die Unterschiede zwischen Reich und Arm zugenommen haben, wie wir im Kapitel «Wachstum: Die Illusion der Manager» zeigen.

Auch die fortschreitende Ausweitung des globalen Handels führt nicht zum ersehnten Ziel. Internationale Wettbewerbsverzerrungen und blinder Glaube an die «unsichtbare Hand des Marktes» bewirken, dass Manager und Politiker die heutigen Marktsignale falsch deuten – und falsch reagieren. Im Kapitel «Marktsignale: Wegweiser in die Irre» zeigen wir Folgen auf, die sich aufgrund von falsch interpretierten Marktsignalen ergeben:

- Wie der Anreiz zum Öko- und Sozial-Dumping natur- und menschenverachtende Produktionsformen fördert und die Rücksichtsvollen vom Markt verdrängt oder fernhält.
- Wie das Subventionieren des Energieverbrauchs die menschliche Arbeit verdrängt, auch wo sie effizient ist.
- Wie die Globalisierung der – teils verfälschten – Märkte die Demokratie aushöhlt und die Mitsprache der Betroffenen ausschaltet.
- Und wie die Konzentration von Macht und Know-how die Verelendung in der dritten Welt beschleunigt.

Wachstum: Die Illusion der Manager

Warum der Glaube der Politiker und Wirtschaftsführer ans stetig steigende Bruttosozialprodukt keine Zukunft hat

Führungskräfte in Wirtschaft und Politik messen den Erfolg einzig am Wachstum des Bruttosozialprodukts. Das aber führt in die Sackgasse. Denn stetiges Wirtschaftswachstum in einer beschränkten Welt ist eine Illusion – und endet zwangsläufig in einer Katastrophe.

Wenn sich die Staats- und Regierungschefs der sieben grössten Industrienationen jeweils zur Wirtschaftsgipfelkonferenz treffen, so verfolgen sie stets das gleiche Ziel: die Förderung oder Sicherung eines «stetigen und dauerhaften Wirtschaftswachstums». Die gebetsmühlenhaft vorgebrachte Forderung taucht in den Schlusserklärungen der **G-7-Treffen** immer wieder auf. Am Jahresende wird der Erfolg jeweils an der Steigerungsrate von Bruttosozial- oder Bruttoinlandsprodukt gemessen. Das Wachstum von Produktion, Handel, Einkommen und Beschäftigung bildet auch das zentrale Ziel von EU, GATT und WTO.

G-7-Treffen: So heisst die jährliche Gipfelkonferenz der sieben grössten Industrienationen – USA, Kanada, Japan, Deutschland, Frankreich, Grossbritannien und Italien. Die Regierungschefs diskutieren bei diesen Treffen jeweils die aktuellsten politischen und wirtschaftlichen Fragen.

«Zu keiner Zeit waren Wirtschaft und Politik so tief beeinflusst von einer einzigen Idee, einem einzigen Ziel: vom Glauben an das Heil, das in den Wachstumsraten des Sozialprodukts liegt», schrieb der Schweizer Ökonom und Journalist Werner Geissberger bereits 1981. Daran hat sich seither nichts geändert. Um das Wachstum sowie um die Frage, wieviel es denn sein soll und was es fördern könnte, dreht sich heute alles, sei es in den Vorstandsetagen der Unternehmen, in den Berichten der Konjunkturforschungsinstitute oder in den Spalten der Wirtschaftspresse. Wachsen ist gut, Schrumpfen ist schlecht und wird deshalb als «Negativ-Wachstum» bezeichnet. Und wehe dem Sünder, der

Die Forderung nach 3 Prozent Wachstum im Jahr gilt als bescheiden – doch wer nachrechnet, merkt bald, dass auch dies unrealistisch ist

Der Fluch des exponentiellen Wachstums

Ein kleines Rechenbeispiel genügt, um zu zeigen, dass unendliches Wachstum nicht möglich ist.

In der heutigen Ökonomie gilt die Regel, dass eine erfolgreiche Volkswirtschaft ihr Sozialprodukt jedes Jahr um ein paar Prozent steigern muss. Kaum ein Politiker überlegt sich jedoch, wohin das führt.

Dafür muss man den Unterschied zwischen linearem und exponentiellem Wachstum kennen. Bei linearem Wachstum nimmt die Menge jedes Jahr um gleich viel zu, und die prozentuale Wachstumsrate sinkt. Bei exponentiellem Wachstum dagegen bleibt die prozentuale Wachstumsrate stets gleich hoch, wodurch aber der mengenmässige Zuwachs jedes Jahr höher und die Wachstumskurve immer steiler wird.

Ein Zahlenbeispiel: Gehen wir von einer Basismenge von 100 aus und einem Wachstum von 3 Prozent (wie in der Grafik ab 1995), so steigt die Menge im ersten Jahr um 3. Die Ausgangsmenge fürs zweite Jahr entspricht nun also 103. Weitere 3 Prozent Zuwachs bedeuten im zweiten Jahr bereits eine mengenmässige Zunahme um 3,09. Diese vorerst minimale Differenz der Zuwachsmenge steigt nun stetig. Nach 23 Jahren ergibt ein dreiprozentiges Wachstum bereits eine Verdoppelung (!) des Sozialprodukts, nach 46 Jahren eine Vervierfachung und so weiter. Klar ist, dass sich ein solches Wachstum schon wegen der dafür nötigen Energie auf die Dauer nicht verwirklichen lässt.

Die heimliche Rache der lächerlichen 3 Prozent

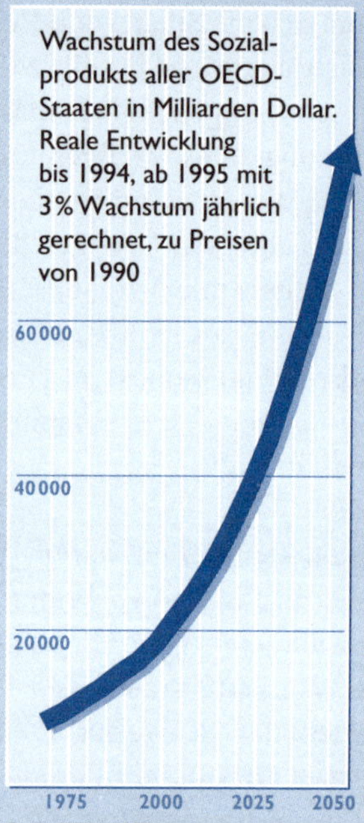

Quelle: OECD/KOF-ETH; Berechnung Guggenbühl

Fast unvorstellbar: Bei einem Wachstum von nur 3 Prozent ab 1995 würde sich das Sozialprodukt von 2050 gegenüber dem von 1970 verzehnfachen!

eine «Konjunkturerholung gefährdet» oder «den Aufschwung bremst»!

Wirtschaftliches Wachstum verordnen die führenden Leute in Wirtschaft und Politik, um das Wohlergehen der Menschheit zu verbessern, um Arbeitsplätze zu schaffen und zu erhalten, um Produktivitätsfortschritte einzuholen, um die Sozial- und Infrastrukturausgaben zu decken und nicht zuletzt um die Folgekosten des Wachstums finanzieren zu können.

Indes, Wachstum in einer begrenzten Welt hat einen entscheidenden Nachteil: Es stösst über kurz oder lang an natürliche Grenzen.

Wie der Wachstumsmechanismus langfristig funktioniert, ist vielen Menschen nicht bewusst. So tönt die Formel «Wir streben ein Wachstum von 3 Prozent an» vorerst bescheiden. Der Haken an der Sache besteht darin, dass eine in gleichbleibender Prozentzahl festgelegte Zunahme zu einem exponentiellen Wachstum führt (siehe Kasten links), zu einer Kurve, die Jahr für Jahr steiler steigt.

Selbst ein bescheidenes – und von den meisten Konjunkturexperten als ungenügend beurteiltes – Wachstum des Bruttosozialprodukts (BSP) von real jährlich 2 Prozent lässt sich dauerhaft nicht durchhalten. Denn es führt in 35 Jahren zu einer Verdoppelung, binnen 70 Jahren zu einer Vervierfachung, im Laufe von 105 Jahren zu einer Verachtfachung und in 350 Jahren zu einer Vertausendfachung der wirtschaftlichen Produktion.

Bei einem jährlichen BSP-Wachstum von 3 Prozent, wie es die Organisation für wirtschaftliche Zusammenarbeit und Entwicklung (OECD) im Weltdurchschnitt für das Jahr 1997 prophezeit, wird eine Verachtfachung schon binnen 69 Jahren erreicht. Und wer die OECD-Prognose weiterrechnet, entdeckt: Bei einem stetigen und dauerhaften Wachstum von jährlich 3 Prozent wäre das Wirtschaftsvolumen schon innert 230 Jahren tausendmal grösser als heute. Ein zehnprozentiges Wachstum, wie wir es momentan in China antreffen, führt schon innert 72 Jahren, also während eines Menschenlebens, zu einer Vertausendfachung der Wirtschaftsproduktion.

«*Wachstum löst die Probleme der Armut und der Arbeitslosigkeit nicht – und Wachstum ist eben nicht aufrechtzuerhalten.*»

DONELLA UND DENNIS MEADOWS, JORGEN RANDERS in «Die neuen Grenzen des Wachstums»

Teuerungsbereinigt: Man unterscheidet zwischen nominaler (also geldmässiger) und realer (wertmässiger) wirtschaftlicher Entwicklung. Die reale Entwicklung ist teuerungsbereinigt. Das heisst: Der Einfluss der Inflation (die Wertverminderung der Währung) wird ausgeklammert, indem man die Entwicklung – zum Beispiel des Bruttoinlandsproduktes – zum Preisstand des immer gleichen Jahres berechnet.

Sorgen aber bereitet den Politikerinnen und Politikern lediglich das Wachstum der Bevölkerung. So hat die Zahl der Menschen auf der Erde von 1970 bis 1990 um 50 Prozent zugenommen, in Zahlen: von 3,5 Milliarden Personen im Jahr 1970 auf 5,3 Milliarden 1990. Geht die Entwicklung weiter wie bisher, so leben im Jahr 2010 rund 2,25mal soviel Menschen auf diesem Planeten wie 1970, im Jahr 2100 bereits 14mal soviel. Deshalb sprechen viele Leute von der «Bevölkerungsexplosion».

Von «Industrieexplosion» aber spricht kaum jemand, obwohl die industrielle Produktion im gleichen Zeitraum doppelt so stark wuchs wie die Bevölkerung. So stieg die Industrieproduktion **teuerungsbereinigt** zwischen 1970 und 1990 weltweit um annähernd 100 Prozent. Geht es auch hier gleich weiter, so produziert die Industrie im Jahr 2010 rund viermal soviel Güter wie 1970. Und bis zum Jahr 2100 würde die exponentielle Wachstumskurve der Industrieproduktion sogar auf den hundertfachen Wert von 1970 klettern.

Dauerhaftes Wachstum in einem endlichen Lebensraum widerspricht jeder mathematischen Vernunft.

Schon das heutige wirtschaftliche Produktions- und Konsumniveau der Industriestaaten lässt sich nicht auf die ganze Welt übertragen. Denn wenn alle Menschen auf der Welt gleich viel Wohnraum, gleich viele Autos, Fleisch, Chemikalien, Haushaltgeräte und so weiter beanspruchten wie die Durchschnittsmenschen in Deutschland, so würde sich der Verbrauch von Rohstoffen, Energieträgern und anderen Naturgütern vervielfachen. Die nur beschränkt vorhandenen Vorräte wären noch schneller aufgebraucht.

Oder wenn ein Durchschnitts-Chinese gleich viel in der Welt herumjetten wollte wie ein Durchschnitts-Europäer, so würde der internationale Luftverkehr unverzüglich zusammenbrechen. Das von westlichen Wirtschaftsführern vertretene Konzept «Weiteres Wachstum im Norden, nachholende Entwicklung im Süden» kann der Planet Erde niemals verkraften.

Umsatzsteigerung: Auf Kosten der Natur

Je stärker die Wirtschaft wächst, desto stärker wächst tendenziell der Energieverbrauch und mithin die Umweltbelastung. Mit besserer Technik lässt sich diese parallele Entwicklung kurzfristig zugunsten der Natur korrigieren. Langfristig aber muss das Wachstum begrenzt werden.

Um den Umweltschutz finanzieren zu können, brauche es eine florierende und mithin wachsende Wirtschaft, erklären Wirtschaftsvertreter. Das Wachstum der Wirtschaft sei die Ursache der meisten Umweltprobleme, entgegnen Wachstumskritiker. Belegbar ist: Zwischen der Entwicklung von Wirtschaft und der Umweltbelastung bestehen enge Zusammenhänge.

So ist der Verbrauch von Primärenergie – die als Grundressource den wichtigsten **Indikator** für den gesamten Naturverbrauch darstellt – stark vom Gang der Wirtschaft abhängig: Wächst das Bruttoinlandsprodukt, so wächst tendenziell auch der Energieverbrauch.

Allerdings ist diese Verknüpfung – Experten reden auch von Koppelung – von Wirtschaftsentwicklung und Energiebedarf nicht überall gleich. Je nach Stand der wirtschaftlichen Entwicklung eines Landes sind gewisse Abweichungen festzustellen:

- Beim Übergang von der Agrar- zur Industriegesellschaft, wie er gegenwärtig in Schwellenländern der dritten Welt stattfindet – zum Beispiel in China, Indien, Südkorea oder Brasilien –, nimmt der Energieverbrauch stärker zu als das Bruttoinlandsprodukt.

- In den meisten westlichen Industriestaaten hingegen, so zeigen die Erhebungen der OECD-Staaten, stieg der Energiebedarf in den letzten 20 Jahren weniger steil als das Bruttoinlandsprodukt; das gilt

Indikatoren: Dies sind Messgrössen, die allein oder in Kombination etwas über Umfang und Qualität von Wirtschaft, Wohlstand, Lebensqualität, Gesundheit, soziale Bedingungen und so weiter aussagen. Damit man solche Indikatoren wie Einkommen, Energieverbrauch oder Ärztezahlen vergleichen kann, stellt man einzelne Indikatoren oft in Relation zu anderen, etwa das Bruttosozialprodukt pro Kopf der Bevölkerung oder die Bevölkerungszahl pro Quadratkilometer Landfläche.

insbesondere auch für Deutschland, wo der Primärenergieverbrauch seit 1973 nur noch geringfügig zunahm. «Ursachen für den sinkenden spezifischen Energiebedarf der OECD-Staaten sind der Wandel zu einer weniger energie-intensiven, **postindustriellen Dienstleistungsgesellschaft,** eine effizientere Energienutzung und nicht zuletzt die Energiesparmassnahmen», kommentiert der Ölmulti Shell in einer Analyse über «Weltbevölkerung, Umwelt und Energie».

Postindustrielle Dienstleistungsgesellschaft: In vielen Industriestaaten verliert die industrielle Produktion an Einfluss, während Beratung, Organisation und Anwendungshilfen mittels Informa-tik an Bedeutung gewinnen. In diesem Zusammenhang spricht man von der post- oder nachindustriellen Dienstleistungsgesellschaft.

Die reiche Schweiz indes bildet in den letzten Jahren eine Ausnahme von der OECD-Regel. Denn auch nach 1970 wuchs dort – wie in Schwellenländern – der Primärenergieverbrauch stärker als das Bruttoinlandsprodukt (siehe Grafik rechts). Die Begründung für diese abweichende Entwicklung: In den OECD-Staaten sank der spezifische Energieverbrauch vor allem im Industriesektor, während der Energiebedarf im Konsumbereich, vor allem im Bereich Verkehr, übermässig stieg.

Im Gegensatz zum OECD-Durchschnitt war in der Schweiz der Anteil der Industrie am gesamten Energieverbrauch schon immer relativ klein, weil dieses Land viel Grundstoffe und Industrieprodukte und mithin viel graue Energie importiert. Effizienzverbesserungen in der Industrie und in der Heizungstechnik wurden deshalb mehr als aufgewogen durch das übermässige Wachstum des energetisch und ökonomisch besonders ineffizienten Strassenverkehrs sowie durch die zunehmende Nutzung der Atomenergie, welche die im Uran enthaltene Primärenergie mit zwei Drittel Abwärmeverlust in die Endenergie Strom umwandelt.

«*Die heutige Art der Ressourcennutzung ist weder globalisierbar, noch kann sie langfristig auch regional aufrechterhalten werden.*»

PETER BACCINI, Professor für Stoff- und Abfallbewirtschaftung an der ETH Zürich.

Stärker als das Bruttoinlandsprodukt wuchs in der Schweiz auch der Siedlungsabfall, was auf einen übermässig steigenden Materialverbrauch hinweist. Mit der Wirtschaft und dem Wohlstand erhöhte sich schliesslich der Verbrauch an Boden. «Diese Verbrauchszunahme äussert sich sowohl in einer Zunahme der überbauten Flächen als auch in einer Intensivierung der Bodennutzung», stellte der Ökonom Mathias Binswanger in einer Nationalfonds-Studie über Koppelung von Wirtschaftswachstum und Naturverbrauch fest. Auch in Deutschland und Österreich ist der Anteil der überbauten Fläche und der Bedarf an Wohnraum pro Kopf in den letzten Jahren stark gestiegen.

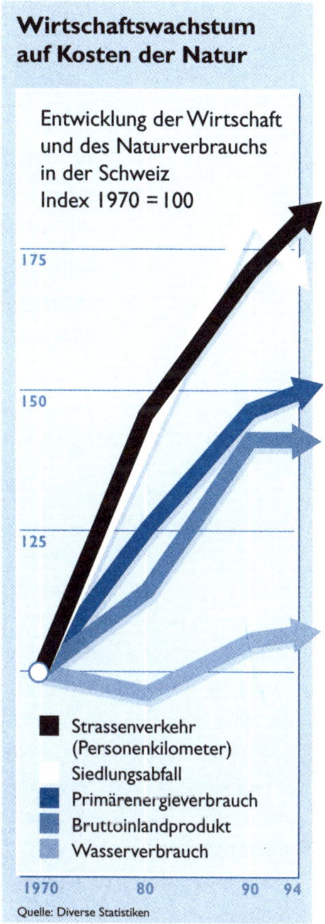

Keine Trendwende: Trotz steigender Sorge um die Umwelt nimmt der Naturverbrauch weiter zu

Abgenommen oder unterdurchschnittlich zugenommen hat in der Schweiz, in Deutschland und in Österreich hingegen die Schadstoffbelastung in der Luft und in den meisten Gewässern. So sinkt der Ausstoss von Schwefeldioxid, Stickoxiden und Kohlenwasserstoffen in allen deutschsprachigen Ländern seit Ende der achtziger Jahre wieder, nachdem er zuvor steil angestiegen ist. Das ist auf verschärfte Abgasvorschriften zurückzuführen, welche die Anwendung von Reinigungstechnologien wie Katalysatoren, Rauchgasreinigung und den vermehrten Einsatz von schwefelarmen Ölqualitäten erzwangen. Der Phosphatgehalt ist seit 1970 – dank teuren Abwasserreinigungsanlagen – in den meisten Gewässern ebenfalls gesunken. Der Nitratgehalt im Grundwasser hingegen hat sich als Folge der Überdüngung seit 1970 deutlich erhöht.

Eine enge Wechselbeziehung zwischen dem Stand der Wirtschaft und dem Energieverbrauch zeigt sich auch im globalen Vergleich: Reiche Staaten beanspruchen mehr Naturgüter als arme. So beträgt der Energieverbrauch pro Kopf in der dritten Welt, die Schwellenländer mitgerechnet, im Durchschnitt nur ein Zehntel im Vergleich mit Nordamerika und nur ein Fünftel gegenüber Europa. Ein anderer Vergleich zeigt den Unterschied noch deutlicher: Das Bruttoinlandsprodukt pro Kopf in Deutschland ist rund 40mal, der Energieverbrauch pro Kopf in der Schweiz rund 20mal grösser als in Indien. Ähnlich, aber etwas weniger ausgeprägt sind die Differenzen in bezug auf den Ausstoss von Kohlendioxid pro Kopf in den beiden Ländern.

Im einzelnen gibt es aber beträchtliche Unterschiede bezüglich **Energieintensität,** und dies sowohl in der Gruppe der reichen als auch unter den armen Staaten. Der Grund: Der Energiebedarf variiert einerseits je nach geographischer Lage und Struktur der Wirtschaft. Andererseits spielt aber auch die **Energieeffizienz,** die wiederum stark vom Energiepreisniveau im entsprechenden Land abhängt, eine wichtige Rolle. Das Billigenergieland USA zum Beispiel ver(sch)wendet pro Einheit erzeugtes Bruttoinlandsprodukt rund doppelt soviel Energie wie Japan, Deutschland oder die Schweiz. Das in kälteren Zonen gelegene China und das erdölproduzierende Schwellenland Venezuela brauchen pro Einheit Bruttoinlandsprodukt annähernd doppelt soviel Energie wie Indien oder Brasilien und viermal soviel wie die Philippinen oder Argentinien.

Energieintensität und Energieeffizienz: Diese Begriffe setzen den Energieverbrauch ins Verhältnis zur Produktionsmenge. Eine hohe Energieintensität haben zum Beispiel Branchen, die gemessen am Produktewert viel Energie einsetzen müssen, etwa die Zement-, Ziegel- oder Papierindustrie. Wenn der Energieverbrauch pro Einheit, also der spezifische Energieverbrauch, gesenkt werden kann, so spricht man von einer Erhöhung der Energieeffizienz.

Die Tatsache, dass eine hohe oder wachsende Wirtschaftsproduktion wegen der verzerrten Marktpreise mehr Energieverbrauch und dadurch mehr Emissionen und Umweltbelastung nach sich zieht, beinhaltet indes einige Ausnahmen. Die Gleichung «Mehr Wirtschaftsproduktion gleich mehr Energieverbrauch gleich mehr Materialverbrauch gleich mehr Bodenverbrauch gleich mehr Verkehr gleich mehr ...» endet wie erwähnt oft im Bereich der Giftfracht in Abgasen oder Abwässern. Denn die reichen Staaten können sich mehr Aufwand in Sachen Reinigungstechnik leisten, was den von ihnen verursachten Giftausstoss wieder etwas reduziert.

Diese Zusammenhänge zeigen, dass ungleiche Umweltschutzvorschriften einerseits berechtigt sind: Man stelle sich bloss vor, wie stark die wohlhabenden Staaten mit ihrem hohen Konsumniveau und Ressourcenverbrauch die Umwelt belasten würden, wenn sie immer noch die gleich grosszügigen Emissionsnormen hätten wie arme Staaten. Andererseits bieten ungleiche Vorschriften einen gefährlichen Anreiz, die Industrieproduktion und umweltbelastende Konsumformen – wie zum Beispiel rücksichtslosen

Tourismus – in Länder mit billigeren Energieträgern und weniger strengen Umweltnormen zu verlagern, was zum Öko-Dumping führt. Diese Verlagerung schadet letztlich auch den Staaten, die mit grosszügigen Vorschriften Arbeitsplätze und Devisen anlocken: Wenn zum Beispiel Indien bei gleichbleibenden Umweltschutznormen seine Wirtschaftsproduktion, den Energieverbrauch und den Verkehrskonsum auf das Niveau von Deutschland steigern würde, könnten die Menschen in Kalkutta oder Bombay kaum noch atmen.

Doch eine Umweltschutzpolitik, die bloss Emissionsvorschriften verordnet, stellt langfristig keine Lösung dar. Denn sie erzwingt damit nur Reinigungstechniken und bekämpft die Symptome statt die Ursachen – Experten bezeichnen die entsprechenden Massnahmen als **«End-of-pipe-Technologie»**. Der Boden-, Material- und Energieverbrauch aber und die Produktion von CO_2, das den Treibhauseffekt verstärkt, oder von Atommüll, der jahrtausendelang gefährlich weiterstrahlt, lassen sich mit den Reinigungstechniken nicht bremsen.

Auch Effizienzverbesserungen, die eine Entkoppelung des Wachstums von Wirtschaft und Naturverbrauch bringen, stossen irgendwann an natürliche Grenzen und genügen nicht, um eine **nachhaltige Entwicklung** einzuleiten. «Dauerhaft anhaltende Effizienzerhöhungen bezüglich Energie und Material pro Output-Einheit sind nicht möglich», analysiert der Volkswirtschafter Jürg Minsch vom Institut für Wirtschaft und Ökologie an der Universität St. Gallen. Damit führt auch das vom Schweizer Wirtschaftsführer Stephan Schmidheiny und andern umweltbewussten Unternehmern vertretene Konzept des **«nachhaltigen Wachstums»** oder der von Ernst Ulrich von Weizsäcker und Amory B. Lovins propagierte «Faktor vier» auf die Dauer nicht zum Erfolg ...

«End-of-pipe-Technologie»: Dieser Begriff umfasst alle Massnahmen, die das Entweichen von Schadstoffen am «Ende der Röhre» oder am Ende des Auspuffs senken. Dazu gehören etwa Katalysatoren, Rauchgasreinigungsanlagen oder Giftmülldeponien. Im Gegensatz dazu steht die Ursachenbekämpfung, die dafür sorgt, dass Schadstoffe gar nicht erst entstehen.

Nachhaltige Entwicklung: Der Begriff «Nachhaltigkeit» stammt ursprünglich aus der Waldwirtschaft und besagt, dass man nicht mehr Holz schlagen soll als nachwächst. Die Weltkommission für Umwelt und Entwicklung formulierte 1987: «Nachhaltige Entwicklung deckt die Bedürfnisse der Gegenwart, ohne zukünftigen Generationen die Grundlagen für deren Bedürfnisbefriedigung zu nehmen.» Diese Definition, die einen breiten Interpretationsspielraum offenlässt, bildete auch ein zentrales Motto der Umwelt- und Entwicklungskonferenz von 1992 in Rio, wo dann vom Wirtschaftsrat der Begriff **«nachhaltiges Wachstum»** geprägt wurde.

Die Zukunft der Wirtschaft hängt somit davon ab, ob sie im Einklang mit der Natur funktioniert: Die Wirtschaft und mithin unsere Zivilisation muss ihren Verbrauch an natürlichen Ressourcen langfristig auf ein Mass senken, das dem «Zins der Natur» entspricht – also dem, was die Natur jeweils wieder nachproduzieren oder regenerieren kann. Je schneller sie dieses Ziel erreicht, desto besser ergeht es ihr. Denn solange die Wirtschaft mehr braucht, als die Natur nachwachsen lässt, so lange führt das Wachstum der Wirtschaft zur Schrumpfung des Naturkapitals. Je mehr aber das Naturkapital schrumpft, desto weniger Zins wirft es ab und desto weniger bleibt auch für die Wirtschaft und kommende Generationen übrig.

Expansion: Auf Kosten der Lebensqualität

«Wirtschaftswachstum bringt mehr Wohlstand», lautet die gängige Formel. Doch jenseits einer gewissen Schwelle trifft dies nicht mehr zu. Denn der Nutzen zusätzlicher Güter und Dienste nimmt dann ab, während die negativen Folgen des Wachstums die Lebensqualität senken.

Die Wirtschaft der westlichen Welt, also die Summe der Bruttoinlandsprodukte aller OECD-Staaten, wuchs zwischen 1970 und 1995 um 97 Prozent. In Deutschland allein, das schon 1970 weit oben in der Reichtumspyramide stand, stieg die wirtschaftliche Wertschöpfung seit 1970 immerhin um 80 Prozent, zeigt die Nationale Buchhaltung. Selbst wenn man die Zunahme der Bevölkerung berücksichtigt, bleibt binnen 25 Jahren pro Kopf ein Wirtschaftswachstum von 70 Prozent in Deutschland und von durchschnittlich 90 Prozent in den OECD-Staaten – dies immer real gerechnet, also nach Abzug der Teuerung!

Dass dieses Wachstum auf der Plünderung der Natur basiert und langfristig nicht durchzuhalten ist, haben wir im vorangegangenen Kapitel dargelegt. Aber nützt es wenigstens den Menschen? Geht es den Menschen in Deutschland 1,7mal besser als am Ende der boomenden sechziger Jahre? Steht dem realen Zuwachs von 70 Prozent an Gütern und Dienstleistungen pro Kopf auch ein entsprechender Gewinn an Wohlstand und Lebensqualität gegenüber?

Gewiss, einige konnten ihren materiellen Wohlstand in den letzten zwei Jahrzehnten nochmals tüchtig mehren. Dabei sind die Einkommen der oberen Klassen überdurchschnittlich gestiegen, wie Steuerstatistiken zeigen. Für die Mehrheit der Bevölkerung hingegen hat der Wohlstand in dieser Zeit weit weniger stark zugenommen als die Wirtschaftsproduktion. Und für eine wachsende Minderheit haben sich die Lebensverhältnisse sogar verschlechtert: Die Arbeitslosigkeit und die Zahl der Fürsorgebedürftigen sind in den westlichen Industriestaa-

«*Unsere leistungsbetonte Wachstumsgesellschaft hat jene kritische Schwelle überschritten, da Sinn zu Unsinn wird, fehlgeleitete Überproduktion zur Plage.*»

WERNER GEISSBERGER, alternativer Denker und Ökonom, 1981

ten, insbesondere auch in Deutschland, deutlich gestiegen. Das rührt daher, dass die Produktivität pro arbeitende Person noch stärker stieg als die Wirtschaftsproduktion als Ganzes, womit die Zahl der in der Wirtschaft Beschäftigten schrumpfte.

Für das zunehmende Auseinanderklaffen von Wirtschaftswachstum und Wohlstandsgewinn gibt es verschiedene Gründe:

«*Wachstum garantiert nicht Arbeitsplätze.*»

HANS CHRISTOPH BINSWANGER, HEINZ FRISCH, HANS NUTZINGER in «Arbeit ohne Umweltzerstörung»

- *Weniger Selbstversorgung*: Das in der Nationalen Buchhaltung errechnete Bruttoinlandsprodukt (BIP) erfasst nur die mit Geld bezahlten Leistungen der Wirtschaft. Bei einem Teil des BIP-Wachstums handelt es sich aber nicht um echte Leistungserhöhung, sondern um den Ersatz von **nichtmonetären durch monetäre Leistungen.** Wer zum Beispiel Überstunden macht und deshalb einen Steuerberater oder ein Putzinstitut anstellt, um sich in der Freizeit zu entlasten, erhöht das Bruttoinlandsprodukt, ohne dass die gesamtgesellschaftliche Wertschöpfung entsprechend zunimmt. Mit andern Worten: Ein Teil des Wirtschaftswachstums – dazu gehört etwa das übermässige Ausgabenwachstum im Bereich Sozialfürsorge, Gesundheit oder Unterhaltung – ist allein auf den Rückgang der Eigenarbeit oder der Nachbarschaftshilfe zurückzuführen.

Monetäre und nichtmonetäre Leistungen: Unter monetären Leistungen versteht man alle mit Geld bezahlten Leistungen der Wirtschaft. Daneben gibt es aber auch viele nichtmonetäre Leistungen, etwa die beträchtliche Arbeit in den Haushalten, in der Kindererziehung sowie alle Formen von Selbstversorgung und Tauschhandel. Im Wandel von der Agrar- zur Dienstleistungsgesellschaft nimmt der Anteil an monetären Leistungen zu.

- *Mehr Leerlauf*: Ein wachsender Teil des wachsenden Bruttoinlandsprodukts wird verwendet, um die wachsenden Kosten des Wachstums zu bezahlen. Dabei kommt vor allem die öffentliche Hand zur Kasse. So verursacht mehr Güterproduktion auch mehr Abfall, Abluft und Abwasser. Und mithin sind auch mehr Entsorgungs- und Reinigungsanlagen nötig. Mehr Handel und Arbeitsteilung bedingen mehr Transport und erfordern wachsende Ausgaben für den Bau und Unterhalt der Verkehrsinfrastruktur und so weiter.

- *Höhere Existenzkosten*: Trotz stetigem Wachstum der Wirtschaft und des Durchschnittseinkommens gibt es immer mehr Leute, die unter die Schwelle des **Existenzminimums** fallen. Das liegt daran, dass die Kosten des Existenzminimums – insbesondere die Anteile für Mietpreise und Gesundheitskosten – in den letzten Jahrzehnten stärker gestiegen sind als die unteren oder mittleren Einkommen. Trotzdem ist die Wohnqualität für die meisten nicht gestiegen: Sie verfügen zwar pro Person über mehr Wohnraum. Doch ihr Wohnort ist in der Regel lärmiger und weiter weg vom Arbeitsplatz. Und ihre Wohnumgebung ist häufig unwirtlicher geworden. Noch weniger steht den viel höheren Kosten für die Gesundheit ein entsprechender Nutzen gegenüber (vergleiche Kapitel «Gesundheitswesen: Planwirtschaft gegen Patienten»).

Existenzminimum: Die Geldsumme, die es braucht, um die menschlichen Grundbedürfnisse wie Nahrung, Wohnen, Kleidung und medizinische Versorgung zu decken. Laut Definition der Fürsorgeämter gehört auch ein bescheidenes Taschengeld für öffentliche Verkehrsmittel und fürs Telefonieren zum Existenzminimum, um soziale Beziehungen aufrechterhalten zu können. Die Definition und geldmässige Festlegung des Existenzminimums schwankt je nach Institution, Region und persönlichen Verhältnissen.

■ *Mehr Zwangskonsum*: Vieles, was wir heute brauchen, ist allein auf die wachstumsbedingten Veränderungen von Wirtschaft und Gesellschaft zurückzuführen. Die Arbeitsteilung und die geographische Entflechtung von Wohnort, Arbeitsort, Einkaufsmöglichkeiten und Erholungsgebieten etwa führen dazu, dass wir im Durchschnitt weiter fahren müssen, um zu arbeiten, einzukaufen und uns in der Freizeit zu erholen. Dadurch stiegen Motorisierung, Verkehrskonsum, Aufwand für Schallschutzwände und so weiter. Oder: Der mit der Globalisierung und Arbeitsteilung einhergehende Anspruch auf berufliche und gesellschaftliche Mobilität reisst oft Paare oder Familien auseinander, fördert die Vereinzelung und die Bildung von Kleinhaushalten, was pro Kopf mehr Wohnraum, mehr Badezimmer, mehr Haushaltgeräte und – als Ersatz für persönliche Kontakte – mehr Radio-, TV- oder Videogeräte bedingt oder öfter zu Psycho- oder Gruppentherapie zwingt. Die moderne Kommunikation zwingt uns die Computerisierung auf, das Ozonloch den vermehrten Gebrauch von Sonnencreme, der Klimawandel zusätzlichen Versicherungsschutz usw. Zudem müssen Konsumgüter schneller ersetzt

Wenn in einem Land mehr Geld ausgegeben wird, heisst das noch lange nicht, dass es den Leuten bessergeht – schliesslich kosten auch Alarmanlagen Geld

Das Geld allein macht noch nicht glücklich

Das Bruttosozialprodukt ist ein schlechter Massstab für Wohlstand. Zwei Forscher entwickeln neue Ansätze.

Der Index des nachhaltigen wirtschaftlichen Wohlstands wurde von den beiden US-Wissenschaftern Herman Daly und John B. Cobb entwickelt. Er basiert auf dem persönlichen Konsum, wird aber durch weitere Indikatoren korrigiert. Mitberücksichtigt werden insbesondere die Einkommensverteilung, der Umfang der nicht monetären Arbeitsproduktion (insbesondere Haushaltarbeit) sowie der Verbrauch von Energie und anderen natürlichen Ressourcen.

Dabei handle es sich um den bisher umfassendsten Versuch, einen zusammengefassten **Wohlstandsindex** zu erstellen, urteilten 1995 die Autoren des Club-of Rome-Berichts «Mit der Natur rechnen». Daly und Cobb selber räumen ein, dass sich ihr Index noch im Versuchsstadium befinde und nicht perfekt sei. Im Gegensatz zum Massstab des Bruttosozialprodukts, das sich zwar genau berechnen lässt, habe dieser Wohlstandsindex aber den Vorteil, dass er «eher generell richtig als präzise falsch ist».

Der Index des nachhaltigen wirtschaftlichen Wohlstands wurde in mehreren Staaten schon praktisch angewendet. Die Ergebnisse der bisherigen Länderstudien zeigen, dass der Wohlstand pro Kopf vorerst überall anstieg. Im Gegensatz zum Bruttosozialprodukt aber nimmt der Wohlstand gemäss diesem Index seit den siebziger Jahren tendenziell ab.

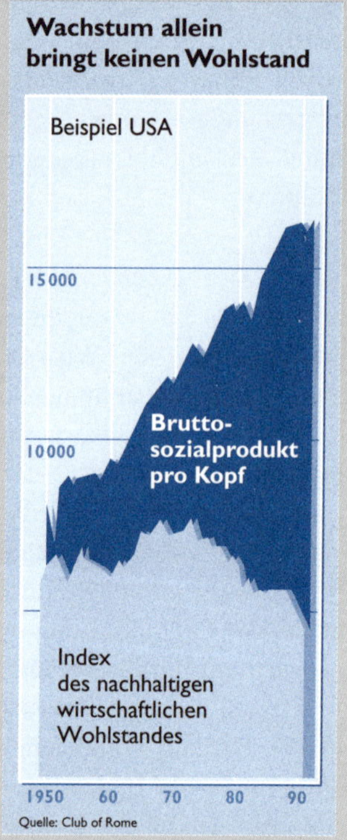

Ungleiche Kurven: Die Grafik zeigt den Vergleich von Bruttosozialprodukt und Wohlstandsindex 1950 bis 1990 in den USA

werden, weil die Lebensdauer aus technischen Gründen oder modebedingt sinkt. Mit wachsendem privatem und auch öffentlichem Besitzstand steigen schliesslich auch die Kosten für Ersatz oder Unterhalt, wie etwa die explodierenden Reparaturkosten für Autobahnen oder Kläranlagen zeigen.

Ob nach dem Abzug von Leerlauf und Zwangskonsum sowie dem Naturverbrauch, der mit dem Wirtschaftswachstum einhergeht, ein Wohlstandsgewinn übrigbleibt, ist fraglich. Im Gegensatz zum Bruttoinlandsprodukt, das die monetäre Wertschöpfung in Mark und Pfennig beziffert, gibt es für die Bewertung des Wohlstandes noch keinen allgemein anerkannten Massstab.

Immerhin sind in den letzten Jahren verschiedene Studien erschienen, die Vorschläge enthalten für eine Reform der Nationalen Buchhaltung und für die Bildung eines brauchbaren **Wohlstandsindex**. Einen guten Überblick dazu liefert der von WWF International und Club of Rome 1995 herausgegebene Bericht «Mit der Natur rechnen». Dabei wird die Gleichung «Mehr Wirtschaftswachstum gleich mehr Wohlstand» ernsthaft in Frage gestellt. So zeigt der von den zwei Wissenschaftern Herman Daly und John B. Cobb entwickelte «Index des nachhaltigen wirtschaftlichen Wohlstands», dass der Wohlstand pro Kopf in westlichen Staaten seit etwa 1970 tendenziell abnimmt (siehe Kasten und Grafik links).

Auch subjektiv lässt sich feststellen, dass mit wachsendem Konsum oder Besitz von Gütern und Dienstleistungen der Nutzen dieser Güter oder Dienste sinkt. Das Zweitauto ist weniger wert als das erste. Die dritte Skiausrüstung entwertet die zwei andern, und der hundertste Fernsehkanal vermindert den Nutzwert der 99 bestehenden und so weiter. Die Wirtschaftswissenschafter sprechen in diesem Zusammenhang vom Gesetz des abnehmenden Grenznutzens. Populär ausgedrückt: Je mehr Dinge wir haben, desto weniger haben wir im einzelnen davon.

Doch es kommt noch schlimmer: Wenn immer mehr Leute mehr haben, verkehrt sich der Nutzen immer mehr ins Gegenteil. Resultat: Die Lebensqualität sinkt. Je mehr Menschen zum

«*Die Menge an wirklicher Musse, die eine Gesellschaft hat, steht im umgekehrten Verhältnis zur Menge an arbeitssparenden Maschinen, die sie verwendet.*»

E. F. SCHUMACHER, britischer Ökonom in «Small Is Beautiful, Die Rückkehr zum menschlichen Mass»

Beispiel ein Auto besitzen oder benützen, desto häufiger stockt der Kolonnenverkehrs und desto langsamer kommen alle voran. Je mehr Leute sich den Traum vom Einfamilienhaus im Grünen erfüllen, desto weiter müssen sie durch Einfamilienhaus-Plantagen fahren, um zu ihrem eigenen Heim zu kommen. «Es ist wie im Konzert», schrieb der Zürcher Wirtschaftsjournalist Markus Schneider, «wenn sich alle im Publikum auf die Zehenspitzen stellen, dann hat das zur Folge, dass zwar alle ziemlich ungemütlich dastehen – aber kein einziger kann deswegen besser sehen.»

Marktsignale: Wegweiser in die Irre

Wie falsche Anreize im globalen Markt verheerende Fehlentwicklungen fördern

Wenn die Natur geplündert und Menschen ausgebeutet werden, wenn die Arbeitslosigkeit steigt und die dritte Welt verelendet, so hat das System: Falsche Anreize sowie riesige Lohn- und Kaufkraftunterschiede auf dem Weltmarkt fördern krasse Fehlentwicklungen.

Eigentlich möchten wir alle die Natur schützen. Doch weil die Natur keinen Preis hat und ihr Verbrauch nichts kostet, belohnt der heutige Markt die Plünderung und Verschmutzung der natürlichen Ressourcen: Wer wertvolle, aber billige Energie verschwendet, statt teure Investitionen zur effizienteren Energienutzung zu tätigen, geniesst einen ungerechtfertigten Marktvorteil. Wer giftige Abgase gratis in die Luft puffen kann, produziert billiger als derjenige, der mit teurem Kapital eine Rauchgasreinigung kauft. Und wer sein Abwasser, auch wenn es Säure und Schwermetalle enthält, in den Fluss schütten darf, spart Kosten für die Kläranlage. Solange solche sogenannten Sparmassnahmen erlaubt sind, werden sie genutzt. Und es fehlt der ökonomische Impuls für eine saubere Lösung. Vorschriften zur Einschränkung des Energieverbrauchs und Gesetze zum Schutze der Umwelt können diese Situation nur bedingt korrigieren. Der Grund: Sie sind Sache der einzelnen Staaten und lassen sich deshalb kaum weltweit vereinheitlichen.

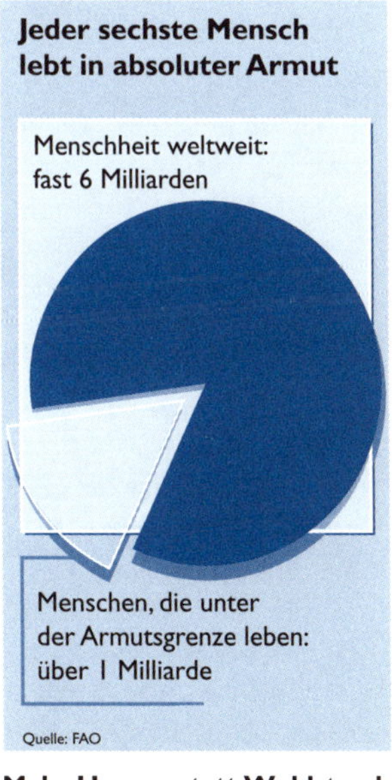

Mehr Hunger statt Wohlstand: Trotz mehr Welthandel nimmt die Not in den Ländern der dritten Welt nicht ab

Eigentlich möchten wir, dass alle Menschen unter humanen Bedingungen arbeiten und mit dem Lohn dafür ihre Existenzkosten decken können. Doch die Signale der heutigen Wirtschaft sind anders: Der Weltmarkt belohnt den Ersatz von gutbezahlter und mit Sozialabgaben stark belasteter Arbeit durch schlechtbezahlte Arbeit oder billige Energie. Der weltweite Warenaustausch wird durch den Abbau von Handelsschranken, durch subventionierten Verkehr und durch uneinheitliche Umwelt- und Sozialvorschriften über das optimale Mass hinaus gesteigert. Dies führt dazu, dass die international tätigen Firmen zunehmend dort produzieren lassen, wo die Löhne am tiefsten, die Umweltauflagen am geringsten sind oder die Energie am billigsten ist. Damit geht Lohn oder Arbeit oder beides zusammen verloren. Deshalb fallen auch hierzulande immer mehr Menschen unter die Schwelle des Existenzminimums.

Eigentlich möchten wir, dass mindestens die lebensnotwendigen Güter und Dienstleistungen möglichst bedürfnisgerecht verteilt werden. Der Markt kann diese Aufgabe effizient erfüllen, vorausgesetzt, dass die Teilnehmerinnen und Teilnehmer an diesem Markt über eine ähnlich hohe Kaufkraft verfügen. Doch mit dem Wachstum des Welthandels werden die Einkommens- und Kaufkraftunterschiede zwischen den Marktteilnehmern immer grösser. Das führt dazu, dass sich ein Teil der Menschheit Güter und Dienstleistungen in Hülle und Fülle leistet, ohne dabei den Wohlstand noch zu erhöhen, während die Mehrheit nicht einmal das Lebensnotwendige kaufen kann: In der dritten Welt wächst das Elend. Aber auch in den Industriestaaten gibt es immer mehr Armut.

Eigendynamik und Sachzwänge: Der Begriff Eigendynamik bedeutet, dass sich eine Sache aus sich selbst heraus weiterentwickelt und ihren eigenen Gesetzen folgt. Und wenn die Leute innerhalb eines Systems nicht mehr frei entscheiden können, sondern aufgrund von gegebenen Umständen zu bestimmten Entscheidungen gezwungen sind, spricht man von Sachzwängen. Vor allem wenn es darum geht, unangenehme Entscheidungen zu fällen, berufen sich Politiker oft auf Sachzwänge – auch wenn sie damit zugeben, nicht mehr frei entscheiden zu können.

Die Leute in Regierungen und Parlamenten lassen sich ihren Kurs zunehmend von der **Eigendynamik** und den **Sachzwängen** der globalen Wirtschaft diktieren und schränken damit ihre Freiheit ein. «Wir haben keine Wahl», lautet immer öfter die resignierte Losung. Damit fällt es auch schwerer, erkannte Fehlentwicklungen zu korrigieren.

Eigentlich wäre es jedoch Aufgabe der – demokratisch legitimierten – Politik, die Rahmenbedingungen für die Marktwirtschaft festzulegen. Doch die internationale Verflechtung von Unternehmen und Volkswirtschaften sowie die wachsende Macht der globalen Finanzzentren vermindern den Einfluss der Politik und werten damit die Demokratie ab.

Öko-Dumping: Plünderung der Natur verfälscht den Handel

Mit der Plünderung natürlicher Ressourcen betreibt die Wirtschaft Öko-Dumping und verfälscht die Marktpreise. Zum Nachteil von umweltschonenden Produktionsmethoden. Auf Kosten von naturverträglichen Produkten. Und zu Lasten von künftigen Generationen.

Wer die Natur hemmungslos plündert, geniesst heute einen ungerechtfertigten Vorteil gegenüber seinen naturschonenden Konkurrenten

Solange der Naturverbrauch in den Marktpreisen von Gütern und Dienstleistungen nicht enthalten ist, werden viele Produkte und die meisten von der Wirtschaft erbrachten Dienste subventioniert. Und weil mit dem Wachstum der Wirtschaft der Naturverbrauch steigt, wird diese Subvention immer grösser. Mit andern Worten: Wir betreiben wachsendes Dumping auf Kosten der Natur. Dieses Öko-Dumping bewirkt eine generelle Wettbewerbsverzerrung – zugunsten der heutigen, zu Lasten von späteren Generationen.

Aber auch der Wettbewerb unter den heutigen Anbietern wird durch Öko-Dumping arg verfälscht: Rohstoffintensive Produkte geniessen einen unverdienten Preisvorteil gegenüber Produkten, für die weniger der kostbaren, aber billigen Naturgüter verbraucht werden. Produktionsprozesse, Verteilstrukturen und Konsumformen, die viel natürliche Ressourcen beanspruchen, werden so bevorzugt gegenüber den naturschonenden. Und die Marktpreise senden falsche Signale aus und erzeugen bei den Marktteilnehmern falsche Anreize und mithin Fehlentscheide.

Das hat fatale Folgen: Erneuerbare Energieträger wie Sonne, Wind oder Erdwärme werden kaum genutzt, weil wir Erdöl und Erdgas zu Dumpingpreisen verheizen dürfen. Einfamilienhäuser mit grossem Raum-, Material- und Energiebedarf sind zu billig im Vergleich zu Wohnungen in Bauzonen mit dichter Ausnutzung und tieferem Energieverbrauch. Schwere Limousinen werden bevorteilt gegenüber sparsamen Kleinwagen, Grosscomputer gegenüber Notebooks, Flugreisen gegenüber Videokonferenzen oder Wanderferien im eigenen Land. Die Zahl der Beispiele lässt sich beliebig vermehren. Die Marktverzerrung ist enorm.

Während wir immer wieder – und teils zu Recht – über die finanziellen Subventionen an die Landwirtschaft schimpfen, vergessen wir allzuoft die ökologischen Subventionen, die der internationale Handel bezieht. Weil der Transport seine Kosten bei weitem nicht decken muss, werden im Wettbewerb die lokale Produktion und die lokale Versorgung benachteiligt. Weil die Energie subventioniert wird, sitzen die Erforscher und Anwender von energiesparenden Produktionsformen am kürzeren Hebel.

«Cassis de Dijon»-Urteil: Es wurde 1979 gefällt. Die Bundesrepublik Deutschland verweigerte die Zulassung des französischen Likörs «Cassis de Dijon», weil dieser den in der Bundesrepublik vorgeschriebenen Alkoholgehalt nicht erreichte. Der Europäische Gerichtshof beurteilte die Vorschrift über den Mindestalkoholgehalt als nicht tarifliches Handelshemmnis und legte das Prinzip fest, dass die Zulassung des Likörs in Frankreich auch die Zulassung in Deutschland und in der ganzen EG (heute EU) zur Folge haben muss.

Das führt zu absurden Marktverhältnissen. Wenn zum Beispiel Lammfleisch aus Neuseeland, Spargel aus Kalifornien oder Äpfel aus Südafrika hierzulande billiger angeboten werden als die entsprechenden heimischen Produkte, so liegt es unter anderem daran, dass die energieintensiven Transporte in Flugzeugen oder Kühlschiffen ihre wahren Umweltkosten nicht decken müssen.

Die Handelsregeln, wie sie etwa in der EU oder neu in der Welthandelsorganisation WTO verankert werden, zementieren und fördern dieses Öko-Dumping. Der Europäische Gerichtshof hat mit seinem **«Cassis de Dijon»-Urteil** im Fall des Likörs «Cassis de Dijon» im Jahre 1979 verlangt, dass alle Produkte, die in irgendeinem EU-Staat zugelassen sind, in allen anderen EU-Staaten auch zugelassen werden müssen, solange es keine einheitliche EU-Regel gibt, welche die Zulassung in der EU generell verbietet oder einschränkt. Dieses «Cassis de Dijon»-Urteil kann seither genutzt

– oder missbraucht – werden, um in einem ersten Schritt ein ökologisch schädliches Produkt im EU-Land mit den grosszügigsten Umweltschutzvorschriften einzuführen. Aufgrund dieser nationalen Zulassung kann dann die Zulassung in allen andern EU-Staaten erzwungen werden, also auch dort, wo strengere nationale Umweltvorschriften den Verkauf dieses Produktes verbieten würden. Diese Handelsregel blockiert jede vernünftige Umweltpolitik.

Die WTO überlässt den einzelnen Staaten zwar einen gewissen Spielraum für eine eigenständige Umweltpolitik, indem sie keine Harmonisierung der Produkte- und Produktionsvorschriften vorsieht. Demnach darf ein WTO-Mitglied beliebig strenge Produktionsauflagen im eigenen Land erlassen. Und es darf theoretisch auch den Import von umweltschädigenden Produkten einschränken oder verbieten, solange dies «nicht gegen die Grundsätze der **Nichtdiskriminierung** und der Verhältnismässigkeit verstösst». Aufgrund dieser vagen Formulierung werden die Regierungen aber nur in ganz eindeutigen Fällen Produkte verbieten oder einschränken, weil sie sonst Klagen von Drittstaaten riskieren. Deshalb verzichten viele Staaten gleich von vornherein auf strengere Umwelt- oder Gesundheitsvorschriften.

Nichtdiskriminierung: Der WTO-Grundsatz der Nichtdiskriminierung soll vermeiden, dass ein WTO-Mitglied an Produkte und Dienstleistungen aus anderen WTO-Staaten strengere Massstäbe anlegt als an jene aus dem eigenen Land – oder mit dem Fremdwort: Produkte aus dem Ausland dürfen nicht diskriminiert werden. Solche Diskriminierungen widersprechen dem Prinzip des grenzüberschreitenden Mark-tes. Allerdings wird oft als Diskriminierung bezeichnet, was in Tat und Wahrheit eine Schutzmassnahme gegen Öko- oder Sozialdumping darstellt.

Einschränkungen oder Verbote wären aber ohnehin nur möglich für Produkte, die eine bewiesene umweltschädigende oder gesundheitsschädigende Wirkung haben. Nicht erlaubt sind dagegen Einschränkungen, die weitergehen und auch die Produktionsmethoden für ein bestimmtes Produkt einbeziehen. Ein Beispiel: Laut WTO-Regelung darf etwa das Wasserkraftland Schweiz den Import von billigem Strom aus Polen, der in Braunkohle-Kraftwerken ohne Filter produziert worden ist, nicht verbieten, obwohl eine derart schmutzige Stromerzeugung an ihren eigenen Umweltvorschriften scheitern würde. Solches Öko-Dumping verschafft dem Strom aus schmutzigen

Anreiz zur Verschwendung: Obwohl die Reserven an Erdöl abnehmen, sinken die Energiepreise. Die Folge liegt auf der Hand: Kaum jemand ist motiviert, die Erforschung erneuerbarer Energieträger voranzutreiben

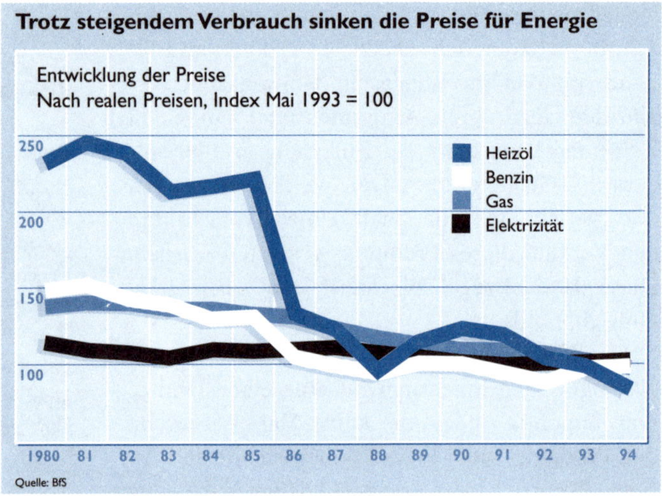

Kraftwerken einen ungerechtfertigten Wettbewerbsvorteil gegenüber dem Strom aus Wasserkraft oder Windenergie. Mit verheerenden Folgen für die Umwelt und die Gesundheit der Menschen.

Ein weiteres Beispiel: Skandinavische Staaten berücksichtigen wenigstens einen Teil der ökologischen Kosten, indem sie die fossilen Energieträger mit einer – allerdings bescheidenen – finanziellen Lenkungsabgabe auf CO_2 belasten. Damit haben energieintensiv hergestellte Produkte aus Skandinavien einen Wettbewerbsnachteil gegenüber Produkten aus andern Staaten, die keine CO_2-Abgabe erheben und damit eine billigere Produktion ermöglichen. Ein Einfuhrverbot oder eine Abgabe auf energieintensiven Produkten aus Staaten ohne CO_2- oder Energieabgabe ist laut WTO-Regelung aber nicht erlaubt. Das begünstigt die Auslagerung der Produktion in Staaten ohne Energie- oder Umweltabgaben und fördert wiederum eine Verfälschung des Handels durch Öko-Dumping.

Das Fazit der heutigen Wirtschaftsordnung: Wer für die Nutzung der natürlichen Ressourcen bezahlt und damit die Umwelt schont, wird bestraft. Wer die Natur zum Nulltarif ausbeutet, wird belohnt. Das strapaziert die Umwelt nicht nur heute mehr, sondern auch in Zukunft. Denn solange sich die Verschwendung und Verschmutzung bezahlt macht, so lange fehlt auch der Anreiz zur Erforschung und Entwicklung von neuen, energieärmeren und saubereren Produktionsmethoden.

So führt die Ausweitung des Welthandels durch die WTO zu einer wirtschaftlichen Entwicklung, welche den Wohlstand heutiger und zukünftiger Generationen senkt statt erhöht. Der Welthandel nach WTO-Regeln führt zu gigantischen sozialisierten Kosten.

Billigenergie: Menschliche Arbeit gerät aufs Abstellgleis

Die Energie wird von der Allgemeinheit subventioniert, die Arbeit vom Staat besteuert und mit weiteren Abgaben belastet. Deshalb ist Arbeit im Verhältnis zur Energie zu teuer. Die Folge davon: Energie ersetzt Arbeit auch dort, wo der Einsatz von Energie unsinnig ist.

Um die Leistungen von **Sozialwerken** und Staat zu finanzieren, wird heute in erster Linie das Arbeitseinkommen belastet: In der Schweiz verschlingen die Beiträge von Arbeitnehmern und Arbeitgebern an die AHV, die IV, die ALV, die EO und an die Pensionskassen annähernd ein Viertel des Bruttolohnes. In andern Ländern sind diese Belastungen noch wesentlich höher.

Vom verbleibenden Lohn bezieht der Staat seine Steuern. Wer zum Beispiel in Zürich (Schweiz) als Einzelperson nach allen Abzügen ein Einkommen von 80 000 Franken versteuert, bezahlt davon 20 Prozent Staats-, Gemeinde- und Bundessteuern.

Die Energie hingegen ist für die Verbraucherinnen und Verbraucher viel zu billig, weil wir wie erwähnt die nicht erneuerbaren Energieressourcen zum Nulltarif abbauen und die Umwelt- und Risi-

Schweizer Sozialwerke: Die Alters- und Hinterlassenenversicherung (AHV), die Invalidenversicherung (IV), die Arbeitslosenversicherung (ALV) sowie die Erwerbsersatzordnung (EO) decken einen Teil des Lohnausfalls im Rentenalter, bei Invalidität, Arbeitslosigkeit oder während des Militärdienstes. Die Leistungen der Sozialwerke werden heute durch Lohnprozente finanziert, also durch Beiträge von Arbeitnehmern und Arbeitgebern.

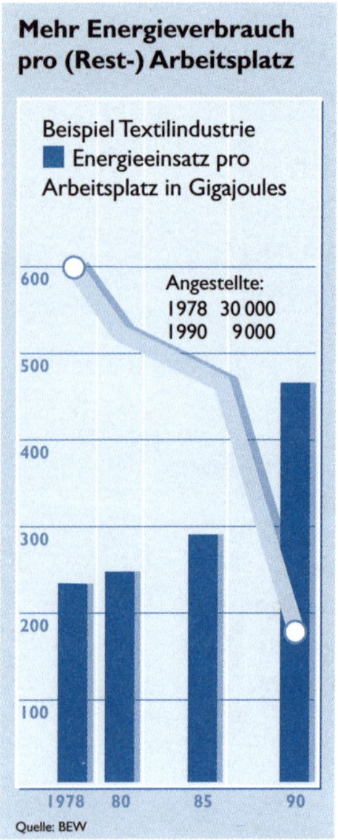

Klares Zeichen: Die Zahl der arbeitsintensiven Stellen sinkt, dafür steigt der Energieeinsatz pro Arbeitsplatz

kokosten weitgehend auf die Allgemeinheit abwälzen. Wenn die heute sozialisierten Kosten der Energie verursachergerecht den Verbrauchern angelastet würden, müssten die Energiepreise im Durchschnitt um mehr als 50 Prozent aufschlagen (siehe Kapitel «Energie: Die wahren Kosten werden vernachlässigt»).

Die hohen Arbeitskosten und die zu tiefen Energiepreise vergrössern den Anreiz, Arbeit durch Energie zu ersetzen. Konkret heisst das: Oft ist es für ein Unternehmen billiger, Maschinen und Roboter einzusetzen, statt die Arbeit durch Menschen ausführen zu lassen, auch wenn es dafür viel Geld investieren muss und viel mehr Energie braucht. Damit steigt tendenziell nicht nur die Umweltbelastung, sondern auch die Arbeitslosigkeit mit all ihren sozialen Folgekosten.

Oder umgekehrt betrachtet: Verlangt man für die Energie die wahren Kosten und entlastet man gleichzeitig die Arbeit von Steuern und anderen Abgaben, so verschiebt sich die wirtschaftlichste Produktionsweise – zugunsten der Arbeit, zu Lasten von energieintensiven Maschinen. «Energie statt Arbeit besteuern» lautet deshalb ein Rezept, um diese folgenschwere Verfälschung des Marktes zu korrigieren.

Dabei geht es freilich nicht darum, industrielle Schwerarbeit, die heute Maschinen erledigen, wieder den Menschen aufzubürden. Selbst wenn Energie doppelt und Arbeit nur halb so teuer wäre wie heute, könnte ein Mensch, der eine körperliche Spitzenleistung von maximal 0,4 Kilowatt erbringt, mit einem Industriemotor oder einer Baumaschine niemals konkurrieren. Und es wäre auch eine Illusion zu glauben, die Automatisierung im Bürobereich liesse sich damit in grossem Stil rückgängig machen.

Die Verteuerung der Energie und die Verbilligung der Arbeit schafften jedoch einen Anreiz, mehr handwerkliche und vor allem mehr geistige Arbeit einzusetzen, um Energie zu sparen oder um unsinnige Energieanwendungen zu stoppen. Wenn zum Beispiel für das gleiche Geld mehr Wissenschafter forschen können, werden Entwicklungen zur Nutzung von Wind- und Sonnenkraft schneller marktreif und – dank höheren Öl- und Strompreisen – auch schneller konkurrenzfähig. Oder wenn Architektinnen und Ingenieure für das gleiche Geld länger nachdenken und zeichnen können, entstehen Häuser, Heizungen und Fahrzeuge, die weniger von der teureren Energie benötigen.

Wir sind dreifach bestraft. Die gigantische Marktverzerrung auf dem Energiesektor hat in den letzten Jahrzehnten dazu geführt, dass es für viele Unternehmen lohnend war, Arbeit durch Energie zu ersetzen. Als Teil der Allgemeinheit sind wir gleich dreifach bestraft:

- Wir tragen Kosten und Leiden einer drückenden Arbeitslosigkeit
- Wir bekommen von der Wirtschaft eine kaputte Umwelt serviert.
- Wir erhalten grosse Risiken aufgebürdet.

Bei höheren Energie- und tieferen Arbeitsnebenkosten würden auch viele – oft fast absurd anmutende – Praktiken zur Senkung der Produktionskosten nicht mehr rentieren. So dürfte es sich zum Beispiel für eine Pkw-Firma kaum mehr auszahlen, Pkw-Teile von Rüsselsheim in Deutschland nach Grugliasco in Italien zu transportieren, wo sie zum Cabrio-Modell zusammengebaut werden, bevor sie per Lkw über den Gotthard wieder zurück nach Deutschland verfrachtet werden. Und auch die Schweine – die heute von Belgien nach Italien zur Schlachtbank gekarrt, dort zu Parmaschinken verarbeitet und entsprechend etikettiert nach Belgien zurücktransportiert werden – kämen künftig wohl auf kürzerem Weg auf den Teller.

Die zu tiefen Energiepreise und die hoch besteuerten Arbeitskosten wirken sich nicht nur ökologisch negativ aus, sie senden auch falsche ökonomische Signale aus, welche die regulierenden Kräfte des Marktes ausschalten und so zur Verschlechterung der Situation beitragen. Denn das Angebot an arbeitssuchenden Menschen wird immer grösser, der Vorrat an nicht erneuerbaren Energieträgern immer kleiner.

Sozial-Dumping: Sparen auf dem Buckel der Ärmsten der Welt

Der Markt erzwingt eine effiziente Produktionsweise. Doch es ist ihm egal, ob diese durch den sorgsamen Umgang mit Ressourcen erreicht wird oder dadurch, dass er indische Kinder dazu zwingt, zwölf Stunden pro Tag für 50 Pfennig Stundenlohn zu arbeiten.

Der Markt und der Wettbewerb, die wir im Lehrbuch kennen- und schätzengelernt haben, zwingen die Wettbewerber dazu, mit einem Minimum an Aufwand ein Maximum an Nutzen zu erzielen. Wer die Möglichkeiten zur Steigerung der Effizienz zuerst nutzt, wird vom Markt mit einer höheren Gewinnmarge belohnt, wer zaudert und zögert, zieht den kürzeren und scheidet aus dem Wettbewerb aus.

Dieser Mechanismus maximiert den allgemeinen Wohlstand allerdings nur dann, wenn alle Wettbewerber ihre Kosten und Nutzen kennen und am Markt geltend machen können. Der Umstand, dass zum Beispiel die Kosten für die Belastung von Böden oder Biomasse von den Verursachern nicht bezahlt werden müssen, übervorteilt im internationalen Wettbewerb fälschlicherweise diejenigen Produzenten, welche die Natur am stärksten ausplündern und mithin den allgemeinen Wohlstand vermindern (siehe Kapitel «Öko-Dumping: Plünderung der Natur verfälscht den Handel»).

Dieselbe Überlegung gilt auch für einen andern **Produktionsfaktor** – die Arbeit. Auch hier kann der internationale Handel dazu führen, dass die effektiven Kosten nicht minimiert, sondern vergrössert werden, indem Raubbau betrieben wird.

Betrachten wir einmal den Wettbewerb auf dem Markt für Hemden bei bloss regionaler und bei globaler Konkurrenz:

Produktionsfaktoren: Als erste werden jeweils Arbeit und Kapital genannt. Weil aber die Erfahrung zeigt, dass viel Arbeit und Kapital nicht automatisch zu einer hohen Produktion führen, gelten Bildung und Technologie als weitere Faktoren. Forscher haben zudem herausgefunden, dass der soziale Zusammenhalt und eine möglichst breite Streuung der Macht darüber entscheiden, ob sich die Wirtschaft entwickelt oder nicht. Dass die Natur der wichtigste Produktionsfaktor ist, wird meist unterschlagen.

■ *Regionale Konkurrenz*: Für die Herstellung eines Hemdes braucht es rund 30 Minuten Arbeit, für die der Fabrikant samt Lohnnebenkosten 20 Mark bezahlen muss (Stundenlohn: 40 Mark). Der harte Wettbewerb aus dem Nachbarland, wo die Löhne 20 Prozent tiefer sind, zwingt ihn, modernere Nähmaschinen anzuschaffen und die Arbeitsorganisation zu verbessern. Dadurch sinkt die nötige Arbeitszeit auf 20 Minuten. Dank der höheren Produktivität steigt der Stundenlohn auf 45 Mark. Dennoch sinken die Lohnkosten pro Hemd von 20 auf 15 Mark, was dem Hersteller erlaubt, trotz einer leichten Preissenkung den Gewinn pro Hemd zu vergrössern. Damit haben im Idealfall der Konsument, der Fabrikant und der Arbeiter vom Wettbewerb profitiert.

Im Idealfall steigert die Konkurrenz zwischen zwei Ländern die Produktivität – wenn aber Arbeitskräfte in der dritten Welt ausgebeutet werden, steigert dies höchstens die Gewinne der Anleger

■ *Globale Konkurrenz*: In Indien arbeiten Näherinnen für eine Mark pro Stunde. Kinder arbeiten gar für 50 Pfennig. Bei diesem Preis lohnt es sich nicht, teure Maschinen zu kaufen. Auch auf raffinierte Produktionsabläufe kann verzichtet werden. Wichtig ist bloss, dass die Kinder streng überwacht werden, damit sie während ihres 14stündigen Arbeitstages nicht einschlafen oder gar davonlaufen. Und wichtig ist zudem, dass die einzelnen Handgriffe möglichst einfach sind, damit neue Arbeitskräfte in kürzester Zeit eingearbeitet und aufmüpfiges Personal sofort entlassen werden kann. Ob die Arbeitszeit pro Hemd bei vier oder sechs Stunden liegt, spielt keine grosse Rolle. So genau wollen es die reichen europäischen Kunden auch wieder nicht wissen.

Fazit: Wenn die Lohnkonkurrenz auf den globalen Arbeitsmarkt und damit auf die Länder der dritten Welt ausgedehnt wird, steigt in der Regel der Arbeitsaufwand pro Stück stark an. Gleichzeitig gehen jedoch die in Geld ausgedrückten Stückkosten deutlich zurück.

Welche Rechnung ist nun die richtige? Die mit der Arbeitszeit oder jene mit dem Arbeitslohn? Für den Hersteller sind ganz klar die (Lohn-)Kosten pro Stück entscheidend. Wenn die Konkurrenz billiger anbieten kann, muss er seinerseits die Pro-

Wenn sich Menschen so frei um den Erdball bewegen könnten wie das Kapital, hätten sie vielleicht eine Chance, im globalen Arbeitsmarkt zu bestehen

Die Grenzen des globalen Arbeitsmarktes

Der Wettbewerb zwischen Arbeitskräften verschiedener Länder und Kontinente führt zu Missverhältnissen.

Von einem globalen Arbeitsmarkt spricht man deshalb, weil heute die Unternehmer zumindest prinzipiell die Möglichkeit haben, jede Produktionstätigkeit in irgendeine Ecke der Welt auszulagern, wo sich die Arbeitnehmer mit wenig Lohn zufriedengeben (müssen). Die Verfechter des freien Marktes wollen uns weismachen, dass ein globaler Arbeitsmarkt zwar kurzfristig ein paar Opfer fordert, auf lange Sicht jedoch allen Menschen nützt.

Hinter diesen frommen Glauben müssen zumindest vier Fragezeichen gesetzt werden.

- In den Staaten der dritten Welt sind 300 Millionen gut ausgebildete Leute ohne Arbeit. Nach der Theorie des freien Marktes müsste man ihnen die Chance geben, ihr Glück in Europa, Japan oder Nordamerika zu versuchen. Jedermann ist klar, dass dies zu einer sozialen Katastrophe führen würde.
- Die Devisenkurse werden zu 99 Prozent vom Anlagewert einer Währung (also dem, was sie einem Anleger bringt) und nur zu einem Prozent von den Handelsströmen (also dem, was sie als Tauschmittel wert ist) bestimmt. Dies führt dazu, dass die Währungen der wirtschaftlich starken Länder gemessen an der realen Kaufkraft krass überbewertet sind. Zum Beispiel: In Ecuador kann man mit tausend Franken drei Monate leben, in der Schweiz höchstens drei Wochen. Ein freier Güter- beziehungsweise Arbeitsmarkt kann nur dann einigermassen vernünftig funktionieren, wenn die Währungsverhältnisse nicht durch die völlig anders gelagerten Interessen der Anleger verfälscht werden.
- Ein effizienter nationaler Produktionsapparat braucht ein Lohnniveau und eine Kaufkraft, die der Produktion in etwa entspricht. Wenn nun effiziente Produktionsanlagen in Ländern installiert werden, in denen das Lohnniveau um 90 Prozent tiefer liegt, dann gibt es dort zuwenig Kaufkraft im Verhältnis zu den dort erzeugten Produkten.
- Die Öffnung der Grenzen zwischen beliebigen Ländern führt auch zu einem Wettbewerb der Systeme. Das Problem dabei ist, dass ein diktatorischer Sklavenstaat dem Wohlfahrtsstaat mit starken Gewerkschaften rein exportwirtschaftlich überlegen ist. Statt steigenden Wohlstands für alle kann eine solche Handelsliberalisierung zu einer Anpassung aller an das tiefste Niveau führen.

duktion nach Indien verlegen. Oder noch besser: in ein Land mit noch tieferen Lohnkosten.

Das bedeutet, dass nicht derjenige Sieger in der Kostenkonkurrenz wird, der die Arbeit am besten organisiert, sondern derjenige, der in dem Land produziert, das die grösstmögliche Ausbeutung seiner Arbeitskräfte zulässt.

Wir müssen nicht unbedingt den Begriff der Ausbeutung verwenden. Wir können auch ganz neutral feststellen, dass eine globale Konkurrenz die Tendenz in sich birgt, dass die Arbeit in das Land mit dem tiefsten Lohnniveau beziehungsweise mit dem tiefsten Lebensstandard abwandert.

In der Theorie des globalen Arbeitsmarktes ist das kein Problem. Sie nimmt nämlich an, dass die St. Galler Näherin, deren Arbeit nach Indien abgewandert ist, schon bald eine neue Stelle findet, die ihrem Bildungsstand besser entspricht. Und sie geht davon aus, dass die indische Textilarbeiterin, welche nun diese Hemden näht, vorher noch unproduktiver gearbeitet hat, falls sie überhaupt eine Arbeit hatte. Ausserdem führt die Verlagerung der Produktion nach Indien zu einem den sinkenden Kosten entsprechenden Preissturz, so dass sich auch der indische Arbeiter das Produkt seiner Anstrengungen leisten kann. All dies geschieht – in der Theorie – augenblicklich.

Dieser letzte Punkt ist entscheidend: Wenn die Preise nicht so schnell sinken wie die Kosten, dann reicht die tiefere Lohnsumme nicht mehr aus, um das immer noch zu teure Textilangebot zu bezahlen. Wenn die Zehntausende von europäischen Textilarbeitern, deren Jobs in die Billiglohnländer abgewandert sind, nicht schnell eine neue Stelle finden, dann nimmt auch ihre Nachfrage deutlich ab. Angesichts einer sinkenden Nachfrage wird aber weniger investiert, was sich wiederum negativ auf die Beschäftigung auswirkt. Daraus kann durchaus ein Teufelskreis entstehen, der dazu

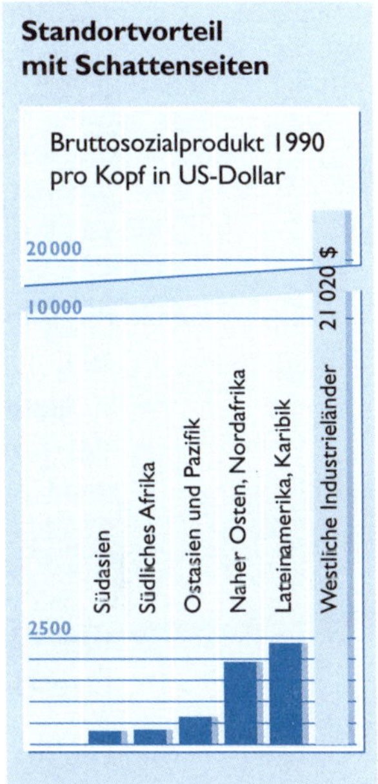

Hartes Los: Tiefe Löhne sind für Arbeitskräfte kein Vorteil, auch wenn Politiker dies als «Standortvorteil» preisen

Es gibt zahlreiche Indizien dafür, dass der Konkurrenzdruck aus den Billiglohnländern gar nicht so stark ist

führt, dass sich die Löhne und der allgemeine Wohlstand allmählich auf das Niveau des ärmsten Landes hinunterbewegen.

Dass diese Gefahr mehr als nur Theorie ist, haben auch die angeblichen Verfechter des freien Marktes gemerkt. Seit Jahren trichtern die Wirtschaftsführer den Arbeitnehmerinnen und Arbeitnehmern ein, dass es ihnen schon viel zu lange viel zu gut gehe, dass sie die Gürtel enger schnallen müssten, dass der internationale Wettbewerb ein Stahlbad sei und so weiter. Gerade so, als wollten sie sie mit diesen Argumenten vor der nächsten Lohnrunde nochmals einschüchtern. Tatsache ist jedenfalls, dass trotz anhaltenden Produktivitätssteigerungen der materielle Wohlstand der Schweiz seit Jahren sogar stagniert.

Andererseits gibt es aber auch zahlreiche Hinweise darauf, dass der Konkurrenzdruck der sogenannten Billiglohnländer nicht sehr stark ist. So sind etwa die Güterexporte aus der Schweiz in den letzten Jahren deutlich schneller gestiegen als die Importe. Gemäss einer Berechnung der OECD stammten 1993 nur gerade 2,5 Prozent der in den westlichen Ländern konsumierten Industriegüter aus Billiglohnländern. Es bleibt also die Hoffnung, dass sich der Teufelskreis – wenigstens für uns in den Hochlohnländern – noch nicht definitiv geschlossen hat.

Monopoly: Die Börsen entmachten die Regierungen

Die Macht der globalen Finanzzentren verlagert die politischen Entscheidungen – weg von den Regierungen, hin zu den Börsen und Devisenmärkten. Das verbessert die Qualität der Entscheidungen kaum. Aber es höhlt das demokratische Fundament der Gesellschaft aus.

In der politischen Auseinandersetzung spielen Begriffe wie Freiheit und nationale Unabhängigkeit noch immer eine grosse Rolle. Von links bis rechts ist man sich darüber einig, dass die Schweiz keine fremden Richter dulden darf. Doch selbst auf dem Gebiet der Gerichtsbarkeit ist die Schweiz zumindest dort nicht mehr ganz souverän, wo es um die Regeln für den internationalen Kapitalverkehr geht. So sind etwa die Gesetze über den **Insiderhandel** an der Börse oder über die Geldwäscherei wohl nur deswegen zustande gekommen, weil Washington Druck ausgeübt hat. Aber es gibt Schlimmeres.

Da der einflussreichste Produktionsfaktor, das Kapital, heute weltweit und sekundenschnell verschoben werden kann, gibt es keine wirklich souveräne nationale Wirtschaftspolitik mehr. Auch Verhandlungen über Löhne können nicht mehr gänzlich frei zwischen den nationalen **Sozialpartnern** ausgehandelt werden. Jeder Entscheid einer Regierung, einer Firmenleitung oder auch eines Gerichts, der die Rendite und die Sicherheit des Produktionsfaktors Kapital auch nur entfernt berührt, wird gleichsam bei den Kapitalmärkten verlautbart. Missfällt er, so wird das entsprechende Land oder Unternehmen sofort damit bestraft, dass die Anleger ihr Kapital von dort abziehen.

Das gilt vor allem für Entwicklungsländer. Aber auch die grosse und starke «Zürich»-Versicherung kann sich diesem Einfluss nicht entziehen. Als 1994 die Rating-Agentur Standard & Poor's eine Transaktion der Versicherungsgesellschaft für fragwürdig befunden und gedroht hatte, ihre Kreditwürdigkeit herabzustufen, schickte die «Zürich» sofort und untertänigst ihre gesamte Führungsspitze über den Atlantik, um das wieder in Ordnung zu bringen. Der Grund: Standard & Poor's bewertet die Qualität von Banken und Versicherungen – und ihre Urteile sind in der Branche gefürchtet, denn jede Zurückstufung führt dazu, dass das betroffene Unternehmen am Kapitalmarkt höhere Zinsen bezahlen muss.

Ähnlich entscheiden die Kapitalanleger jeden Tag an den Börsen und in den Kapitalmärkten über die Entscheidungen von Regierungen. Nun könnte man einwenden, dass es nichts schaden

Insiderhandel: Wenn Manager und Aufsichtsräte von Unternehmen vertrauliche Informationen für private Börsengewinne nutzen, spricht man von Insiderhandel. Beispiel: Am 1. Mai nähern sich die Übernahmeverhandlungen zwischen den Firmen A und B dem Abschluss. Es zeichnet sich ein Preis von 500 DM pro Aktie der Firma B ab. Am 2. Mai kauft der Direktor der Firma B an der Börse 10 000 Aktien zum Kurs von 420 DM. Am 10. Mai wird der Kauf offiziell bekanntgegeben. Der Kurs steigt auf 500 DM. Der Direktor verkauft und hat einen Insidergewinn von 900 000 DM abzüglich Spesen gemacht.

Sozialpartner: Darunter versteht man die Arbeitnehmer und die Arbeitgeber beziehungsweise deren Vertreter, die Gewerkschaften und Arbeitgeberverbände.

kann, wenn neben den Gerichten auch noch eine Finanzinstanz den Regierungen auf die Finger schaut und das Gleichgewicht der Kräfte und Mächte ausbalancieren hilft. Etwas mehr wirtschaftliche Vernunft kann nie schaden.

Doch so läuft es nicht. Erstens bilden die in New York, London und Tokio konzentrierten globalen Finanzinstanzen kein Gegen-, sondern ein Übergewicht. Zweitens kann von wirtschaftlicher Vernunft keine Rede sein. Einmal schon deshalb nicht, weil die Händler an den Finanzmärkten von einem klaren **Interessengegensatz zwischen Kapital und Arbeit** ausgehen und dabei natürlich die Interessen des Kapitals im Auge haben.

So führen etwa steigende Arbeitslosenzahlen regelmässig zu höheren Aktienkursen. Grund: Je höher die Arbeitslosigkeit, desto tiefer sinken die Löhne und die Inflation und desto höher fallen die Gewinne und die Realzinsen aus.

Was die Herrschaft der Finanzmärkte aber besonders gefährlich macht, ist die Unreife ihrer Akteure. Der typische Finanzanalyst, Aktien- oder Devisenhändler ist ein 30 Jahre junger Mann, trägt ein weisses Hemd mit Krawatte und bunte Hosenträger – und er lebt in einer Welt der sekundenschnellen Entscheide und der raschen Gewinne. Von der realen Wirtschaft kennt er nur die wichtigsten Kennzahlen wie Umsatzsteigerung, **Kurs-Gewinn-Verhältnis** und vor allem die Eigenkapitalrendite. All das hat er global im Griff, wobei sich der Globus auf ein Dutzend Länder und ein paar hundert Firmen beschränkt.

Seine wichtigste Eigenschaft ist jedoch der Herdentrieb. Ob der mexikanische Peso in einem Jahr sinkt oder steigt, mag von der realen Entwicklung des Aussenhandels sowie von den wirtschaftspolitischen Entscheidungen der Regierung abhängen. Wie sich der Peso jedoch in den nächsten Minuten und Stunden entwickelt, hängt aus-

Interessengegensatz von Arbeit und Kapital: Dieser ergibt sich schon aus der Buchhaltung. Nachdem die Firma aus dem Erlös alle Lieferanten bezahlt und die Rückstellungen für die Erneuerung der Maschinen gemacht hat, bleibt die sogenannte Wertschöpfung. Diese teilt sich auf in Zinsen, Steuern, Löhne und den Reingewinn. Damit ist klar: Je höher die Löhne, desto tiefer der Gewinn – und umgekehrt. Was Buchhalter aber oft nicht wissen: Firmen, die hohe Löhne bezahlen, haben in der Regel höhere Gewinne, weil sie zu besseren Arbeitskräften kommen und weil diese erst noch besser motiviert sind.

Kurs-Gewinn-Verhältnis: der Aktienkurs geteilt durch den Gewinn (nicht die Dividende) pro Aktie. Es liegt üblicherweise zwischen 10 und 30.

schliesslich davon ab, was die Mehrheit der Händler darüber denkt. Und um das wiederum vorhersagen zu können, muss man wissen, nach welchen Mustern die wichtigsten Leithammel neue Entwicklungen einordnen.

Die Folgen sind fatal. Die Deregulierung der Finanzmärkte, verbunden mit der Möglichkeit, Tausende von Milliarden Dollar sekundenschnell über den ganzen Globus zu verschieben, führt nicht nur zu einem Souveränitätsverlust der gewählten Regierungen und Parlamente. Sie führt oft zur Herrschaft der kollektiven Dummheit. Ein Beispiel: Angelockt durch stetig steigende Zinsen und Börsenkurse, haben die internationalen Kapitalmärkte von 1989 bis 1994 insgesamt 150 Milliarden Dollar nach Mexiko gepumpt. Das entspricht rund 40 Prozent des Sozialprodukts dieses Landes. Dennoch blieb das Wirtschaftswachstum von Mexiko mit jährlich knapp 2 Prozent meilenweit hinter den Realzinsen von zeitweise 10 Prozent zurück. Spätestens 1992 musste eigentlich jedermann klar sein, dass diese Entwicklung früher oder später zur Zahlungsunfähigkeit führen würde. Als dann die kollektive Begeisterung für den mexikanischen Markt Ende 1994 schliesslich zu Ende war, führte der kollektive Kater dazu, dass panikartig in kürzester Zeit Dutzende von Milliarden nicht nur aus Mexiko, sondern auch aus allen andern Schwellenländern zurückgezogen wurden.

Wenn der Herdentrieb die Börse packt

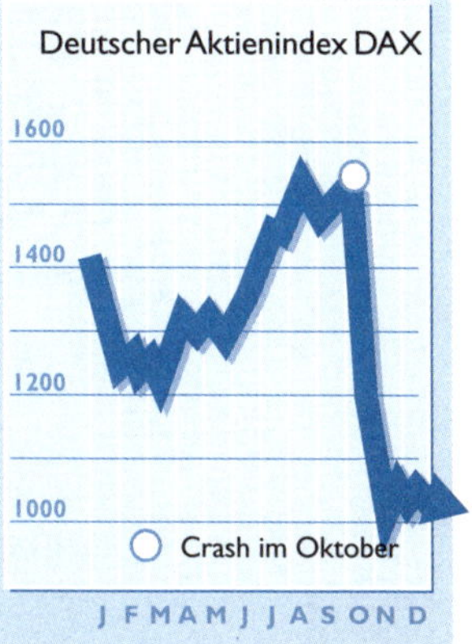

Oktober 1987: Die Händler warfen Aktien auf den Markt, um Verluste zu vermeiden, und sorgten so für den Crash

Verschuldung: Der Markt gibt der dritten Welt keine Chance

Wer auf dem Markt bestehen will, muss ab und zu neue Produkte anbieten. Viele Entwicklungsländer können das nicht, weil die Schulden drücken und das Know-how fehlt. Deshalb müssen sie noch mehr ihrer Agrarprodukte und Rohstoffe noch billiger anbieten, was ihre Not erhöht.

Wenn es unbedingt sein müsste, könnte der Treuhänder Hans Müller sein Badezimmer auch selbst renovieren. Schliesslich gibt es darüber Bücher mit genauen Anleitungen. Und steht nicht noch irgendwo ein Kübel mit Farbe? Den sollte man sowieso endlich einmal verwenden. Allerdings: Nach den Erfahrungen mit der Küche vor vier Jahren müsste Müller dafür mindestens eine Woche Ferien investieren – ohne jede Garantie für ein ansehnliches Ergebnis. Deshalb ist es wohl besser, wenn Müller die Renovierung dem Malermeister Meier überlässt, der dafür bloss zwei Tage braucht.

Nach dieser Logik wird die Arbeit nicht nur zwischen den unterschiedlich talentierten Müllern und Meiern verteilt, sondern auch zwischen verschiedenen Ländern mit verschiedenen Voraussetzungen. Warum soll in der Schweiz Wein angebaut werden, wo doch die Sonne die Reben in Spanien viel besser und billiger reifen lässt? Und warum sollen die Spanier Uhren herstellen, wo doch die Schweizer das schon so gut machen?

Wenn beide sich auf ihre Stärken konzentrieren, profitieren alle davon. Mit seiner **Theorie des komparativen Vorteils** hat David Ricardo diese These bereits vor rund 200 Jahren vertreten.

Sie leuchtet auf den ersten Blick ein. Aber man kann auch anders fragen: Soll Algerien immer noch Wein produzieren, wenn die Weltmarktpreise kaum noch die Kosten für den Dünger decken?

Theorie des komparativen Vorteils: Der Brite David Ricardo (1772 bis 1823) wies nach, dass der internationale Handel zur Einkommenssteigerung in allen Ländern beiträgt. Sogar dann, wenn ein Land alle Güter weniger effizient herstellt als die anderen, kann es dennoch vom Handel profitieren, indem es sich auf die Herstellung jener Güter spezialisiert, die es am wenigsten ineffizient herstellt (komparativer Vorteil). Diese Theorie ist heute noch Grundlage der Entwicklungspolitik der Weltbank – obschon die Realität mehrfach gezeigt hat, dass sich eine Öffnung der Grenzen auch zum Nachteil eines Landes auswirken kann.

Soll Meier auch dann Maler bleiben, wenn ein Überangebot an Malern die Preise unter das Existenzminimum drückt? Die Antwort darauf ist eine Gegenfrage: Was ist die Alternative? Und genau hier liegt der Hund begraben.

Nehmen wir an, Meier sei Schweizer. Als Malermeister verfügt er über eine gute Grundausbildung und wahrscheinlich über einige finanzielle Reserven. Zudem hilft ihm die Arbeitslosenversicherung, sich finanziell über Wasser zu halten. Das erlaubt ihm, mit Hilfe des örtlichen Arbeitsamtes, aus dem reichen Angebot von Weiterbildungsmöglichkeiten für sich das Passende auszuwählen. Finanziell stehen ihm zwar ein paar harte Monate bevor, aber dank seine Reserven und dank der Arbeitslosenversicherung wird er es schaffen.

Anders ist es in Algerien oder Nicaragua, Senegal, Mauretanien, Ecuador und so weiter. Die Arbeitskräfte dieser Länder haben keine gute Grundausbildung. Die spärlich vorhandene Infrastruktur ist auf die zwei, drei bestehenden Exportindustrien ausgerichtet und erlaubt keine flexiblen Anpassungen der Produktion an Preisänderungen auf dem Weltmarkt, wie sie im klassischen Lehrbuch-Markt beschrieben werden. Vor allem aber fehlt es an den finanziellen Reservepolstern und damit an der Zeit. Die Schulden müssen verzinst und zurückbezahlt werden. Jede Verzögerung führt zu einem

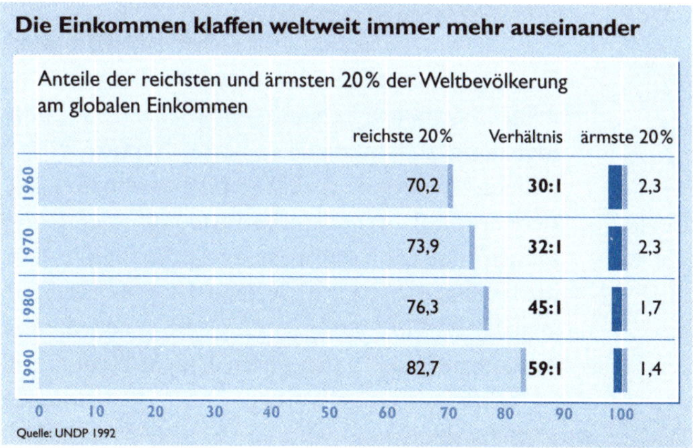

Krasse Verlagerung: Die neue Einkommensverteilung zeigt, dass «mehr Markt» den armen Ländern bisher nicht zu mehr Wohlstand verholfen hat

Vertrauensverlust bei den internationalen Anlegern und damit zu noch höheren Zinsen. Die Folge: Wenn ihre Exportpreise sinken, haben die Entwicklungsländer in der Regel nur eine Möglichkeit – sie müssen den Gürtel enger schnallen und die Produktion erhöhen. Eine wenig erfreuliche Folge des Marktes zwischen **ungleichen Partnern.**

Das hat zur Folge, dass die Einkommensunterschiede zwischen den Industrie- und den Entwicklungsländern seit dem Ende der Kolonialzeit nicht etwa geschrumpft, sondern noch weiter angewachsen sind (siehe dazu auch die Grafik über die Einkommensverteilung der Weltbevölkerung auf Seite 145). Das Entwicklungsmodell der Weltbank, welches darauf beruht, die Länder der dritten Welt aufgrund ihrer naturbedingten Wettbewerbsvorteile möglichst schnell und mit Hilfe teurer Kredite in den Weltmarkt zu integrieren, ist demnach kläglich gescheitert.

Das zeigt nicht nur der Blick auf das Brutto sozialprodukt pro Kopf, das sich in grossen Teilen der Welt seit dem Ende des Kolonialismus nur unwesentlich verändert hat und seit einigen Jahren vielerorts wieder sinkt. Auch die Substanz der Entwicklungsländer hat unter der verstärkten **Integration in den Weltmarkt** gelitten.

Statt mit kostendeckenden Preisen die einheimische Agrarproduktion anzukurbeln, versuchte man, durch billige Lebenshaltungskosten das Lohnniveau tief zu halten und damit die Exporte zu verbilligen. Zu diesem Zweck importierte man billige Lebensmittel aus der stark subventionierten Überschussproduktion des Westens. Mit der Folge, dass die ländliche Wirtschaft, welche das Volk bis dahin aus der eigenen Produktion mit den nötigsten Lebensmitteln versorgen konnte, aufgelöst wurde und dass Millionen von Bauern in die Städte getrieben wurden. Die freigewordenen Flächen wurden für die Monokulturen der Exportwirtschaft

Ungleiche Partner: Zu welch abscheulichen Ergebnissen der Markt zwischen ungleichen Partnern führen kann, zeigt der Sextourismus. Strikt nach der Theorie der internationalen Arbeitsteilung haben thailändische Frauen gegenüber den Europäerinnen den «komparativen Vorteil», dass für sie die Prostitution im Vergleich zu Hunger und Elend das kleinere Übel ist.

Integration in den Weltmarkt: Was als Rezept für wirtschaftlichen Aufschwung empfohlen wird, kann Entwicklungsländer in die Krise führen. Das gilt vor allem, wenn der vom Arbeitsmarkt her dominierende Agrarmarkt vom internationalen Agrobusiness überrollt wird und innerhalb weniger Jahre Millionen von Bauern und Landarbeitern arbeitslos werden.

genutzt und mit Düngern und Pestiziden geradezu bombardiert. Eine intensive Bewässerung, oft als Folge viel zu teurer Stauseen, liess den Salzgehalt grosser Gebiete weit über das kritische Mass ansteigen.

Als Folge dieses Raubbaus werden weltweit jährlich rund 20 Millionen Hektar Acker- und Weideland unwirtschaftlich, wovon etwa ein Drittel definitiv verödet. Mittlerweile ist etwa ein Fünftel der landwirtschaftlichen Nutzfläche unseres Planeten ernsthaft oder definitiv geschädigt. Ähnliches gilt für die Tropenwälder, die inzwischen auf weniger als die Hälfte ihres ursprünglichen Bestandes geschrumpft sind, für die Luft und für das Wasser.

Fazit: Die Folge dieser Entwicklung ist die fortschreitende **Zerstörung der Lebensgrundlagen.**

Und auch die Tatsache, dass frühere Entwicklungsländer wie zum Beispiel Südkorea, Malaysia oder Singapur heute zu wichtigen Mitspielern auf den internationalen Güter- und Dienstleistungsmärkten geworden sind, ist noch kein Beweis für die Effizienz einer ungesteuerten internationalen Arbeitsteilung. Im Gegenteil: Diese Länder sind nur deshalb stark geworden, weil sie sich durch eine protcktionistische Industriepolitik der internationalen Konkurrenz so lange entzogen haben, bis ihre eigenen, neu geschaffenen Exportindustrien stark genug waren.

Das Beispiel der Entwicklungsländer zeigt, dass die internationalen Wirtschaftsbeziehungen nicht einfach dem Weltmarkt überlassen werden dürfen. Andererseits kann die Herrschaft einer dünnen Oberschicht in manchen Entwicklungsländern nur durch funktionierende Märkte aufgeweicht werden – und dies wiederum ist leichter möglich, wenn die ausländische Konkurrenz nicht von vornherein ausgeschlossen wird. Markt kann Machtstrukturen sowohl auflockern als auch ze-

Zerstörung der Lebensgrundlagen: Sie beschränkt sich nicht auf die Entwicklungsländer. Europas Böden gehören zu den kaputtesten der Welt. Dank der wirtschaftlichen Übermacht kann der Westen jedoch vorerst noch von der biologischen Substanz der Entwicklungsländer leben. In welchem Ausmass dies geschieht, hat der Genfer System-Ökologe Gonzague Pillet für die Schweiz errechnet. Zu diesem Zweck hat er alle Güter- und Dienstleistungsströme zwischen der Schweiz und dem Ausland statt in Franken in der für ihre Herstellung benötigten Sonnenenergie gemessen. Dabei zeigt sich, dass die Schweiz 250 Prozent mehr Sonnenenergie (bzw. Biomasse) einführt, als sie ihrerseits exportiert. Gemäss den Berechnungen von Pillet kann die Schweiz beim gegenwärtigen Lebensstandard nur eine Million Menschen ernähren. Die übrigen sechs Millionen gehen zu Lasten des Auslands.

mentieren. Auf die Dosierung und vor allem auch die Rahmenbedingungen kommt es an.

Den Entwicklungsländern ginge es heute bedeutend besser,

- wenn die Naturkosten in den Rohstoff- und Agrarpreisen enthalten wären,
- wenn die Industriestaaten die Entwicklungsländer nicht mit marktwidrig subventionierten Agrarprodukten überschwemmen würden,
- wenn Energie- und Transportkosten nicht zu einem grossen Teil sozialisiert wären und
- wenn die Regeln des Welthandels Sozial-Dumping verbieten würden.

3. Zurück zum Markt

Wie sich die derzeitige Entwicklung mit marktwirtschaftlichen Mitteln korrigieren lässt

Jeder Markt braucht Regeln – also kann man sich auch Gedanken über bessere Regeln machen

Im ersten Teil des Buches haben wir nachgewiesen, dass der Wettbewerb in vielen Bereichen nicht funktioniert. Im zweiten Teil haben wir gezeigt, wie die Vorstellung vom ewigen Wachstum der Wirtschaft zu falschen Entscheiden führt – mit fatalen Folgen für Natur und Menschen. Damit fragt sich: Entpuppt sich die Marktwirtschaft am Ende als Illusion, die unmöglich halten kann, was ihre Verfechter sich davon versprechen? Soll man sie also über Bord werfen und etwas Neues suchen?

Wir meinen nein. Die Mechanismen des Marktes haben sich in vielen Bereichen bewährt. Man muss aber die marktwirtschaftlichen Rahmenbedingungen dort ändern, wo die Wirtschaft falsch funktioniert. Das setzt neue Regeln voraus.

Die Verfechter von mehr Markt und weniger Staat werden hier aufschreien: «Halt, mehr Regulicrung wollen wir nicht!» Sie fordern Deregulierung, zu deutsch: möglichst alle Regeln abschaffen. Diese Art von Protest ist allerdings leicht zu entkräften. Denn ohne Regulierung funktioniert kein Markt – weder jener im alten Rom noch der unsrige. Das gilt etwa für die Geldregeln, die es erlauben, ungleiche Dinge wie Äpfel und Birnen, Computer und Autos über den Preis zu tauschen. Es braucht aber auch präzise Normen, um Verträge abzuschliessen oder Börsengeschäfte abzuwickeln. Wenn man aber die Notwendigkeit von solchen Rahmenbedingungen akzeptiert, so darf und soll man stets auch darüber nachdenken, wie sich bestehende Regeln ändern oder **optimieren** lassen. Tatsächlich besteht neben der notwendigen Dere-

Optimieren: Jeder Manager trachtet danach, seine Firma zu optimieren, also den Betriebsablauf zu vereinfachen und das Verhältnis von Kosten und Ertrag zu verbessern. Was für den einzelnen Betrieb gilt, ist auch für die Volkswirtschaft als Ganzes unverzichtbar.

Bedürfnisse: Unter Bedürfnissen oder Bedarf versteht man alle Dinge, die man im Leben braucht – oder zu brauchen glaubt. Man unterscheidet also zwischen objektiven und subjektiven Bedürfnissen und streitet sich oft auch darüber, welche Bedürfnisse echt sind und welche künstlich – etwa durch Werbung – geschaffen werden. Die Anbieter von Produkten versuchen nun, diese Bedürfnisse möglichst umfassend und mit möglichst wenig eigenem Aufwand zu decken.

gulierung auch ein grosser Bedarf an Regulierung.

Im dritten Teil dieses Buches versuchen wir deshalb Konsequenzen aufzuzeigen. Was muss getan werden, um das Versagen des Marktes zu korrigieren? Welche neuen Rahmenbedingungen braucht die Wirtschaft, damit sie die **Bedürfnisse** von Mensch und Mitwelt in Zukunft besser erfüllen kann?

Unsere allgemeinen Antworten:

- Die Kosten des Naturverbrauchs sind zu erfassen und auf die Preise zu überwälzen.
- Die Verursacher von Risiken sollen die Risikokosten selber tragen.
- Kein Unternehmen darf Kosten sozialisieren können.
- Unverdiente Gewinne müssen an die Allgemeinheit rückerstattet werden.
- Die knappe Arbeit ist bedürfnisgerechter zu verteilen.
- Monopole und Kartelle, die das Funktionieren des freien Marktes behindern, sollen – wo sinnvoll und möglich – dem Wettbewerb geöffnet werden.

Das tönt pauschal und ist es auch: Die folgenden Vorschläge und Hinweise sind weder vollständig, noch sind es fertige Rezepte. Die Verhältnisse und Probleme unterscheiden sich von Land zu Land. Um optimale Lösungen zu finden, braucht es in jedem einzelnen Fall Vertiefung und damit mehr Platz, als hier zur Verfügung steht. Wir haben uns in diesem Buch bewusst darauf beschränkt, auf die grundlegenden Schwächen der realen Marktwirtschaft hinzuweisen und nur grob zu skizzieren, unter welchen Voraussetzungen die Wirtschaft marktgerechter funktionieren kann.

Naturgüter: Zahlen statt stehlen

Wie ein funktionierender Markt der Natur den richtigen Preis geben kann

Solange sie keinen Preis hat, verleitet der Markt dazu, die Natur auszubeuten und zu verschmutzen. Um dies zu korrigieren, braucht es in erster Linie eine Abgabe auf Energieträgern, ergänzt mit einer marktgerechten Feinsteuerung durch Taxen auf Verkehr und Emissionen.

Wir haben gezeigt: Die heutige Wirtschaft klammert das Kapital der Natur aus. Der Verbrauch von reiner Luft, sauberem Wasser und Bodenschätzen sowie die so entstehende Verknappung der Naturgüter werden vom Preissystem nicht erfasst. Diese Gratisnutzung erlaubt es den Marktteilnehmern, zu billig zu konsumieren. Sie verleitet die Produzenten und Verbraucher dazu, natürliche Ressourcen auf Kosten der Allgemeinheit und künftiger Generationen zu verschwenden. Und sie hindert die Hersteller von Gütern und Dienstleistungen, innovative Lösungen mit weniger Ressourcenverbrauch zu entwickeln und mithin die Ausbeutung der Natur zu verringern.

Um den Raubbau an der Natur zu stoppen und einen Anreiz zum umweltverträglichen Wirtschaften zu schaffen, müssen wir die externen Kosten des Naturverbrauchs **internalisieren,** zu deutsch: den Gütern der Natur den richtigen Preis geben. Marktgerecht ist ein Preis dann, wenn er der Knappheit der Bodenschätze und der Unversehrtheit der Natur Rechnung trägt, also langfristig dazu führt, dass die Menschen nicht mehr Ressourcen verbrauchen, als die Natur nachliefern kann.

Internalisieren: Wörtlich übersetzt «sich etwas zu eigen machen». In der Ökonomie bedeutet der Begriff, dass man alle sozialisierten – also von der Allgemeinheit getragenen – Kosten denjenigen anlastet, welche die Kosten verursachen. Um zum Beispiel die Kosten des Naturverbrauchs zu internalisieren, kann man Naturgüter wie etwa die Energieträger mit Abgaben belasten.

Dieser ökologisch und ökonomisch richtige Preis ist aus zwei Gründen eine theoretische Grösse: Erstens lässt es sich nicht von vornherein präzis abschätzen, wie hoch die Preise für die einzelnen Naturgüter sein müssen, um den Verbrauch von natürlichen Ressourcen auf ein Mass zu reduzieren, das ihrer Erneuerungsfähigkeit entspricht. Zweitens kann man einen angemessenen Preis nicht überall und vor allem nicht sofort erheben, ohne dass unser labiles Wirtschaftssystem aus dem Gleichgewicht gerät.

Der «richtige Preis» kann deshalb nur eine Annäherung an die wahren Kosten des Naturverbrauchs darstellen, wobei diese Annäherung stufenweise erfolgen und immer wieder überprüft werden muss. Zudem lässt sich nicht jede der unzähligen Arten von Naturnutzung in Geld ummünzen. Es gilt deshalb, die Umweltbelastung aufgrund einer beschränkten Zahl von Indikatoren zu definieren und mit einem möglichst einfachen System von Abgaben zu tarifieren.

Energieabgaben: Gut für die Grobsteuerung

Die meisten Belastungen der Umwelt sind mit dem Verbrauch von Energie gekoppelt

Der Energieverbrauch stellt sozusagen die Urquelle der meisten Umweltbelastungen dar: Die Verbrennung von Kohle, Erdöl oder Erdgas produziert Abgase, welche die Luft – und in der Folge auch die Böden und Gewässer – verschmutzen und das Klima verändern. Die Verstromung von Uran in Kernkraftwerken hinterlässt Hunderte von Tonnen an radioaktivem Müll, der später während Jahrtausenden das Leben auf der Erde gefährden wird. Der Raubbau an Wäldern fördert die Erosion und verringert die Artenvielfalt, während die Nutzung der Wasserkraft Bäche austrocknet und die Landschaft beeinträchtigt. Eng mit dem Energieverbrauch gekoppelt sind zudem der Verbrauch an Rohstoffen, die Abfallproduktion, der siedlungsbedingte Bodenverbrauch sowie der Verkehr mit seinen vielfältigen Auswirkungen.

Deshalb ist es naheliegend, den Naturverbrauch in erster Linie über eine finanzielle Belastung der Energie ins marktwirtschaftliche Preissystem zu integrieren. Dafür sind verschiedene Modelle möglich:

- Die Abgabe kann nach dem **Energiegehalt** bemessen werden, zum Beispiel in Pfennig pro Kilowattstunde. Dieses Modell ist einfach, es hat aber zwei Nachteile: Erstens nimmt diese Abgabe keine Rücksicht auf die unterschiedlichen Emissionen – also Schadstoffe –, die der Verbrauch von einzelnen Energieträgern und Anwendungen verursacht. Zweitens ist ihre Lenkungswirkung bei teureren Energieträgern wie Benzin oder Elektrizität geringer als bei billigeren wie Kohle oder Heizöl.

Energiegehalt: Darunter versteht man die Menge an Energie, gemessen in Joule oder Kilowattstunden, die zum Beispiel in einem Kilogramm Kohle oder in einem Liter Erdöl enthalten ist.

- Die Abgabe kann in Form eines prozentualen Aufschlags auf die bestehenden Energiepreise festgelegt werden. Nachteil: Die unterschiedliche Umweltbelastung der einzelnen Energieträger und Anwendungen bleibt ebenfalls unberücksichtigt. Zudem schwankt bei diesem System die Höhe der Abgabe analog zum schwankenden Marktpreis der Energieträger, was die Berechenbarkeit erschwert.

- Die Abgabe lässt sich nach dem Schaden bemessen, den der Einsatz des einzelnen Energieträgers verursacht, zum Beispiel in Pfennig pro Kilogramm Schadstoffausstoss. Nachteil: Über die Schädlichkeit der einzelnen Energieträger und Giftstoffe lässt sich endlos streiten. Ist es zum Beispiel richtig, die Emissionen des Klimagases CO_2 finanziell zu belasten, nicht aber die Produktion von Atommüll, der das Leben auf dem Planeten jahrtausendelang gefährdet?

Wird die Energie teurer, steigt auch die Motivation, sie besser zu nutzen, statt zu verschwenden

Eine Energieabgabe, die sich auf den Energiegehalt der Primärenergieträger Erdöl, Kohle, Erdgas, Uran, Holz und Wasserkraft abstützt, ist aus marktwirtschaftlicher Sicht das geeignetste Steuerungsinstrument, denn dadurch entsteht der grösste Anreiz nicht nur zum sparsamen Einsatz, sondern auch zur effizienten Umwandlung der Primär- in End- und Nutzenergie. Dem Umstand, dass ein einheitlicher Abgabesatz pro Kilowattstunde die unterschiedlichen Emissionen und Preise der verschiedenen Energieträger nicht berücksichtigt, kann durch feinsteuernde Abgaben auf Emissionsfrachten,

Jede Abgabe auf Naturgütern fördert die Effizienz des Energieeinsatzes

durch Verkehrsabgaben und durch weitere Massnahmen Rechnung getragen werden.

Denkbar wäre auch eine Abgabe auf den Endenergieträgern wie zum Beispiel Heizöl, Benzin, Gas oder Strom. Dem Nachteil, dass damit die Umwandlungsverluste nicht erfasst werden, steht als Vorteil der einfachere **nationale Vollzug** gegenüber. Selbst eine **CO_2-Abgabe,** die den Mangel hat, dass sie den Strom ausklammert und damit eine Verlagerung vom Klima- zum Atommüllproblem bewirken würde, ist als erster Schritt immer noch besser als gar keine Energieabgabe und mithin die weitere Gratisnutzung aller Naturgüter.

Damit eine Energieabgabe zum Kurswechsel führt – weg vom gegenwärtigen Raubbau, hin zur nachhaltigen Entwicklung –, muss sie sehr hoch sein. Eine sofortige Vervielfachung der Energiekosten würde jedoch zu einem wirtschaftlichen und sozialen Chaos führen, weil der Markt keine Zeit hat, sich auf die Veränderung vorzubereiten. Um dieses Anpassungsproblem zu lösen, ist eine Energieabgabe stufenweise zu erhöhen.

Einige Modelle dafür haben Samuel Mauch und Ernst U. von Weizsäcker 1992 im Buch «Ökologische Steuerreform» vorgestellt. Demnach könnte die Abgabe im ersten Jahr 2 Pfennig pro Kilowattstunde Primärenergie betragen, was 20 Pfennig pro Liter Benzin entspricht. Wird diese bescheidene Abgabe nun jährlich um 7 Prozent erhöht, so verdoppelt sie sich in zehn Jahren auf 4 Pfennig, in 20 Jahren auf 8 Pfennig und erreicht in 50 Jahren eine Höhe von 64 Pfennig pro Kilowattstunde. Damit würde der heutige Preis für Heizöl auf das Zwanzigfache, der Preis für Strom aus Atomenergie auf das Zehnfache und der Benzinpreis auf etwa das Fünffache gegenüber heute steigen.

Mit solchen Preiserhöhungen werden Massnahmen zur effizienteren Energienutzung wirtschaft-

Nationaler Vollzug: Ein Gesetz allein genügt nicht, es muss von den Behörden auch durchgesetzt, also vollzogen werden können. Deshalb ist es wichtig, schon bei der Ausgestaltung eines Gesetzes an den Vollzug zu denken.

CO_2-Abgabe: Im Gegensatz zu einer Energieabgabe, die am Energiegehalt oder am Preis des Energieträgers bemessen wird, bemisst sich eine CO_2-Abgabe an der Menge CO_2 (Kohlendioxid), die bei der Verbrennung von Energieträgern in die Luft entweicht. Die ausgestossene CO_2-Menge differiert je nach Art des eingesetzten Energieträgers: Bei gleicher Energiemenge entweicht aus Kohle am meisten CO_2, gefolgt von Heizöl, Benzin und Erdgas, während der Strom aus Atom- oder Wasserkraft mit einer CO_2-Abgabe überhaupt nicht erfasst wird.

lich, die heute noch weit von der Rentabilitätsschwelle entfernt sind, was den Gesamtenergieverbrauch mittel- und langfristig massiv senkt. Bei Abgaben von 64 Pfennig pro Kilowattstunde wird nämlich auch der Einsatz von Wind- und Sonnenenergie konkurrenzfähig. Damit liesse sich der Verbrauch von nicht erneuerbaren Energieträgern bis zum Jahr 2050 auf einen Bruchteil des heutigen Bedarfs vermindern.

Schon die anfängliche tiefe Abgabe von 2 Pfennig pro Kilowattstunde brächte beim heutigen Primärenergieverbrauch in Deutschland (inklusive ehemalige DDR) einen Ertrag von rund 80 Milliarden Mark pro Jahr. Trotz der exponentiellen Erhöhung des Abgabesatzes wächst dieser Ertrag nur anfänglich stark. Denn später sinkt er wieder, weil die höhere Abgabe den Energieverbrauch senkt.

Dank der stufenweisen Erhöhung der Energieabgabe lässt sich die wachsende Belastung langfristig vorausberechnen, was der Wirtschaft erlaubt, sich gezielt auf die neue Situation einzustellen. Sie erhält einen Anreiz, die Energie generell effizienter einzusetzen, auf erneuerbare Energieträger umzusteigen und Tätigkeiten, die viel Energie verbrauchen (zum Beispiel Flugreisen), zu ersetzen durch Lösungen mit weniger Energiebedarf (zum Beispiel Videokonferenzen). Dank sanfter Einführung ist auch ein Alleingang möglich: Die Wirtschaft jenes Landes, das sich als erstes für eine stetig steigende Energieabgabe entscheidet, gewinnt einen Vorsprung bei der Entwicklung und Einführung von zukunftsfähiger Technik.

Theorie und Praxis

Grundsätzlich sind sich Vertreter von Wirtschaft und Umweltschutz einig: Die Energie sollte mit einer Abgabe verteuert werden. Damit könnten die heute von der Allgemeinheit getragenen Kosten des Energie- und Naturverbrauchs auf die Verursacher überwälzt (internalisiert) werden.

In der Praxis aber erlitten Vorlagen für Energieabgaben in der Schweiz und in der EU stets Schiffbruch. Das liegt daran, dass die Wirtschaft ihr grundsätzliches Ja zu Energieabgaben mit der – kaum erfüllbaren – Bedingung verknüpft, dass gleich hohe Abgaben überall oder zumindest in allen Industriestaaten gleichzeitig eingeführt werden müssen, um Wettbewerbsverzerrungen im internationalen Markt zu vermeiden.

Verkehrs- und Umweltabgaben: Für die Feinsteuerung des Marktes nötig

Von der allgemeinen Regel «Mehr Energieverbrauch gleich mehr Naturverbrauch und Umweltbelastung» gibt es vielerlei Abweichungen. Zum Beispiel:

- In bezug auf die Abgas- und Lärmbelastung macht es einen Unterschied, ob ein Liter Erdöl in einer modernen Heizungsanlage oder in einem Automotor verbrannt wird.
- **Leichtflüchtige Kohlenwasserstoffe,** die aus Lösungsmitteln oder Benzin verdampfen, sind stärker an der Bildung von Ozon in der Atemluft beteiligt als gleiche Energiemengen in Form von Heizöl oder Kohle.
- Der Verbrauch von Kunstdünger und Pestiziden, die Böden und Gewässer vergiften, wird mit einer allgemeinen Energieabgabe nur wenig beeinflusst. Das gleiche gilt auch für den Einsatz von **Fluorchlorkohlenwasserstoffen (FCKW),** welche die schützende Ozonschicht in der Stratosphäre zerstören.

Aus diesen Gründen muss die generelle Energieabgabe ergänzt werden durch Abgaben und Gebühren, die auch dem vom Energieeinsatz unabhängigen Naturverbrauch den marktgerechten Preis geben. Dabei spielen auch hier wieder beide Aspekte mit: einerseits der Verbrauch von Ressourcen, andererseits die mit dem Verbrauch verbundene Umweltbelastung. Solche Taxen zur Feinsteuerung drängen sich in folgenden Fällen auf:

- Abgaben auf Naturgütern, die von Übernutzung bedroht sind, etwa auf Wasser, einzelnen Rohstoffen sowie auf der Beanspruchung von Boden und umbautem Raum. Ins Auge zu fassen ist zum

Leichtflüchtige Kohlenwasserstoffe: Englisch heissen sie Volatile Organic Compounds (VOC). Sie verdampfen vor allem aus leichten Erdölprodukten wie Benzin. Einige von ihnen sind hochgiftig, etwa das krebserregende Benzol. Unter Einfluss von Sonnenlicht wandeln sich Kohlenwasserstoffe mit Stickoxiden in der Luft in Ozon um.
Fluorchlorkohlenwasserstoffe (FCKW): Sie entweichen vor allem aus Kühlmitteln und Spraygasen in die Luft. Sie steigen bis zur Stratosphäre auf und schädigen dort die Ozonschicht, welche Menschen, Tiere und Pflanzen vor der lebensbedrohenden UV-B-Strahlung der Sonne schützt.

Beispiel eine Abgabe auf Wohn- und Arbeitsflächen, die ein bestimmtes Minimum pro Kopf überschreiten.

- Abgaben auf umweltbelastenden Stoffen oder Emissionen, deren Menge vom Energieverbrauch stark abgekoppelt ist. Dazu gehören etwa Abgaben auf Kunststoffen, auf flüchtigen organischen Verbindungen (VOC) in Lösungsmitteln, Farben oder Lacken, auf Kunstdüngern, Pestiziden, Schwefeldioxid- oder Stickoxid-Emissionen. In der Schweiz soll im Rahmen einer Revision des Umweltschutzgesetzes eine VOC-Abgabe ab 1998 eingeführt werden.

- Abgaben auf Energieanwendungen, die besonders viel Emissionen verursachen oder viel Platz verbrauchen, zum Beispiel mit Verkehrs- oder Parkplatzgebühren.

- Vorgezogene Entsorgungsgebühren oder Rückgabepfand auf Produkten, um das Recycling zu fördern und damit die Knappheit der Güter zu berücksichtigen.

- Strafgebühren für Übernutzung von Böden, Vegetation und Tierwelt, welche die internationalen Vereinbarungen zum Schutz von Artenvielfalt und Wäldern ergänzen.

Wenn wir nun das Naturkapital mittels finanzieller Abgaben in den Preismechanismus der Marktwirtschaft einbeziehen, so erfordert das ziemlich hohe Abgaben. Und diese bringen einen entsprechend hohen Ertrag: Wie im letzten Kapitel (siehe Seiten 154 und 155) gezeigt, ergibt allein schon eine Primärenergieabgabe von anfänglich nur 2 Pfennig pro Kilowattstunde pro Jahr in Deutschland 80 Milliarden Mark Einnahmen.

Damit stellt sich die Frage: Wohin mit solch hohen Erträgen? Wir stellen dazu drei mögliche Modelle vor:

- Das Kompensationsmodell: Die Erträge aus Energie- und andern Umweltabgaben können verwendet werden als Ersatz für fiskalisch motivierte Steuern oder zur Kompensation von Sozialabgaben. Der Ökonom Hans Christoph Binswanger zum Beispiel schlägt vor, die Einnahmen aus der Energieabgabe zur

> *«Die ökologischen Kosten des Wirtschaftens müssen mittels Öko- oder Ressourcensteuern sukzessive in das marktwirtschaftliche Preissystem eingebaut werden, ohne dem Staat zusätzliche finanzielle Mittel zu überlassen.»*
>
> SAMUEL P. MAUCH, Umweltexperte, Mitverfasser des Buchs «Ökologische Steuerreform»

Theorie und Praxis

Obwohl es in den meisten europäischen Staaten noch keine nennenswerten ökologisch motivierten Lenkungsabgaben gibt, wird intensiv darüber diskutiert, wie die Einnahmen aus einer allfälligen Abgabe verwendet werden sollen. Einerseits handelt es sich um eine Scheindiskussion, die nur geführt wird, um die Schwierigkeit oder Realisierung von Lenkungsabgaben zu betonen und damit unbequeme Abgaben als Ganzes zu verhindern. Andererseits hat die Verwendung von Einnahmen in Milliardenhöhe einen Einfluss auf Wirtschaft und Gesellschaft, der wohl bedacht sein will.

Politisch die grössten Realisierungschancen dürfte ein Rückerstattungsmodell haben, weil es an der heutigen Verteilung von Besitz und Kosten am wenigsten ändert und weil es das bestehende Steuer- und Finanzierungssystem von Bund und Ländern nicht beeinflusst.

Mitfinanzierung der Renten zu verwenden und damit die auf der Arbeit erhobenen Rentenbeiträge zu senken. Seine Begründung: Der Sparanreiz einer Energieabgabe werde verstärkt, wenn damit gleichzeitig die hohen Lohnnebenkosten und mithin die menschliche Arbeit verbilligt würden. Ein ähnliches Konzept verfolgen die Grünen in Deutschland und in der Schweiz mit ihren Forderungen für eine ökologische Steuerreform unter dem Stichwort «Energie statt Arbeit besteuern».

- Das Rückerstattungs-Modell: Die Erträge aus den Öko-Lenkungsabgaben werden gleichmässig – also pro Kopf und pro Arbeitsplatz – an die Verbraucher und Produzenten ausbezahlt, womit sie verteilungsneutral in den Wirtschaftskreislauf zurückfliessen. Mit dieser Rückerstattung gibt man zwar die Chance preis, über den Einsatz der Einnahmen oder über die gezielte Kompensation eine zusätzliche Lenkungs- oder Umverteilungswirkung zu erzielen. Gegenüber dem Kompensationsmodell hat das Rückerstattungsmodell aber den Vorteil, dass ökologische Lenkung und Finanzierungsfunktion klar getrennt bleiben und dass man sich politisch nicht darüber streiten muss, welche Steuern ersetzt werden sollen und welche Umverteilung damit erzielt wird.

- Die Zweckbindung: Der Ertrag aus Öko-Abgaben oder ein Teil davon wird zweckgebunden verwendet, um klar definierte Aufgaben und Tätigkeiten zu finanzieren oder zu subventionieren, für die dem Staat bisher das Geld fehlte. Sinnvoll wäre zum Beispiel, dass ein Teil der Erträge eingesetzt wird, um Energiesparmassnahmen oder alternative Energieträger finanziell zu fördern. Damit lässt sich die ökologisch erwünschte Wirkung der Lenkungsabgabe zwar verstärken. Problematisch ist die Zweckbindung aber, weil sie die **Staatsquote** erhöht und als Subvention das freie Spiel der Marktkräfte beeinflusst.

Welches Rückerstattungsmodell gewählt wird, ist für das primäre Ziel – der Natur einen Preis zu geben und damit ihre Ausbeutung zu bremsen – von zweitrangiger Bedeutung. Der höhere Preis, der aus jedem Abgabemodell resultiert, führt automatisch zu einem sparsameren Umgang mit Naturgütern.

Staatsquote: Bezeichnet den Anteil der Staatsausgaben am Bruttoinlandsprodukt. Unter dem Motto «Weniger Staat» wollen vor allem Wirtschaftsorganisationen und bürgerliche Parteien die Staatsquote senken. Deshalb sind sie strikte dagegen, dass die Einnahmen aus Lenkungsabgaben in die Staatskasse fliessen.

Grossrisiken: Unternehmen, versichert euch!

Was die Privatisierung der unternehmerischen Risiken in der Wirtschaft bewirken würde

Wer mit seiner Tätigkeit ein Risiko eingeht, muss in einem fairen Markt auch die volle Haftung und mithin die vollen Risikokosten dafür übernehmen. Dazu braucht es einen umfassenden Versicherungsschutz. Wer dafür nicht aufkommen kann, hat auf dem Markt keinen Platz.

Das Abschieben der unternehmerischen Risiken auf die Allgemeinheit verletzt eine grundlegende Spielregel des Marktes – die des Verursacherprinzips

Wir haben gezeigt: Der Atomstrom ist zu billig, weil die Risiken eines Unfalls und des Atommülls weitgehend sozialisiert sind. Bestimmte Industrieprodukte sind zu billig, weil Risiken bei der Produktion teilweise sozialisiert sind. Und gentechnisch veränderte Produkte im Markt sind übervorteilt, weil sich die Genindustrie für mögliche langfristige Schäden nicht versichern muss.

Dieses Abschieben von Risiken auf die Allgemeinheit oder auf spätere Generationen verletzt eine grundlegende Spielregel der Marktwirtschaft – die des Verursacherprinzips. Da es sich in den gravierendsten Fällen entweder um Katastrophenrisiken (etwa bei Kernkraftwerken oder in der Chemieproduktion) oder um Langzeitrisiken (wie beim Atommüll oder bei den Folgen der Gentechnik) handelt, genügt eine gewöhnliche Haftbarkeit für Schäden nicht. Es braucht vielmehr einen viel grösseren Versicherungsschutz.

Falls die internationale Versicherungsbranche mit den Möglichkeiten der Rückversicherung nicht in der Lage ist, gewisse Branchen und Unternehmen genügend zu versichern, dann haben die risikobehafteten Produkte auf dem Markt nichts zu suchen. Sie konkurrenzieren sonst in unfairer Weise andere Produkte, die den grossen Vorteil haben, dass sie für Mensch und Umwelt weniger Risiken erzeugen. Zum Beispiel: Die Atomkraftnutzung mit ihren grossen Risiken konkurrenziert die Einführung von risikoärmeren Sonnenenergieanlagen.

Oder ein gentechnisch verändertes Produkt verdrängt ein gutes Produkt aus traditioneller Züchtung vom Markt.

Liesse sich ein einzelner Mensch für den Treibhauseffekt, die Klimaveränderung und die dadurch verstärkten Sturmfluten in Bangladesch verantwortlich machen, so wäre dieser schon längst des Völkermordes angeklagt worden. Zum Treibhauseffekt tragen jedoch zu viele Menschen bei, als dass sich Schuldige ausmachen liessen. Dass sich aber auch bei Industrieunfällen, die eine klare Ursache haben, keine Schuldigen finden lassen, hat einen anderen Grund. Je grösser ein Konzern ist, desto grösser ist die Delegation der Entscheide und Verantwortungen nach unten. Es ist für Staatsanwälte und Richter fast unmöglich, einem Konzerndirektor oder einem Aufsichtsrat im Fall einer Katastrophe eine **Schuld** oder schuldhaftes Verhalten nachzuweisen. Meistens scheuen sie bereits den Versuch. Weder befragen die Untersuchungsrichter unmittelbar nach einem Unfall sofort mögliche Verantwortliche aus der Unternehmensleitung, noch setzen sie einige von ihnen in Untersuchungshaft. Dadurch besteht jeweils die Gefahr, dass vieles verschleiert wird: Denn die Konzernverantwortlichen setzen sich sofort mit Anwälten und **PR-Strategen** zusammen, um sich auf eine gemeinsame Verteidigungsstrategie zu einigen.

Fazit: Wer beim wirtschaftlichen Handeln wegen eines Unfalls oder einer Katastrophe die Umwelt belastet und die Gesundheit Dritter gefährdet oder beeinträchtigt, muss finanziell dafür aufkommen. Die Verursacher sollten sofort und umfassend für diese Schäden haften – nicht nur (und erst) bei nachgewiesenem Verschulden. Haftpflichtgesetze müssen deshalb die Marktregeln so festlegen, dass Verursacher eine sogenannte Kausalhaftung übernehmen müssen. Das heisst: Stehen sie als Verursacher fest, so müssen sie für angerichtete Schäden geradestehen, selbst wenn

Schuld und Schadenersatz: Wenn eine Firma nur dann Schadenersatz bezahlen muss, sofern ihr ein schuldhaftes Verhalten nachgewiesen werden kann, haben die Geschädigten oft das Nachsehen. Unternehmen können sich meistens damit herausreden, dass sie «branchenübliche Standards» eingehalten haben. Sind tatsächlich Fahrlässigkeiten passiert, so können sie die Geschädigten nur selten beweisen.

PR-Berater: Sie pflegen Public Relations – deutsch: die öffentlichen Beziehungen. Eigentlich sind es PRopaganda-Strategen. Sie versuchen, mit einseitigen Informationen und gezielten Emotionen eine Firma im bestmöglichen Licht erscheinen zu lassen.

niemand des Unternehmens absichtlich oder fahrlässig gehandelt hat. Jeder Pkw-Fahrer muss eine Versicherung für eine solche Kausalhaftung abschliessen. Weil etwa Chemie- und Ölindustrien noch viel grössere Schäden anrichten können als Pkw-Fahrer, sollte eine Kausalhaftung für diese umso selbstverständlicher sein.

Vorbildlich in Europa sind Schweden und Finnland. Im Juni 1995 ist in Finnland ein neues Umwelthaftpflichtgesetz in Kraft getreten, das ähnlich ist wie das schwedische. Bisherige Spezialgesetze wie das Atomhaftungsgesetz gelten in Finnland nur noch für Aktivitäten, die vor dem 1. Juni 1995 ausgeführt wurden. Ab diesem Datum gelten folgende Neuerungen:

- Geschädigte müssen den Zusammenhang zwischen Schaden und vermuteter Ursache nicht mehr schlüssig beweisen. Es genügt, wenn die Ursache «wahrscheinlich» ist.

- Der wahrscheinliche Verursacher haftet auch dann, wenn er ohne Verschulden, das heisst mit aller Sorgfalt gehandelt hat. (Früher musste dem Verursacher Fahrlässigkeit nachgewiesen werden.)

- In bestimmten Fällen besteht Beweislastumkehr. So muss zum Beispiel eine Fabrik beweisen, dass die Abgase aus ihren Kaminen einen bestimmten Schaden nicht verursacht haben.

Nach Angaben der Schweizerischen Rückversicherungsgesellschaft wird dieses neue Gesetz dazu führen, dass «die Prämien für Versicherungsschutz im Bereich Umwelthaftpflicht stark ansteigen».

Atomkraft: Höchste Zeit für eine bessere Versicherung

Kaum ein Thema hat die Gemüter in den letzten dreissig Jahren so erhitzt wie der Streit um die Risiken der Atomkraft. Seit dem GAU in Tschernobyl ist auch den heftigsten Befürwortern klar, dass Unfälle und Pannen in einem Kernkraftwerk verheerende Folgen haben können. Und klar ist allen, dass wir heute mit diesem Risiko leben – die Kernkraftwerke stehen seit Jahren in Betrieb. Und viele Länder könnten auf die Stromlieferungen aus diesen Werken kurzfristig nicht verzichten. Wir wollen deshalb diese Diskussion nicht neu aufwärmen, sondern lediglich die wirtschaftliche Seite dieser Risiken unter die Lupe nehmen.

Ein Grossunfall in einem deutschen Kernkraftwerk könnte gemäss Prognos-Institut Schäden in der Höhe von 10 Billionen Mark verursachen. Sogar wenn diese Schätzung zu hoch sein sollte, ist klar, dass eine volle finanzielle Deckung der Atomrisiken unmöglich ist – ganz zu schweigen von den Risiken, welche die **Entsorgung von Atommüll** in sich birgt. Klar ist aber auch, dass die Deckung der Risiken für bis zu 1,5 Milliarden Mark oder einer Milliarde Franken pro Kernkraftwerk-Anlage, wie sie heute in Deutschland und in der Schweiz besteht, viel zu tief ist. Jede Forderung nach einem höheren Limit bleibt eine Minimalforderung – trotzdem würde sie das Marktgeschehen stark beeinflussen.

Beim internationalen Versicherungsverbund könnten die Betreiber von Kernkraftwerken Schäden in der Höhe von 10 bis 30 Milliarden Mark ohne weiteres versichern – gegen entsprechend hohe Prämien. Auszahlungen dieser Grössenordnung haben die Versicherungen nach Naturkatastrophen in letzter Zeit mehrmals gemacht, ohne pleite zu gehen.

Entsorgung von Atommüll: Gewisse hochradioaktive Stoffe brauchen rund 30 000 Jahre, bis die Radioaktivität nur schon auf die Hälfte zurückgeht. Die Menschen müssten ihn also mehrere hunderttausend Jahre sicher lagern. Kein Unternehmen kann heute die Verantwortung dafür übernehmen. Nimmt man den wirtschaftlichen, aber auch ethischen Grundsatz ernst, dass die Verursacher die vollen Risiken ihres Tuns tragen sollen, so müsste man konsequenterweise auf die Erzeugung von Atommüll und damit auf die Nutzung der Atomenergie verzichten.

Theorie und Praxis
Obwohl täglich zusätzlicher Atommüll anfällt und die KKW-Gesellschaften für ihre eingegangenen Risiken nur sehr beschränkte Versicherungen abschliessen, ist ein sofortiges Abschalten aller KKWs unrealistisch. Eine Erhöhung der Versicherungsdeckung von heute einer auf 20 oder 30 Milliarden Mark würde den Strompreis – je nach Sicherheitsstandard der KKWs – um etwa 12 Pfennig pro Kilowattstunde verteuern. Auch wenn man stromintensiven Branchen wie etwa der Aluminiumindustrie eine gestaffelte Erhöhung zugestehen würde, wäre mit massivem politischem Widerstand seitens ihrer Lobby gegen ein solches Vorgehen zu rechnen.

Jean-Robert Tyran, Wissenschafter am Institut für empirische Wirtschaftsforschung der Universität Zürich, sieht eine weitere Möglichkeit, um die Schäden eines grossen KKW-Unfalls besser abzudecken: «Man könnte zusätzlich auf leistungsfähige Kapitalmärkte zurückgreifen ... Am Chicago Board of Trade läuft seit Ende 1992 der Handel mit sogenannten Katastrophen-Futures. Diese beziehen sich auf Naturkatastrophen wie Wirbelstürme und Überschwemmungen und sind eine attraktive Alternative zur teuren Rückversicherungsdeckung ... Die KKW-Betreiber könnten an den Börsen mit Risiko-Anteilscheinen auftreten.» Wer solche Wertpapiere an der Börse kauft und damit Geld zur Absicherung des Risikos eines KKWs zur Verfügung stellt, erhält eine umso höhere Verzinsung und hat Aussicht auf umso höhere Kursgewinne, je geringer die Gefahr eines Schadenfalls ist. Das hätte nach Ansicht Tyrans eine heilsame Wirkung: «Das würde eine transparentere Informationslage schaffen: Die sichereren KKWs hätten Anreize, das Publikum über ihre vorteilhafte Risikosituation zu informieren. Diese KKWs hätten auch jedes Interesse daran, Sicherheitsinspektoren zuzulassen, da sonst die Investoren argwöhnisch ihre ‹Bürgschaften› (Risiko-Anteilscheine) zurückziehen würden. Das Schweigekartell der Oberingenieure würde durch eine offenere Informationspolitik der KKWs abgelöst.»

Eine höhere Haftung hätte mehrere wichtige Vorteile:

- Die Opfer einer allfälligen Katastrophe erhielten höhere Entschädigungen.

- Die KKW-Betreiber hätten Grund, ihre Sicherheit laufend zu verbessern oder risikoreiche Atomkraftwerke abzuschalten.

- Die Öffentlichkeit würde über die Risiken von Kernkraftanlagen automatisch besser informiert.

Die Stromproduktion würde zwar immer noch nicht zu den wahren Kosten erfolgen, aber doch zu höheren und damit zu marktgerechteren Preisen als heute. Umweltfreundliche Alternativenergien ohne grosses Risikopotential wären im Wettbewerb weniger benachteiligt.

Mit den modernen Instrumenten der Börsen und der Versicherungen ist es möglich, KKWs viel höher zu versichern, als dies heute der Fall ist – aber dies würde die Stromkosten massiv verteuern

Wenn sich die Betreiber von Kernkraftwerken auch nur für einen Schaden von 20 bis 30 Milliarden Mark absichern müssten, würde die Kilowattstunde Atomstrom um mindestens 12 Pfennig teurer. Das würde indes nur bedeuten, dass die aus Uran gewonnene Elektrizität weniger versteckt subventioniert würde als heute. Denn, so stellt Jean-Robert Tyran fest: «Die Produktionskosten der KKWs sind heute ungerechtfertigterweise niedrig, und die zu geringe Haftung hat den gleichen Effekt wie eine Subvention. Nach der aktuellen Regelung subventionieren die Opfer von morgen den Nuklearstrom von heute.»

«Deregulieren» heisst weniger Staat und mehr Selbstverantwortung – und die marktgerechte Forderung daraus wäre in diesem Fall, den Staat auch von der Schadensdeckung für KKW-Unfälle zu entlasten. Auch wenn dies – wie beschrieben – nur zu einem kleinen Teil möglich ist, sollten die KKW-Betreiber wenigstens einen grösseren Teil ihres unternehmerischen Risikos selber tragen und ihre Strompreise entsprechend nach oben korrigieren müssen.

Sonnenkollektoren für die Warmwasseraufbereitung werden dann plötzlich konkurrenzfähig und würden zum Beispiel die nun plötzlich viel teurer arbeitenden Elektroboiler aus dem Markt verdrängen. Bei solchen Aussichten kriegen aber offensichtlich manche «Deregulierer» kalte Füsse, insbesondere Mitglieder der KKW-freundlichen Lobby. All die Politiker, die im Namen der Marktwirtschaft nach Deregulierung und **Privatisierung** schreien, haben die völlig verzerrten Wettbewerbs-

Privatisierung: Damit meint man erstens den Verkauf von staatlichen Unternehmen (wie Post oder Bahn) und Besitztümern an Private. Zweitens wird darunter die Auslagerung kollektiver Leistungen (z. B. Kehrichtabfuhr) an private Firmen verstanden. Drittens kann Privatisierung bedeuten, dass staatliche Leistungen (wie Schulen) auch von Privaten angeboten werden. Der Eifer vieler Privatisierer erlahmt aber, wenn es darum geht, von der Allgemeinheit zu tragende Umweltschäden und andere sozialisierte Kosten zu privatisieren und damit auf die Verursacher zu überwälzen.

bedingungen zwischen dem Atomstrom und der Solarenergie noch nie angeprangert. In der Schweiz wehren sie sich sogar gegen die «Solarrappen-Initiative», welche als kleinen Ausgleich für die Wettbewerbsnachteile wenigstens einen halben Rappen pro Kilowattstunde für die Solarenergie reservieren will.

Die ehrlichen Verfechter einer funktionierenden Marktwirtschaft müssten schon längst verlangen, dass die grossen Marktteilnehmer für ihre Risiken selber haften müssen. Doch offensichtlich mag sich für diese Voraussetzung eines fairen Wettbewerbs kaum jemand erwärmen. Jean-Robert Tyran: «Die Politiker hätten es durch eine Revision der Haftung von Grossrisiken in der Hand, die Vorzüge der Umwelthaftung vermehrt zu nutzen. Oder anders gesagt: Man könnte schon, wenn man wollte ...»

Industrie: Unfallgefahren umfassend versichern

Unfall- und Katastrophen-Risiken werden nicht nur von der Kernkraftindustrie an die Allgemeinheit abgeschoben und so sozialisiert, sondern auch von anderen grossen Industriebetrieben. Das haben insbesondere die zwei grossen Chemieunfälle im italienischen Seveso und im indischen Bhopal mit erschreckender Deutlichkeit gezeigt. Und ähnlich verfahren die Erdölfirmen, was die Gefahren bei den Transporten ihres schwarzen Goldes angeht – wie die Geschichte der unzähligen kleinen und grossen Tankerhavarien rund um den Globus mit ihren immer neuen Fortsetzungen beweist.

Auch für Chemie- und Erdölgesellschaften muss – wenn einem die Forderung nach marktwirtschaftlichen Lösungen ernst ist – die Deckung der Risiken Pflicht werden. Denn auch sie profitieren sonst von versteckten Subventionen, die ihnen auf dem Markt zu einem ungerechtfertigten Vorteil gegenüber all jenen Konkurrenten verhelfen, die ungefährlichere Produktionsmethoden einsetzen.

Gegenüber der Kernkrafttechnologie haben die meisten anderen Produktionsmethoden aber – in bezug auf die Berechnung des marktgerechten Preises – einen wesentlichen Vorteil: Die Schäden, welche sie anrichten können, sind lokal begrenzt. Das macht sie besser berechenbar – und ermöglicht es auch, einen allfälligen Schaden tatsächlich zu versichern. Und nicht wie im Falle der Kernkraftwerke nur einen Bruchteil davon.

Auch Erdöl- und Chemiefirmen sollten also nach dem Verursacherprinzip nur dann produzieren und transportieren, wenn sie eine umfassende Haftpflichtversicherung für ihre überschaubaren Risiken abschliessen. Und mit ihrer Prämienpolitik würden die Versicherungen dafür sorgen, dass die Erdöl- und Chemiefirmen noch viel mehr in die Sicherheit investieren.

Denn auch in diesen Fällen gilt dann: Wer mehr für die Sicherheit unternimmt, kommt mit billigeren Prämien weg. Zugleich könnten die seriösen Unternehmen damit ihren Ruf bei den Investoren verbessern. Denn Informationen über mangelnde Sicherheitsvorkehren und jeder bekanntgewordene Unfall werden an der Börse zu einem Sinken der Aktienkurse führen. Firmen mit besseren Sicherheitsvorkehrungen wären also daran interessiert, darüber zu informieren, um Aktienkäufer und Investoren anzulocken.

Sobald mangelnde Sicherheit höhere Prämien verursacht und die Kapitalbeschaffung verteuert, werden Unternehmen sicherere Produktionsmethoden suchen. Dies bringt gleich drei Vorteile mit sich: Es führt zu niedrigeren Prämien, zu einem Gewinn an zukunftsgerichtetem Know-how und für die Gesellschaft und die Steuerzahler zu weniger sozialisierten Kosten.

Theorie und Praxis

Die Energielobby wehrt sich natürlich zusammen mit vielen Industriebetrieben dagegen, ihre Bevorteilung im Wettbewerb zu verlieren. Heute wird insbesondere damit argumentiert, die Einführung höherer Versicherungsdeckung oder Umweltabgaben zum Verringern der sozialisierten Kosten seien im nationalen Alleingang nicht tragbar. Tatsächlich wäre es sinnvoll, wenn international einheitliche Massnahmen gegen die sozialisierten Kosten ergriffen würden. Doch dies braucht lange Verhandlungen. Bis zu einem gewissen Ausmass sind aber nationale Alleingänge durchaus verkraftbar. Sie führen sogar zur Entwicklung zukunftsgerichteter Technik und zur Entfaltung des Innovationspotentials. Der US-Bundesstaat Kalifornien etwa hatte mit vielen Jahren Vorsprung Auto-Katalysatoren vorgeschrieben. Mehrere skandinavische Länder kennen schon heute eine CO_2-Abgabe.

Gentechnik: Längere Haftung für Langzeitrisiken

Die Gentech-Firmen sind nicht nur wegen ihrer revolutionär neuen Technik ein Sonderfall: Auch ihre Risikosituation unterscheidet sie wesentlich von den andern herkömmlichen Industrien. Eines hat die Genindustrie mit der Entwicklung der Kernenergie allerdings gemeinsam: Sie nimmt den Mund zu voll. Vor dreissig Jahren hatte die Atomlobby der Öffentlichkeit vorgegaukelt, endlich sei Strom sauber, billig und unerschöpflich. Ein neues Zeitalter ohne Energieprobleme breche an. Heute sind auch der Genlobby alle Versprechen gut genug, um für ihre Forschung und Entwicklung möglichst freie Fahrt und möglichst viel staatliche Unterstützung zu erhalten: Die Gentechnik werde das Welthungerproblem lösen, die Umweltzerstörung in den Griff bekommen und die Menschen vor unzähligen Krankheiten bewahren. Tatsächlich ist die internationale Genforschung mit einem Milliardenaufwand daran, nützliche – und das heisst für sie immer auch: auf den Märkten mit Gewinnaussichten verkaufbare – Anwendungen zu entwickeln. Bevor indes der kommerzielle Nutzen einer solchen Anwendung bereits sicher ist, werden Pflanzen und Tiere vorsorglich schon patentiert.

Keinerlei Anreiz hat die internationale Genforschung jedoch, gleichzeitig mit gleicher Intensität mögliche Langzeitrisiken abzuklären. Für allfällige Fehlentwicklungen, ja sogar Katastrophen, die aufgrund heutiger Tätigkeit erst in 20, 50 oder 100 Jahren eintreten, muss die Genindustrie nämlich nicht geradestehen. Das ist dann Sache der künftigen Steuerzahler und der nächsten Generation.

Deshalb ist auch die Genindustrie im Wettbewerb einseitig übervorteilt. Solange sie sich zum

Theorie und Praxis

Die meisten Staaten sind dabei, Vorschriften für die Genforschung zu lockern. Sie sind sogar bereit, für gentechnisch veränderte Pflanzen und Tiere langjährige Patente zu erteilen. Nirgendwo besteht dagegen die Absicht, die Genindustrie für langfristige Risiken und Schäden haftbar zu machen. Mit Erfolg spielt die Lobby der Genindustrie die Staaten gegeneinander aus. Forschung und Feldversuche werden in diejenigen Länder verlegt, welche sie am wenigsten kontrollieren. Die expandierende Branche verspricht Arbeitsplätze und Steuereinnahmen. Deshalb locken viele Staaten diese Industrie mit Forschungsbeiträgen, Investitionshilfen und Steuernachlässen sogar an.

Beispiel beim Freisetzen gentechnisch veränderter Organismen für langfristige Risiken nicht gebührend versichern muss, kann sie die Risikokosten sozialisieren. In ihrer Dissertation über «Haftungsfragen der Gentechnologie» schlägt die Schweizer Juristin Katharina Hässig vor, dass die Verjährungsfrist für Spät- und Langzeitschäden erst am Tag beginnt, an dem der Schaden in Erscheinung tritt. Die Genindustrie müsse zudem verpflichtet werden, sich für das Risiko solcher Schäden bis zu einer hohen Summe zu versichern.

Eine Haftung der Genindustrie nützt jedoch wenig, wenn die Geschädigten selber lückenlos beweisen müssen, wie ein genveränderter Organismus den Schaden angerichtet hat. Weil die Vorgänge in der Natur sehr komplex sind, lässt sich die Kette von Ursachen und unerwünschten Wirkungen selten wissenschaftlich eindeutig beweisen. Die Beweislast muss deshalb bei begründetem Verdacht auf Schäden bei der Industrie liegen. Diese soll selber nachweisen müssen, dass sie für auftretende Schäden mit grosser Wahrscheinlichkeit nicht verantwortlich ist.

«Wenn die Gesellschaft gewisse Risiken nicht mehr akzeptiert, müssen wir bereit sein, auf die entsprechende Produktion zu verzichten. Ohne politischen Konsens über die noch tragbaren Risiken können wir heute nicht mehr arbeiten.»

ALEX KRAUER, Präsident und Delegierter des Verwaltungsrates des Chemiekonzerns Novartis

Pleiten: Der Staat hat mitzureden

Der Staat soll «deregulieren». Er soll also den privaten Firmen und Unternehmen möglichst wenig Vorschriften machen, damit sich die Marktwirtschaft «frei» entfalten kann. So lautet die Forderung der Wirtschaftslobby. Der Staat darf aber auf diese Forderung nur eingehen, wenn unter anderem folgende Bedingungen erfüllt sind:

- Es müssen im jeweiligen Wirtschaftszweig tatsächlich Marktbedingungen herrschen. Vor allem darf kein übermächtiges Unternehmen oder Kartell die Preise diktieren. Der Staat muss also verhindern, dass ein Unternehmen in einem bestimmten Marktsegment eine marktbeherrschende Stellung hat – so wie dies zum Beispiel in den USA der Fall ist. Die

Behörden in Europa haben die Fusion der beiden Chemiemultis Ciba und Sandoz zur Novartis schnell gebilligt. Die Kartellbehörde in den USA dagegen hat Ciba und Sandoz vor Billigung der Fusion gezwungen, im Bereich Pflanzenschutzmittel, Flohmittel und der Gentherapie einiges abzustossen, damit Novartis in diesen Einzelbereichen keine marktbeherrschende Stellung erreicht.

- Der betroffene Wirtschaftszweig darf keine Umwelt- und anderen Kosten mehr sozialisieren. Der Staat muss also zuerst dafür sorgen, dass die betroffenen Firmen und Unternehmen zuerst für alle von ihnen verursachten Kosten selber aufkommen – zum Beispiel, indem er entsprechende finanzielle Abgaben einführt.
- Die Privatunternehmen im betroffenen Wirtschaftszweig müssen ihr Unternehmerrisiko selber tragen.

Viele Unternehmer geben sich risikofreudiger, als sie in Wirklichkeit sind

Private Unternehmer heben das Risiko von Verlusten oder sogar eines Konkurses gerne hervor, um ihre zum Teil erheblichen Gewinne zu rechtfertigen und vom Staat mehr Ellbogenfreiheit zu verlangen. Viele Unternehmer sind in Wirklichkeit allerdings nicht allzu risikofreudig. Oft belassen sie das Aktienkapital fast auf dem gesetzlich vorgeschriebenen Minimum, auch wenn sie mehrere hundert Millionen Mark Umsatz machen. Im Falle eines Debakels haften die Besitzer jedoch nur mit dem eingesetzten Kapital. Für Banken und Versicherungen musste der Staat deshalb entsprechende Vorschriften erlassen, damit das Eigenkapital nicht in einem allzu krassen Missverhältnis zu den eingegangenen Verpflichtungen steht.

In einigen Fällen genügt dies jedoch nicht mehr. Die grössten Versicherungen und Banken haben einen so bestimmenden Einfluss auf die Wirtschaft, dass der Staat in einer Krisensituation einen drohenden Konkurs abwenden muss, um fatale Kettenreaktionen zu verhindern. Das ist in den letzten 30 Jahren mehrere Male geschehen. Das gleiche gilt auch für Grosskonzerne mit Milliardenumsätzen, insbesondere für jene Unternehmen also, die «unbequeme» Regierungen mit Standortverlagerungen erpressen und austricksen können. Geht es ihnen aber einmal wirklich schlecht, dann können sie trotzdem auf die Hilfe des Staates zählen, weil die Folgen eines Kollapses wirtschaftlich und gesellschaftlich kaum zu verkraften wären.

Fazit: Wer die Marktwirtschaft ernst nimmt, darf solche Auswüchse nicht zulassen. Konzerne, die so gross und mächtig werden, dass sie das Unternehmerrisiko auf die Allgemeinheit abschieben können, verletzen grundlegende Regeln des Wettbewerbs. Und dagegen muss sich der Staat – im Interesse der Allgemeinheit – zur Wehr setzen.

Theorie und Praxis
Der weltweite Konzentrationsprozess nimmt weiterhin zu. Und so entstehen immer mehr Grosskonzerne, die das Risiko einer Pleite nur noch beschränkt selber tragen. Doch gerade aus ihrer Ecke ist der Ruf nach Deregulierung besonders laut.

Standortwettbewerb: Förderung statt Geschenke

Wie aus dem internationalen Kampf um neue Unternehmen ein faires Spiel wird

Gefährliches Buhlen: Lockt ein Staat mit Finanzhilfe neue Grossunternehmen ins Land, kann dies die heimische Wirtschaft aus dem Lot bringen. Um dies zu verhindern, braucht es internationale Abmachungen – und eine vernünftige Standortwerbung.

Der internationale Handel gemäss Lehrbuch und der sogenannte Standortwettbewerb sind zwei völlig verschiedene Dinge

Der internationale Handel funktioniert parallel auf zwei verschiedene Arten. Einmal etwa so, wie er im Lehrbuch beschrieben ist. Die Länder exportieren das, was sie im Vergleich zu andern besser herstellen können, und importieren das, was andere besser herstellen. Indem sich jeder auf seine Stärken konzentriert, wird die Produktion optimiert. Von diesem freien Handel profitieren alle. Jeder Vorteil, den der eine erringt, ist auch ein Vorteil oder zumindest kein Schaden für alle andern.

Die zweite Art des Handels ist ganz anders. Hier geht es darum, dass einzelne Unternehmen, Länder oder Gebiete Positionen besetzen, von denen sie die Konkurrenz ausschliessen können. Ein Beispiel eines solchen Positionskampfes ist die Auseinandersetzung der beiden Passagierflugzeug-Hersteller Boeing und Airbus. Ein anderes Beispiel ist die Konzentration der PC-Industrie im Silicon Valley. Ein drittes betrifft die Pharmaindustrien Deutschlands und der Schweiz. Sie haben, so könnte man argumentieren, den Kampf um die Biotech-Industrie gegen Kalifornien verloren und damit unter Umständen die Zukunft der europäischen Pharmaindustrie verspielt.

Diese zweite Art des Handels könnte als Nullsummenspiel beschrieben werden. Was der eine gewinnt, verliert der andere. In der Ökonomie spricht man deshalb von «strategischem Handel» oder von Standortwettbewerb.

Geht es um die Frage des internationalen Handels, unterscheiden Politiker und Journalisten kaum zwischen diesen zwei Formen – und machen damit das Ganze noch verwirrender. So kommt es, dass der Standortwettbewerb dann als etwas Bedrohliches beschrieben wird, wenn der strategische Handel gemeint ist, und dann wieder als eine Sache, die langfristig allen nützt, wenn jemand an den freien Handel nach Lehrbuch denkt.

Werden in Diskussionen die Vor- und Nachteile eines Standorts gegeneinander ausgespielt, geht es indes meist um den Wettbewerb im Bereich des strategischen Handels. Schliesslich will man sich gegen einen anderen Staat durchsetzen, etwas gewinnen, das dann andere verlieren. Wer allerdings davon ausgeht, der Handel funktioniere immer nach diesem Muster, verkennt die Tatsachen. Drei Belege dafür, dass die heute populäre Gleichsetzung von internationalem Handel mit Standortwettbewerb falsch ist:

Die Einbussen an Einkommen des Mittelstands in Westeuropa und den USA sind nur zu einem kleinen Teil auf die Konkurrenz der Billiglohnländer zurückzuführen

- Untersuchungen zeigen, dass der Welthandel noch immer überwiegend nach dem Muster des freien Handels funktioniert. So hat der Stanford-Ökonom Paul Krugman – entgegen der Theorie des strategischen Handels – festgestellt, dass die Einkommenscinbussen der unqualifizierten Arbeiter und des Mittelstands in Westeuropa und den USA nicht oder nur zu einem sehr kleinen Teil auf die Konkurrenz der Billiglohnländer zurückzuführen sind.

- Ferner zeigt sich, dass ein verhältnismässig geringes Wachstum der Produktivität eines Landes mit keinerlei Einbussen verbunden ist. Vielmehr wächst auch die Wirtschaft von vergleichsweise wenig produktiven Ländern – genau wie dies die Theorie des freien Handels zeigt – etwa im Tempo ihres eigenen Produktivitätsfortschritts.

- Zudem ist es auch falsch zu behaupten, der Handel sei heute so global wie noch nie. Gemessen an den Exportanteilen, Kapitalexporten und der Immigration von Arbeitskräften, war beispielsweise Grossbritannien zu Beginn des Jahrhunderts deutlich globaler als heute.

Doch die populäre Vorstellung vom Standortwettbewerb ist nicht nur falsch, sie ist auch sehr gefährlich. Und zwar aus folgendem Grund: Standortideologen, wie etwa die Autoren des in der Schweiz heissumstrittenen Weissbuches «Mut zum Aufbruch», sprechen davon, dass sich Staaten wie Unternehmen in einem «immer härter werdenden globalen Wettbewerb bewähren müssen». Nun unterscheiden sich Länder und Unternehmen zumindest in einem wichtigen Punkt grundlegend: Unternehmen haben Angestellte, Länder haben einen Binnenmarkt.

Genau dieser Binnenmarkt wird nun aber von den Standortkämpfern als blosser Kostenfaktor betrachtet. Dieser müsse, damit ein Land im Standortwettbewerb bestehen könne, nach dem Vorbild der **schlanken Produktion** möglichst schlank gehalten werden. Konkret heisst dies: Senkung der Lohn- und Lohnnebenkosten – oder einfacher ausgedrückt: «Gürtel enger schnallen!»

Praktisch alle Länder leiden unter genau denselben fixen Ideen. Einige von ihnen haben insofern mildernde Umstände, als ihre **Leistungsbilanz** negativ ist. Das gilt allerdings nicht für die Schweiz, die seit Jahren weltweit die mit Abstand grössten Leistungsbilanzüberschüsse ausweist. Nüchtern betrachtet ist denn auch das Hauptproblem Deutschlands, der Schweiz oder Österreichs keineswegs ihre schwache Stellung im globalen Markt, sondern vielmehr die schwache Nachfrage in den jeweiligen Binnenländern. Und die rührt daher, dass die Verbraucherinnen und Verbraucher aus Angst vor den Folgen des globalen Marktes ihr Geld lieber für Notfälle sparen, als es auszugeben. Wenn aber jedes Land glaubt, es müsse den Gürtel enger schnallen, um im Standortwettbewerb bestehen zu können, dann leuchtet es ein, dass der Standortwettbewerb nicht ein Nullsummenspiel ist, sondern ein Teufelskreis. Denn mit dem Senken der Löhne (also dem Schlankermachen des Binnenmarktes) ist noch weniger Geld zum Ausgeben

Schlanke Produktion: Darunter versteht man die möglichst kostensparende Produktion. So wird etwa versucht, keine (teuren) grossen Lager mit Vorprodukten mehr zu halten, sondern diese vom Lieferanten genau zum Produktionszeitpunkt («just in time») zu beziehen.
Leistungsbilanz: Sie umfasst neben dem Import und Export von Gütern (Handelsbilanz) auch den Handel mit Dienstleistungen, die von den Fremdarbeitern nach Hause überwiesenen Löhne (Bilanz der unentgeltlichen Leistungen) und die Bilanz der Kapitalerträge. In der Bilanz der Kapitalerträge schlägt sich vor allem der Ertrag aus den Auslandsvermögen nieder.

da – und dies bringt die Wirtschaft des Landes erst recht in Bedrängnis. Die einzige Art, im globalen Standortwettbewerb erfolgreich zu sein, besteht deshalb darin, aus ihm auszubrechen und statt dessen die lokalen Märkte zu fördern.

Dieser Ausbruch muss in erster Linie durch zwei Arten von internationalen Vereinbarungen geschehen. Zum einen braucht es eine internationale Koordination der Konjunkturpolitik. Erste Ansätze dazu bestehen bereits: In verschiedenen europäischen Ländern (Frankreich, Deutschland, Belgien, Portugal) werden zur Zeit «Pakte der Arbeit» geschmiedet. Im wesentlichen geht es dabei immer darum, Flexibilität gegen eine verbesserte Arbeitsplatzsicherheit zu tauschen. Die Flexibilität des Arbeitseinsatzes gibt den Unternehmen eine gewisse Gewähr für das Bestehen am Markt. Und dank der höheren Sicherheit vermindert sich für die Arbeitnehmer der Zwang, den Gürtel enger zu schnallen und Geld zu horten. Die EU-Kommission bemüht sich, diese nationalen Initiativen zu einem europäischen Pakt für die Arbcit zu erweitern.

Theorie und Praxis

Internationale Vereinbarungen tönen in der Theorie schön, sind aber praktisch schwer zu verwirklichen, weil jedes Land danach trachtet, möglichst wenig zu «zahlen» und viel zu profitieren. Zudem besteht die Gefahr, dass solche Abmachungen zu protektionistischen Beschränkungen des Wettbewerbs führen. Andererseits ist gerade der heutige Standortwettbewerb eine moderne Form des Protektionismus. Früher hatte der Staat die Konsumenten via Importzölle gezwungen, durch höhere Preise die einheimischen Arbeitsplätze zu sichern. Heute sind es die Unternehmen, welche die Staaten nötigen, ihnen Geld zu geben in der Hoffnung, wenigstens kurzfristig einige Arbeitsplätze zu sichern.

Zweitens braucht es dringend internationale Vereinbarungen zur Begrenzung des Standortwettbewerbs. In der irrigen Meinung, dass neue Arbeitsplätze nur auf den internationalen Märkten im Wettkampf mit andern Ländern gewonnen werden können, und im verständlichen Bestreben, die Arbeitslosenquoten nicht noch höher steigen zu lassen, überbieten sich die Länder gegenseitig mit Steuer- und andern Geschenken für potentielle Investoren.

In der EU gibt es dafür zwar Höchstsätze, die allerdings den ruinösen Wettbewerb nicht wirksam bekämpfen. In der Schweiz sind die im Standortwettkampf eingesetzten Mittel im Vergleich zum Ausland sehr bescheiden. Nennenswerte Zugeständnisse werden allenfalls bei den Steuern gemacht. Die Erpessbarkeit ist angesichts der steigenden Arbeitslosenquoten vor allem im Tessin und in der Westschweiz allerdings grösser geworden.

Um gegen all die erwähnten Tücken besser gewappnet zu sein, ist es sinnvoll, die Förderung der Wirtschaft auf nationaler – bzw. für die EU-Staaten auf europäischer Ebene zu koordinieren. Im Gegensatz zu den meisten Staaten kennt die Schweiz noch keine zentrale Standortförderung. Inzwischen hat der Bundesrat (Regierung) immerhin einen Kredit von 24 Millionen Franken bewilligt, um den Standort Schweiz international zu vermarkten.

Eine gute staatliche Industriepolitik muss darauf abzielen, auch die einheimischen Unternehmen zu fördern und bestehende Stärken auszubauen

Bei aller Kritik an den Auswüchsen des internationalen Standortwettbewerbs muss man doch davon ausgehen, dass der internationale Handel zumindest teilweise nach den Regeln des strategischen Handels verläuft. Deshalb kommt wohl kein Land an einer gezielten Industriepolitik vorbei. Diese darf sich aber nicht darauf beschränken, punktuell ausländische Unternehmer ins Land zu locken:

- Vielmehr müssen auch die inländischen Unternehmer zumindest dieselben Vorteile- und Förderungsmassnahmen geniessen.

- Zweitens muss die Förderung darauf abzielen, bestehende Stärken zu fördern und industrielle, gewerbliche und Dienstleistungsbiotope aufzubauen.

- Drittens müssen diese nicht nur auf den Export ausgerichtet sein.

- Noch wichtiger ist es, die heimischen Märkte und die lokale Tauschwirtschaft zu entwickeln. Dadurch wird die lokale und nationale Wirtschaft faktisch und vor allem auch psychologisch weniger anfällig für die Stimmungsschwankungen auf den internationalen Märkten.

Gewinne im Schlaf: Abschöpfen

Wie ein paar einfache Massnahmen gegen das Horten die Kosten für Bauland senken

Die hohen Bodenpreise schaffen Jahr für Jahr riesige Einkommen. Das verdanken die Bodenbesitzer dem Staat, denn der verknappt den Boden und macht ihn mit Infrastrukturinvestitionen attraktiver. Deshalb sollte der Staat die von ihm geschaffenen Mehrwerte abschöpfen.

Leistung muss sich lohnen. Das bedeutet auch, dass sich Nichtleistung nicht lohnen darf. Die Verfechter der Marktwirtschaft werden deshalb nicht müde, immer wieder die staatlichen Eingriffe in den freien Wettbewerb anzuprangern, insbesondere dann, wenn diese zu **Pfründen** führen, also zu Einkommen ohne Leistung. Recht haben sie, die Marktverfechter. Bloss sollten sie etwas konsequenter sein. Staatliche Pfünden entstehen nämlich nicht nur dort, wo – wie etwa in der Landwirtschaft – Einfuhrkontingente vergeben werden, wo – wie etwa bei Notaren und Kaminfegern – der Zugang zu einem Beruf staatlich beschränkt wird oder wo – wie oft in der Bauwirtschaft – staatliche Aufträge zu teuer an befreundete Unternehmer vergeben werden.

Staatliche Pfründen entstehen auch – und vor allem – auf dem Bodenmarkt. Sie entstehen einerseits dadurch, dass das eine Land durch staatlichen Beschluss in die Landwirtschafts- und das andere (der weitaus kleinere Teil) in die Bauzone eingeteilt wird. Wäre das nicht so, so würde das Bauland in Westeuropa, von wenigen Zentrumslagen abgesehen, höchstens ein paar Dutzend Mark pro Quadratmeter kosten. Zweitens entstehen staatliche Pfründen, wenn Bauland durch den staatlich finanzierten Bau von Verkehrserschliessungen aufgewertet wird.

Pfründe: So nennt man ein Kirchenamt, das mit einer finanziellen Leistung – sei es ein Einkommen oder ein Vermögen in Form von Geld oder Land – verbunden ist. In der Umgangssprache dagegen steht der Ausdruck für jede Art von regelmässigem Einkommen, welches nicht mit Mühe verbunden ist, also auch für Mehreinnahmen, die man aufgrund eines Privilegs oder einer Monopolstellung erhält.

Weil die Einteilung von Land in die Bauzone beziehungsweise das Bauverbot in den restlichen Zonen meist schon lange zurückliegt, wird der höhere Wert des Baulandes allerdings meist als wohlerworbenes privates Recht und nicht als Pfründe behandelt. Und wenn der Staat aus Gründen der Raumpolitik oder der Umwelt Bauland auszont, so fordern und erhalten die Besitzer eine Entschädigung. Und kein Richter hat je berücksichtigt, dass der hohe Wert des Baulandes ja gerade darauf zurückzuführen ist, dass 90 Prozent des potentiellen Baulandes ausgezont sind.

Eigentum an Grund und Boden ist ein politisch heikles Gebiet. Zwar gibt es eine ganze Reihe bekannter Ökonomen, von Karl Marx über Henry George bis **Adam Smith,** die sich kritisch über die Bodenrente geäussert haben. Sie haben die Verstaatlichung des Bodens oder zumindest die weitgehende Abschöpfung der Bodenrenten durch den Staat gefordert. Doch bis auf ein paar wenige Experimente, beispielsweise in Australien, hat nie ein Land ernsthaft am Prinzip des privaten Bodeneigentums gerüttelt.

Adam Smith, «The Wealth of Nations», 1776.
«Sobald das ganze Land jeden Staates privates Eigentum geworden ist, wollen die Landbesitzer – wie alle andern Menschen auch – dort ernten, wo sie nicht gesät haben. Sie verlangen eine Rente sogar für sein natürliches Produkt. Das Holz des Waldes, das Gras der Felder und all die natürlichen Früchte der Erde, die – als das Land noch Gemeinbesitz war – bloss die Mühe der Arbeit kosteten, werden jetzt mit einem Aufpreis versehen, der Aufpreis ist die Bodenrente.»

Daran dürfte sich auch in Zukunft nicht viel ändern. Gerade die jüngere Geschichte der Schweiz zeigt, dass alle politischen Versuche, die privaten Bodenrenten wenigstens einzuschränken, keine Mehrheiten finden. Und dies in einem Land, wo 70 Prozent der Bevölkerung Mieter sind. Zwar werden in den meisten Ländern die Gewinne beim Kauf und Verkauf von Liegenschaften im Prinzip besteuert. Eine Abschöpfung der Bodenrente findet damit aber nur sehr beschränkt statt.

Erstens gibt es zahlreiche Möglichkeiten, diese Steuer zu umgehen. Die wichtigste dieser Möglichkeiten ergibt sich daraus, dass die Grundstückgewinnsteuer nur jene Mehrwerte betrifft, die durch einen Verkauf realisiert werden. Ein höherer Mehrwert kann aber noch auf ganz andere Weise als durch eine Veräusserung in Bargeld umgewandelt werden, beispielsweise durch eine höhere Miete.

Nehmen wir an, jemand habe einen halben Hektar Agrarland im Wert von 100 000 Mark bisher für insgesamt 5000 Mark verpachtet. Nun wird das Landstück in die Wohnzone umgezont. Der Besitzer baut darauf drei Wohnblocks, die er allesamt mit Hypotheken finanziert. Die Immobilien bringen ihm nach Abzug aller Zinsen und Spesen netto 150 000 Mark ein. Wenn man nun diesen Ertrag genauso mit 5 Pozent kapitalisiert wie zuvor die Pacht, so zeigt sich, dass die Etragskraft des Grundstücks jetzt einer Kapitalanlage im Wert von 3 Millionen Mark entspricht. Unser Bodenbesitzer hat als einen Mehrwert von 2,9 Millionen Mark erzielt, und zwar steuerfrei – weil ja kein Verkauf stattgefunden hat.

Theorie und Praxis
Viele Baufachleute sind heute der Meinung, dass Massnahmen gegen das Horten von Bauland nicht nötig seien. Die Immobilienkrise zeige, dass die Bodenpreise nicht nur steigen, sondern auch sinken können. Ökonomen warnen davor, dass ein weiteres Sinken die Banken in ernsthafte Schwierigkeiten bringen könnte. Ökologen schliesslich weisen darauf hin, dass zu billiges Bauland der Zersiedelung Vorschub leisten könnte.

Die Bedenken sind ernst zu nehmen. Allerdings mit Einschränkungen: Die Banken sind nicht in erster Linie durch zu tiefe Immobilienpreise gefährdet. Kritisch für sie wird es erst, wenn die Mieter die Zinsen auf den zu teuren Immobilien nicht mehr zahlen können. Und schliesslich gibt es bessere Mittel, um eine Landschaft vor einer Zersiedelung zu schützen als teure Pfründen für Landbesitzer.

Das Beispiel zeigt, dass auch eine Grundstückgewinnsteuer keineswegs dafür sorgt, dass Umzonungsgewinne und Bodenrenten der Allgemeinheit zugute kommen. Die beste Art, die Bodenrente zu sozialisieren, besteht deshalb darin, den Bodenpreis tief zu halten und dadurch die Bodenrenten von vornherein zu begrenzen. Zu diesem Zweck muss der Staat einfach dafür sorgen, dass immer etwas mehr Boden angeboten als nachgefragt wird. Nur im Extremfall muss dafür mehr Land zur Bauzone geschlagen werden. In der Regel dürfte es genügen, die Nutzungsvorschriften innerhalb bestehender Bauzonen zu lockern. Vor allem aber muss verhindert werden, dass Boden im grossen Mass gehortet und somit zum Spekulationsobjekt gemacht wird. Konkret heisst dies, dass Steuervorteile für Bauspekulanten abgeschafft werden. (Siehe dazu auch das Kapitel über die Steuern.)

Ein weiteres probates Mittel zur «Verflüssigung» des Baulandmarktes besteht darin, den für die Vermögensteuer massgebenden Wert von brachliegendem Bauland relativ hoch an-

Das ganze Kreditsystem und damit der Konjunkturzyklus hängt stark vom schwankenden Wert des Bodens ab

zusetzen. Die Grundbesitzer erhalten so einen finanziellen Anreiz, ihren Boden entweder selbst zu nutzen oder zu verkaufen. Ferner kann der Staat die private Erschliessung von Bauland zulassen. In der Schweiz sind rund 40 Prozent der Baulandreserven noch nicht erschlossen. Die Eigentümer sind dann an einer möglichst raschen und intensiven Nutzung stark interessiert.

Natürlich kann es dabei nicht darum gehen, mit einem Überangebot die Bodenpreise gegen Null zu drücken. Ein bisschen Bodenrente darf und muss sein. Ein zu tiefer Bodenpreis wäre schon deshalb gefährlich, weil der Wert der Immobilien die wichtigste Sicherheit für Bankenkredite ist. Das ganze Kreditsystem und damit der Konjunkturzyklus hängt sehr stark vom (schwankenden) Wert der Immobilien ab. Eine gewisse staatliche Steuerung des Immobilienangebots ist deshalb zumindest ebenso wichtig wie die Steuerung der Notenbankgeldmenge.

Arbeitsmarkt: Mehr Freiheit statt Druck

Wie sich mit mehr Markt die knappe Arbeit in den Industriestaaten besser verteilen lässt

Weil das Spiel von Angebot und Nachfrage auf dem Arbeitsmarkt nicht funktioniert, können die Arbeitgeber die steigende Arbeitslosigkeit ausnützen. Um dies zu korrigieren, braucht es eine freiere Arbeitswahl, flexiblere Arbeitszeiten – und Alternativen zur bezahlten Arbeit.

In den westlichen Industrieländern gibt es 35 Millionen offiziell registrierte Arbeitslose. Weil die Arbeitgeber teure Arbeit durch billige aus dem Ausland oder durch Kapital ersetzen können und weil die Arbeitnehmer angesichts der sinkenden Löhne ihrerseits weniger konsumieren und mehr arbeiten, steigt das Angebot an Arbeitskräfte und die Löhne sinken weiter. Dieser Teufelskreis, der die Regeln des Marktes aufhebt, wird durch die Arbeitslosenversicherung, die einen einigermassen geordneten Rückzug aus dem Arbeitsmarkt erlaubt, nur ungenügend gebremst.

Eine hohe Arbeitslosigkeit ist ein ernsthaftes Problem, das nicht nur die Wirtschaft eines Landes, sondern die ganze Gesellschaft destabilisieren und zu sozialen Unruhen führen kann. Angesichts solcher Gefahren sind auch Massnahmen wie zum Beispiel **staatliche Beschäftigungsprogramme, obligatorische Arbeitszeitverkürzungen** oder massive Subventionen für die Arbeitslosenversicherung keineswegs tabu. In erster Linie sollte aber versucht werden, durch kleine Veränderungen der Rahmenbedingungen den Arbeitsmarkt so zu reorganisieren, dass eine geringe Arbeitslosigkeit möglich wird. Mit anderen Worten: Die Politikerinnen und Politiker müssen dafür sorgen, dass

Staatliche Beschäftigungsprogramme: Sie waren – in Form von vorgezogenen Ausgaben für den Bau von Strassen usw. – bis in die achtziger Jahre das klassische Mittel zur Bekämpfung der Arbeitslosigkeit. Heute werden sie von Parlamenten und Regierungen meist abgelehnt, weil sie den Staatshaushalt belasten und angeblich bestenfalls ein Strohfeuer entfachen.

Obligatorische Arbeitszeitverkürzung: Vor rund 120 Jahren wurden in Europa erstmals gesetzliche Obergrenzen für die Arbeitszeit eingeführt. In der Schweiz ist dieser Prozess in den siebziger Jahren zum Stillstand gekommen, obwohl die Produktivität pro Arbeitsstunde noch steigt.

aus dem Arbeitsmarkt ein echter Markt im klassischen Sinne wird.

Eine solche Politik muss vor allem an einem entscheidenden Punkt ansetzen: Sie muss die Arbeitnehmer in die Lage versetzen, gemäss der klassischen Markttheorie bei sinkenden Löhnen weniger Arbeitszeit anzubieten. Also dafür sorgen, dass Angebot und Nachfrage auch in diesem Markt spielen.

Eine solche Möglichkeit bietet die Arbeitslosenversicherung. Wer 3000 Mark Arbeitslosengeld erhält, wird kaum bereit sein, für 2500 Mark eine langweilige und vielleicht sogar gefährliche Arbeit anzunehmen. Er wird sich deshalb so lange aus dem Arbeitsmarkt zurückziehen, bis er ein besseres Angebot erhält. Dadurch werden die Preise auf dem Arbeitsmarkt durch eine Verringerung der Nachfrage nach Arbeitsplätzen stabilisiert.

Dic Arbcitslosenversicherung trägt also dazu bei, dass der Arbeitsmarkt im Sinne des klassischen Gleichgewichts funktioniert. Diese Krücke des Marktes ist allerdings teuer: Sie belastet den Staat finanziell und mildert zudem die psychologischen und gesundheitlichen Probleme der Arbeitslosigkeit keineswegs. Diese Probleme führen via Krankenversicherung wiederum zu finanziellen Belastungen für die Allgemeinheit.

Die Kunst der **Arbeitsmarktpolitik** besteht nun darin, die Arbeitslosigkeit gleichsam zu privatisieren, indem der private (Teil-)Ausstieg aus dem Arbeitsmarkt erleichtert wird. Konkret: Es geht darum, Anreize zu schaffen, die es einem Teil der Arbeitnehmer ermöglichen, freiwillig weniger zu arbeiten als heute.

Arbeitsmarktpolitik: In der Schweiz ist die Regelung des Arbeitsmarktes in erster Linie Sache der Sozialpartner. Diese schliessen branchenweise Gesamtarbeitsverträge ab, in denen Dinge wie Kündigungsschutz, Ferienansprüche und so weiter geregelt sind. In jüngster Zeit drängen die Arbeitgeber vermehrt darauf, die eigentlichen Lohnverhandlungen auf die Ebene der einzelnen Betriebe zu verlagern. Eine aktive Arbeitsmarktpolitik gibt es in der Schweiz nicht. Der Gesetzgeber beschränkt sich darauf, die Rahmenbedingungen festzulegen. Dazu gehören in erster Linie die obligatorische Arbeitslosenversicherung und die Regelung des Streikrechts.

Der Ausdruck «Privatisierung der Arbeitslosigkeit» hat aber auch eine negative Bedeutung: Denn bisher wurde die Arbeitslosigkeit meist unfreiwillig privatisiert. So konnte etwa die Schweiz in der Krise der siebziger Jahre die Arbeitslosenquote deshalb tief halten, weil 200 000 Fremdarbeiter in ihre Heimat zurückgeschickt worden sind. Zudem ziehen sich in jeder Krise Zehntausende von Frauen aus der Erwerbsarbeit in die Haushalte zurück.

Der erste Baustein für einen besseren Arbeitsmarkt ist eine **Flexibilisierung der Arbeitszeit.** Fast alle Arbeitnehmer verspüren, zumindest in gewissen Lebensabschnitten, den Wunsch, weniger als 5mal 8 Stunden pro Woche zu arbeiten. Starre Arbeitszeitregelungen und die Angst, entlassen zu werden oder von der Karriereleiter herunterzufallen, verhindern, dass diese Möglichkeiten ausgeschöpft werden, und halten so das Angebot an Arbeit künstlich hoch.

Flexibilisierung der Arbeitszeit: Dies bedeutet einerseits die Möglichkeit des einzelnen Arbeitnehmers, seine Arbeitszeit frei zu bestimmen. Die Arbeitgeber andererseits wollen ihre teuren Maschinen länger laufen lassen, und sie wollen ihre Angestellten oder temporären Hilfskräfte genau dann arbeiten lassen, wenn sie sie brauchen. Notfalls auch nachts oder am Wochenende.

In Deutschland arbeiten gut 17 Prozent aller Beschäftigten teilzeit oder temporär. Allerdings handelt es sich dabei zum überwiegenden Teil um Frauen in wenig qualifizierten Berufen. In den gutbezahlten Männerberufen, vor allem aber in Kaderstellungen ist die Teilzeit noch immer im wesentlichen tabu. Kein Wunder, liegen gemäss einer Erhebung der EU-Kommission in allen EU-Ländern noch beträchtliche Teilzeitpotentiale frei.

Die Angst, den Job zu verlieren, hindert viele Männer und Frauen daran, ihren Wunsch nach Teilzeitarbeit in die Tat umzusetzen

Eine Studie der Unternehmensberatungsfirma McKinsey zeigt, dass beispielsweise in (West-)Deutschland 38 Prozent der Beschäftigten kürzer arbeiten wollen und dass 60 Prozent aller Arbeitsplätze ohne Mehrkosten oder gar mit Gewinn aufgeteilt werden können. Für Deutschland bedeutet dies ein Potential von 1,2 Millionen Arbeitsplätzen. Oder umgerechnet: die Halbierung der Arbeitslosenquote.

Vor gut zwei Jahren hat McKinsey eine ähnliche Studie auch in der Schweiz durchgeführt. Interessanterweise haben die Autoren im Gegensatz zur deutschen Studie den Hauptakzent sehr viel stärker auf die betriebswirtschaftliche Notwendigkeit längerer Betriebszeiten gelegt und nicht auf das individuelle Bedürfnis nach kürzeren und flexiblen Arbeitszeiten. Während die deutsche Studie die vermehrte Teilzeit noch als einen entscheidenden Beitrag zur Lösung des Arbeitslosenproblems

Flexible Löhne sind der falsche Weg

Sind tiefere, flexible Löhne ein wirksames Mittel gegen die Arbeitslosigkeit? Die Antwort ist ein klares Nein.

Flexible Löhne werden oft als die einzige Lösung für das Problem der Arbeitslosigkeit angepriesen. Was damit gemeint ist, zeigt eine Studie von McKinsey, in welcher der US-Arbeitsmarkt ausdrücklich dafür gelobt wird, dass er 30 Millionen Menschen zu Löhnen beschäftigt, die unter dem französischen Mindestlohn von umgerechnet 1700 Mark pro Monat liegen.

Die Arbeitsmarktpolitik der tiefen Löhne wird meist rein betriebswirtschaftlich begründet: Je tiefer der Lohn, desto eher ist eine Firma bereit, neue Leute einzustellen. Volkswirtschaftlich gesehen geht diese Rechnung nicht auf, wie folgende Überlegung zeigt:

Ideal-Szenario A: Wir befinden uns in einer Volkswirtschaft, in der alle Einwohner gleich viel verdienen, voll arbeiten und damit ihren Grundbedarf decken. Nun erlauben technologische Fortschritte 40 Prozent Produktivitätsgewinn. Die gleichen Güter können jetzt mit 40 Prozent weniger Arbeit hergestellt werden. Mit gleich viel Arbeit könnten alle 66,6 Prozent mehr konsumieren.

Weil die Leute aber schon gesättigt sind, werden sie zum Beispiel nur 25 Prozent mehr konsumieren. Deshalb lassen sich nicht mehr alle Güter absetzen. Das kann Arbeitslosigkeit zur Folge haben. Um dies zu verhindern, kann man die Arbeitszeit kürzen. Das Gleichgewicht ist wieder hergestellt.

Szenario B mit flexiblen Löhnen: Statt die Arbeitszeit zu kürzen, kann man einem Teil der Arbeiter tiefere Löhne zahlen, damit diese billige Dienstleistungen anbieten können. Das schafft zwei Kategorien von Arbeitskräften, nämlich teure hochproduktive und billige schwachproduktive. Die billigen schwachproduktiven Arbeitskräfte können sich aber nicht mehr soviel hochproduktive Güter leisten wie vorher. Deshalb wird nicht nur Zeit, die wegen der höheren Produktivität frei geworden ist, mit schwachproduktiver Arbeit ausgefüllt, sondern auch ein Teil der Zeit, in der im Szenario A hochproduktiv gearbeitet wird.

Damit sinkt die Gesamtproduktivität pro Kopf. Trotz erheblich längerer Gesamtarbeitszeit steigt das Bruttosozialprodukt im Szenario B gegenüber dem im Szenario A nur wenig an. Oder es sinkt sogar. Zudem nehmen die Einkommensunterschiede stark zu. All dies lässt sich im Vergleich zwischen den USA und Deutschland statistisch belegen.

sieht, spielt die Schweizer Studie ihre eigene politische Bedeutung deutlich herunter.

Interessant ist auch die Darstellung der Ergebnisse. Die Studie hält fest, dass in der Schweiz 5 bis 10 Prozent der rund 2,7 Millionen Vollzeiter bereit wären, ihre Arbeitszeit mit entsprechendem Lohnverlust um durchschnittlich 20 Prozent zu senken. Weiter wird unterstellt, dass diese 135 000 bis 270 000 zusätzlichen Teilzeiter in den nun 80 Prozent ihrer Arbeitszeit nur 5 bis 10 Prozent weniger leisten als zuvor. Daraus errechnet McKinsey einen Bedarf von 12 000 bis 15 000 zusätzlichen Stellen, was die bestehende Arbeitslosigkeit um weniger als 10 Prozent verringern würde.

Dabei geht die schweizerische Studie eigentlich gar von besseren Voraussetzungen aus als die deutsche. Aufgrund konkreter Untersuchungen rechnet sie hoch, dass 85 bis 90 Prozent aller Arbeitsplätze (Deutschland 60 Prozent) grundsätzlich teilbar sind und dass 30 bis 40 Prozent der Vollzeiter lieber Teilzeiter wären. Daraus ergibt sich gemäss Adam Riese (beziehungsweise gemäss Mengenlehre), dass 24,5 bis 36 Prozent aller teilungswilligen Leute heute auf teilungsfähigen Arbeitsplätzen sitzen. Dieses Potential, das einen wesentlichen Beitrag zur Lösung des Arbeitslosenproblems leisten könnte, wurde jedoch bei der Präsentation der Ergebnisse ohne weitere Erklärungen auf 5 bis 10 Prozent heruntergekürzt.

Ob jemand finanziell überhaupt in der Lage ist, seine Arbeitszeit zu verringern, hängt in erster Linie von seinen festen Kosten ab, also insbesondere von der Miete. Eine hohe Mietbelastung muss nicht sein. Mit einer vernünftigen Bodenpolitik könnten die Bodenpreise mindestens halbiert werden. Dank moderner Bautechnologie und -organisation ist es heute zudem möglich, ohne Einbusse an Komfort und Qualität Wohnraum statt wie bis-

Theorie und Praxis

Kürzere Arbeitszeiten sind in der Praxis nicht so leicht durchzusetzen. Die Widerstände kommen einerseits von der Firma. Sie muss die Arbeit neu organisieren. Vor allem aber glaubt sie, ein Interesse daran zu haben, Leute, die sie einmal für bestimmte Arbeiten ausgebildet oder angelernt hat, möglichst intensiv nutzen zu können. Gegenargumente: Teams organisieren sich ganz gut selbst, und längere Betriebszeiten machen ohnehin neue Arbeitsorganisationen nötig. Auf längere Frist lohnt es sich für die Unternehmen, gute Leute dank kurzen Arbeitszeiten frisch zu halten und dafür länger zu behalten.

Schwieriger zu überwinden sind die Widerstände der Arbeitnehmer. Solange Dauerarbeitslosigkeit eine echte Gefahr bleibt, werden viele versuchen, möglichst viel zu arbeiten, solange sie überhaupt Arbeit haben. Man weiss ja nie.

Eine gute Alternative zur bezahlten Arbeit ist die unbezahlte Arbeit – doch diese haben wir in den letzten Jahren immer mehr abgebaut

her für 4000 bis 5000 für 1500 bis 2200 Mark pro Quadratmeter herzustellen.

Das wirkt sich natürlich auch auf den Arbeitsmarkt aus. Wer seine Miete praktisch aus der Portokasse bezahlen kann, kann es sich viel eher leisten, seine Arbeitszeit zu verkürzen. Wer ein eigenes Haus besitzt und mehr Freizeit hat, lernt seine Nachbarn besser kennen, beteiligt sich eher am Leben im Quartier oder in der Gemeinde.

Gerade das kann ein weiterer Schritt dazu sein, sich vom Arbeitsmarkt noch mehr zu lösen: Wenn viele öfter miteinander reden, wenn jeder von jedem weiss, was er gut kann, entwickelt sich ganz automatisch eine lokale Tauschwirtschaft. Und die trägt nicht nur direkt zur Lebensqualität bei, sondern bildet notfalls auch eine Alternative zum offiziellen Arbeitsmarkt. Dieses Beispiel zeigt denn auch klar, welches die Schwäche des Arbeitsmarktes ist: Er ist nur ein Teil des Gesamtmarktes für menschliche Arbeit – und die Alternativen zu bezahlter Arbeit haben wir in den letzten Jahrzehnten ständig abgebaut. Zugunsten von mehr Freizeit, in der wir Geld ausgeben, und zuungunsten jener Arbeit, die zwar nur wenig oder gar keinen Lohn abwirft, aber trotzdem etwas zu unserem Überleben beiträgt wie etwa das Pflegen eines eigenen Gemüsegartens.

Schutzreviere: Konkurrenz bringt Fortschritt

Wie mehr Markt und Wettbewerb bei Staat und Monopolen die Wirtschaft belebt

In jenen Wirtschaftszweigen, wo Monopole, Kartelle, Protektion und Subventionen den Markt ausschalten, muss – auf unterschiedliche Weise – mehr Markt verwirklicht werden. Dies gilt insbesondere für das Gesundheitswesen und die Landwirtschaft.

Seit einigen Jahren geht keine Rede eines Wirtschaftsführers vorüber, ohne dass dabei die Liberalisierung, Deregulierung und Revitalisierung der Wirtschaft beschworen wird. Hinter diesen Formeln steckt die Idee, dass es in Europa wesentlich weniger Wettbewerb gibt als in andern Industrieländern, und dass darin der Hauptgrund für die mangelnde internationale Wettbewerbsfähigkeit und für den Verlust von Arbeitsplätzen liegt. Oft wird in diesem Zusammenhang auch die Meinung vertreten, das Preisniveau liege ausschliesslich wegen des mangelnden Wettbewerbs über dem Niveau anderer Industrieländer.

Das Hauptproblem ist nicht die Abwanderung von Arbeitsplätzen, sondern deren Vernichtung durch die Rationalisierung

Richtig ist dass europäische Unternehmen in den letzten Jahren mehr Arbeitsplätze ausserhalb Europas geschaffen haben als in Europa.

Falsch ist es hingegen, dies als Zeichen für die mangelnde Wettbewerbsfähigkeit zu deuten. Die hohe Zahl aussereuropäischer Arbeitsplätze im Besitz europäischer Firmen ist im Gegenteil die notwendige Folge der überlegenen europäischen Wettbewerbsfähigkeit beziehungsweise der Leistungsbilanzüberschüsse – die ja irgendwo angelegt werden müssen. Und der Verlust europäischer Arbeitsplätze ist vor allem auf den technischen Fortschritt und auf die Rationalisierung zurückzuführen. Die meisten Stellen wurden aufgelöst, sie sind nicht abgewandert. Das Hauptproblem ist nicht die Abwanderung, sondern die Vernichtung von Arbeitsplätzen durch die Rationalisierung. Das heisst nicht, dass es keine Deregulierung braucht. Dort, wo sie am meisten nötig ist, haben die Politiker bis heute versagt: im Energiesektor, im Gesundheitswesen und in der Landwirtschaft. Überall dort, wo der Staat direkt ins Marktgeschehen eingreift, muss mehr Markt geschaffen und müssen Pfründen eliminiert werden. Das gilt auch auf dem Bodenmarkt, wo immer noch hohe Monopolrenten erzielt werden.

Stromversorgung: Mehr Wettbewerb hilft sparen

Versorgungsmonopole für leitungsgebundene Energieträger wie Strom, Gas oder Fernwärme können aus technischen Gründen zweckmässig sein. So bleibt es vorderhand höchst ungewiss, ob der partielle Marktzutritt für Grossverbraucher, den die EU mit ihrer Stromrichtlinie ab 1998 anstrebt, tatsächlich zu einer marktgerechteren Stromversorgung führt oder aber lediglich die Subventionierung der Grossindustrie mittels billigem Strom noch verstärkt.

Mehrere Mittel ermöglichen es, auch bei einem Versorgungsmonopol mehr Markt zu verwirklichen

Doch auch ohne Marktöffnung braucht man sich mit den Nachteilen eines Monopols nicht abzufinden, sofern es gelingt, die Preise und Tarife dem volkswirtschaftlichen Optimum anzugleichen und wettbewerbsnahe Verhältnise zu schaffen. Dazu gibt es verschiedene geeignete Mittel:

- *Lenkungsabgaben:* Um die sozialisierten Kosten der Erzeugung, Verteilung und Anwendung von Strom, Gas oder Fernwärme ins Preissystem einzubeziehen, muss diese leitungsgebundene Energie – wie die übrigen Energieträger auch – mit einer finanziellen Abgabe belastet werden. Am sinnvollsten ist es, diese Abgabe auf der Primärenergie, also auf Uran, Kohle, Erdgas, Erdöl und Wasserkraft, zu erheben (siehe dazu auch Kapitel «Naturgüter: Zahlen statt stehlen»).

- *Kostengerechte Tarife:* Um Strom und Gas volkswirtschaftlich effizienter einzusetzen, müssen die Energieversorger ihre heutigen Tarife, die nach einer Mischrechnung festgelegt werden, den Grenzkosten angleichen. Bei den Grenzkosten handelt es sich um die Kosten, die anfallen, um die letzte gerade benötigte Kilowattstunde Energie zu produzieren (siehe dazu Kasten auf Seite 80). Beim Strom bedeutet das gegenüber heute, dass Elektrizitätswerke die Tarife für die Industrie erhöhen, für die Haushalte im Sommer tendenziell senken und im Winter vor allem nachts erhöhen müssen. Der unsinnige Einsatz von Strom für Heizzwecke würde damit völlig unrentabel, was

„Der Einsatz der integrierten Ressourcenplanung durch Energieversorgungsunternehmen bringt eine volkswirtschaftliche Effizienzsteigerung."

FELIX WALTER, Ökonom und Verfasser verschiedener Studien über Least-Cost-Planning

Ein Geschenk bringt mehr Profit für alle

Mit Least-Cost-Planning bringt es auch für die Stromverkäufer Vorteile, Sparmassnahmen umzusetzen.

Für die Betreiber von Elektrizitätswerken muss der Vorschlag, mit Stromsparen mehr Profit zu erreichen, fast unglaublich klingen. Denn die Stromproduzenten und Stromverkäufer gingen bisher davon aus, dass der Stromverbrauch ständig zunehmen würde, was zu den heutigen Überkapazitäten geführt hat (siehe Graphik Seite 85). Wie Profit dank **Least-Cost-Planning (integrierte Ressourcenplanung)** möglich ist, zeigt das folgende Beispiel.

Gegenüber konventionellen Leuchten spart eine Stromsparlampe im Lauf ihrer vierjährigen Lebensdauer rund 400 Kilowattstunden (kWh) Strom. Bei Kosten von 20 Pfennig pro kWh ergibt das eine Einsparung von 80 DM. Diese ist zwar viel grösser als die Mehrkosten für die Lampe. Trotzdem kaufen viele Verbraucher keine Stromsparlampen, weil sie vom höheren Anschaffungspreis (der bei etwa 20 DM liegt) abgeschreckt werden.

Doch was die Kundschaft nicht kauft, kann man ihr ja schenken. Die Rechnung zeigt deutlich, wie dadurch nicht nur die Beschenkten, sondern auch die Spender von Least-Cost-Planning profitieren. Ein Stromversorger schenkt den 200 000 Haushalten in seinem Versorgungsgebiet je eine Energiesparlampe zum Preis von 20 DM. Das kostet ihn 4 Millionen DM oder – bei einer vierjährigen Nutzungsdauer der Lampe – eine Million DM pro Jahr. Zudem erzielt der Stromversorger Mindereinnahmen in Höhe von 4 Millionen DM pro Jahr, weil er den 200 000 Haushalten pro Jahr insgesamt 20 Millionen kWh Strom weniger liefern kann. Über die Hälfte dieser 4 Millionen DM Mindereinnahmen kann der Stromverkäufer aber einsparen, weil er selber den eingesparten Strom nicht einkaufen und nicht bezahlen muss.

Resultat: Dem Elektrizitätswerk entstehen Kosten von rund 3 Millionen DM pro Jahr (1 Million für Lampen plus 4 Millionen für Tarifausfall auf den Stromlieferungen minus 2 Millionen Kosten für Strombezug). Diese 3 Millionen kann das Elektrizitätswerk nun in Form von Tarifaufschlägen voll auf die 200 000 Haushalte überwälzen. Das ergibt pro Haushalt Mehrkosten von 15 DM oder 60 DM in vier Jahren. Die Haushalte machen damit aber immer noch einen Gewinn von 20 DM, indem sie in vier Jahren ja 400 kWh Strom zu 20 Pfennig, also insgesamt 80 DM sparen.

zu einem Ersatz von Heizstrom durch Sparmassnahmen oder zweckmässigere Energieformen wie etwa Wärme aus Wärmekraftkopplungsanlagen oder aus Sonnenkollektoren führen würde.

- *Least-Cost-Planning:* Um das wirtschaftliche Optimum zwischen Produktion und Einsparung von Energie zu finden, braucht es in einem Gebiet mit Versorgungsmonopol die Planung nach den minimalen Kosten. Experten bezeichnen dies als **Least-Cost-Planning (LCP)** oder als **integrierte Ressourcenplanung.** Demnach sollen die Energieversorger verpflichtet werden, Energiesparmassnahmen so weit zu fördern, als die Investitionskosten für die damit gesparte Energie tiefer sind als die Grenzkosten für die gleiche Menge der zuletzt oder zusätzlich produzierten Energie.

Im Gegensatz zu den ersten zwei Massnahmen, welche die entstehenden Kosten den Verursachern gerecht anlasten, handelt es sich beim Least-Cost-Planning um eine Dienstleistung, die dazu dient, den Energieverbrauch und mithin die Energiekosten mittels Anreizen oder Investitionen zu vermindern. So kann es sich finanziell mehr lohnen, wenn zum Beispiel ein Elektrizitätswerk seinen Kunden Geräte oder Lampen mit tieferem Energiebedarf verschenkt und damit den Stromverbrauch senkt, als wenn es die billig einsparbare Menge Strom in einem neuen und deshalb auch teureren Kraftwerk produziert und verkauft.

Damit sich diese Minimalkosten-Planung auch für das Elektrizitätswerk auszahlt, muss es allerdings seinerseits das Recht haben, den Aufwand für die Sparinvestitionen sowie seine finanziellen Einbussen durch den geringeren Stromverkauf in Form von höheren Tarifen auf die Kundschaft zu überwälzen. Das Elektrizitätswerk muss die Tarife allerdings weniger stark erhöhen, als wenn es statt der

Theorie und Praxis

Gegen verursachergerechte Tarife, marktwirtschaftlich orientierte Abgaben und Kostenminimierung gibt es grundsätzlich keine Einwände, würde man meinen. Im konkreten Fall aber schon: Die Betreiber der Elektrizitätswerke lehnen alle Massnahmen ab, welche die spezifischen Elektrizitätskosten verteuern. Der Grund: Sie haben ihre Strukturen auf ein stetiges Verbrauchswachstum ausgerichtet und verfügen über hohe Überkapazitäten. Sie fürchten deshalb, dass bei steigenden Kosten pro Kilowattstunde ein Rückgang des generellen Stromverbrauchs oder ein Marktanteilsverlust im Wärmemarkt resultiert. Gegen Abgaben aller Art wehrt sich auch praktisch die ganze Industrie.

Minimalkosten-Planung Geld in neue teure Kraftwerke investieren müsste. Verbraucherinnen und Verbraucher profitieren zusätzlich: Die Minimalkostenplanung führt nämlich dazu, dass sie weniger Strom benötigen.

Um eine korrekte Durchführung des Least-Cost-Planning kontrollieren zu können, müssen die Unternehmen mit Versorgungsmonopol verpflichtet werden, ihre Zahlen über die Kosten von Energieproduktion und Sparinvestitionen offenzulegen. Die Methode des Least-Cost-Planning ist nicht nur in der Energieversorgung ein interessanter Vorschlag. Sie kann auch in andern Bereichen der Infrastruktur wie Abwasser-, Abfallentsorgung oder Verkehr, wo technisch bedingte Monopole den Markt verhindern, zu einem kostengerechteren Wirtschaften beitragen.

Gesundheitswesen: Direktzahlungen an die Patienten

Mit einer effizienten, unbürokratischen und erfolgsorientierten Gesundheitsversorgung liessen sich viel Steuergelder und Krankenkassenkosten sparen

Auch im Krankheitswesen könnten Markt und Wettbewerb dazu führen, dass sich die erstklassigen Krankenhäuser, die besten Ärzte, die erfolgreichsten Behandlungsmethoden und die wirksamsten Arzneimittel durchsetzen. Mit einer effizienten, unbürokratischen und erfolgsorientierten Gesundheitsversorgung lassen sich sowohl Steuergelder als auch Beiträge an die gesetzliche Krankenversicherung einsparen. Selbstverständlich muss die Gesellschaft dafür sorgen, dass sich auch Mittellose und Leute mit kleinem Einkommen Arztbesuche, Krankenhausaufenthalte und Arzneimittel leisten können.

Folgende Massnahmen und Regelungen könnten im Krankheitswesen für mehr Wettbewerb und Effizienz sorgen:

- *Giesskannensubventionen abschaffen*: Alle nach dem Giesskannenprinzip ausgeschütteten Subventionen der öffentlichen Haushalte der Kommunen, der Länder und des Bundes werden gestrichen. Die Krankenhäuser müssen die Tarife für die Behandlungen nach den effektiven Kosten festsetzen, statt wie heute weitgehend subventionierte Tagespauschalen zu verlangen. Ohne Giesskannen-Subventionen würden Krankenhausaufenthalte in Deutschland für Patienten etwa 20 Prozent teurer. Die Krankenhauskosten machen einen Viertel aller Krankheitskosten aus, aber rund ein Drittel aller Kosten der gesetzlichen Krankenversicherung. Der Wegfall der Subventionen würde die heutigen Beiträge für die gesetzliche Krankenversicherung deshalb um etwa 7 Prozent erhöhen.

Seit Holland die Krankenhäuser nicht mehr nach dem Giesskannen-prinzip subventioniert, geht die Dauer der Übernachtungen pro Patient stark zurück

Holland ist mit dem Beispiel vorangegangen. Seit die Krankenhäuser nicht mehr nach dem Giesskannenprinzip subventioniert sind, geht die Aufenthaltsdauer pro Patient in den Krankenhäusern stark zurück. Und die Krankenhäuser haben Überkapazitäten selber abgebaut. Entsprechend günstiger sind dort Krankenhausaufenthalte geworden. In der Schweiz müsste das neue Kranken- und Unfallversicherungsgesetz KVG geändert werden. Es schreibt heute vor, dass die Kantone mindestens die Hälfte des Krankenhausaufwands übernehmen müssen!

- *Beiträge an die Krankenversicherung risikogerecht gestalten:* Gegenwärtig zahlen die Jungen zu viel und die Betagten zu wenig an die gesetzliche Krankenversicherung. Es gibt jedoch ebenso viele betuchte Betagte wie betuchte Junge. Die Armut ist unter den Jungen gleich verteilt wie unter den Betagten. Kurz: Sozial ist eine Umverteilung von den Reichen zu den Armen, nicht aber generell von den Jungen zu den Alten.

- *Keine Finanzierung über Lohnprozente:* Die Finanzierung über Lohnprozente ist in doppelter Hinsicht abzulehnen: Sie erhöht in einer Zeit hoher Arbeitslosigkeit die Lohnkosten; und sie ist ein automatischer Finanzierungsmechanismus ohne Anreize zum Sparen und Rationalisieren. Es kommt nicht von ungefähr, dass die Lobby der Krankenhäuser, Ärzte, Apotheken und Pharmaindustrie die Finanzierung über Lohnprozente vehement verteidigt.

Erst wenn die gesetzliche Krankenversicherung über risikogerechte Prämien finanziert ist, werden sich marktgerechte und bedürfnisgerechte Anreize durchsetzen.

■ *Direktzahlungen an Bedürftige entrichten:* Die zum Teil hohen individuellen Prämien und die besondere Belastung für die ältere Generation lassen risikogerechte Prämien illusorisch erscheinen. Tatsächlich aber stehen mit der Streichung der Krankenhaussubventionen 16 Milliarden Mark zur direkten Unterstützung der Leute mit schwachem Einkommen zur Verfügung. Dazu kommen weitere 35 Milliarden Mark Steuergelder, mit denen öffentliche Haushalte ärztliche Behandlungen und Pflegeleistungen subventionieren. Diese insgesamt 51 Milliarden Mark liessen sich viel sozialer einsetzen, indem man sie direkt an Bedürftige auszahlt. Sie würden ausreichen, um jedem fünften Bundesbürger und jeder fünften Bundesbürgerin jährlich über 3000 Mark auszuzahlen, bzw. die individuelle Prämie bis zu diesem Betrag zu erlassen. Die Steuergelder kämen so direkt den Bedürftigen zu und würden nicht von der Krankheitsindustrie aufgesaugt. Natürlich sind solche Direktsubventionen an die Bedürftigen je nach versteuertem Einkommen direkt, automatisch und ohne Bürokratie auszuzahlen.

Die 51 Milliarden Mark Steuergelder liessen sich viel sozialer einsetzen, indem man sie direkt an Bedürftige auszahlt

■ *Transparenz fördern:* Krankenhäuser und Ärzte werden gesetzlich dazu verpflichtet, praktisch alle Leistungen nach einem einheitlichen Diagnose-Schlüssel abzurechnen und vergleichbare Leistungsstatistiken zu veröffentlichen. Dazu gehören Statistiken über die Länge des Krankenhausaufenthalts pro Diagnose, die Häufigkeit von Komplikationen und Krankenhausinfektionen usw. Dies ermöglicht einen direkten Vergleich zwischen Krankenhäusern, ohne den kein Wettbewerb spielen kann.

■ *Fallpauschalen einführen:* Die Krankenkassen bezahlen den Krankenhäusern und den Ärzten je nach Diagnose einen festen Betrag für die Behandlung. Experten bezeichnen dies als diagnosebezogene Fallpauschalen. Solche sind in den amerikanischen Krankenhäusern schon längst üblich. In der Schweiz und in Deutschland werden sie von Wirtschafts- und Medizinprofessoren schon lange gefordert, von Krankenhäusern und Ärzten jedoch mehrheitlich abgelehnt. Erste Versuche in

Deutschland und in der Schweiz sind auf wenige Diagnosen beschränkt.

Diese Abgeltungsmethode ist sowohl in Krankenhäusern als auch bei der ambulanten Arztpraxis möglich. Die Ärzte würden für jede Diagnose mit einer Pauschale entschädigt. Für überflüssige Untersuchungen, Röntgenbilder, Behandlungen und Verschreibungen werden die Ärzte dann finanziell nicht mehr belohnt, sondern bestraft.

Als Alternative könnte man Ärzte bei ambulanter Behandlung einfach pro Patientin und Patient entschädigen – unabhängig von den Diagnosen oder der Anzahl Konsultationen und Behandlungen. Das setzt allerdings voraus, dass Ärzte in der gleichen Region ungefähr die gleiche Zusammensetzung von Patienten haben, was deren Alter, Beruf und Krankheitsrisiko betrifft.

Theorie und Praxis
Die Krankenhaus-, Ärzte- und Pharmalobby sorgt regelmässig dafür, dass noch mehr Geld in den Topf des Krankheitswesens gesteckt wird. Das wirkt sich für die Versicherten in höheren Beiträgen an die Krankenversicherung aus. Die Sparanreize in den gesetzlichen Reformpaketen sind beschränkt und ihr Erfolg unsicher. Im wichtigen Krankenhaussektor, der über ein Viertel aller Krankheitskosten verschlingt, ist die Giesskannensubvention der öffentlichen Haushalte immer noch die Regel. Die Länder versuchen, wenigstens überflüssige Krankenhäuser und Krankenhausabteilungen von den Subventionen auszuschliessen. Doch die Widerstände der betroffenen Regionen sind gross. Regierende riskieren sogar, nicht mehr gewählt zu werden.

- *Mittel effizienter einsetzen:* Die gesetzliche Krankenversicherung soll im wesentlichen weiterhin die gleichen Arzt- und Krankenhausleistungen zahlen wie bisher, jedoch nicht mehr bei jedem Arzt und in jedem Krankenhaus: Sie bezahlt nur noch Behandlungen in den effizientesten Krankenhäusern in jedem Land und schliesst das teuerste Viertel oder Drittel jeder Ärztekategorie aus. Entsprechende Krankenhäuser- und Ärztelisten werden von den gesetzlichen Krankenkassen jährlich erneuert. Die längste zumutbare Distanz zu einem Krankenhaus oder zu einem Arzt wird gesetzlich festgelegt. Bei Arzneimitteln, welche als gleichwertig eingestuft sind, zahlt die gesetzliche Krankenversicherung jeweils nur den Preis des billigsten. Weiter würden alle Bezüger der gesetzlichen Krankenversicherung verpflichtet, vor nicht dringlichen Operationen den Rat eines zweiten Arztes einzuholen («Second Opinion»). Dies führt erfahrungsgemäss zu weniger unnötigen Operationen.

Als Minimum ist zu fordern, dass eine solche gesetzliche Krankenversicherung mit beschränkter Arzt- und Krankenhauswahl als *Variante* neben der heutigen gesetzlichen Versicherungsdeckung angeboten wird. Die Beiträge wären um rund einen Drittel billiger. Und je mehr Leute eine solch eingeschränkte gesetzliche Grunddeckung abschliessen, desto schneller würde die heutige, horrend teure Überkapazität an Akutbetten abgebaut, und desto schneller würden überrissene Ärzteeinkommen und Arzneimittelpreise verschwinden. Der Staat müsste nicht einmal neue Reformen beschliessen!

HMO: Weil es sie in den USA schon lange gibt, hat man die amerikanische Abkürzung HMO übernommen: Health Maintenance Organization. Auf deutsch nennt man sie etwas ungenau Gesundheitskassen. Hausärzte der HMO-Kassen beziehen einen festen Lohn. Sie können ihre Gehalt nicht wie andere Ärzte mit übertriebenen Behandlungen aufbessern. Das beste deutschsprachige Buch über HMO ist «Managed Care – Impulse für die GKV?» von Manfred Baumann und Johannes Stock (siehe Literaturverzeichnis).

- *Mehr Gesundheitskassen* **(HMO):** Hausärzte von HMO-Kassen, die einen festen Lohn beziehen und ihr Gehalt nicht durch übertriebene Behandlungen aufbessern können, werden gefördert: Wer sich verpflichtet, im Krankheitsfall zuerst eine HMO-Praxis aufzusuchen, erhält bei Krankenkassen wie schon heute günstigere Prämien. Dafür hat er in HMO-Praxen eine sehr beschränkte Auswahl von Ärzten und darf einen teuren Spezialarzt erst auf Empfehlung des HMO-Arztes aufsuchen.

Es fehlt also im Krankheitswesen nicht an Vorschlägen, wie ein besser funktionierender Markt die Kosten senken könnte. Und da solche Massnahmen zudem die fähigsten Ärzte und die besten Krankenhäuser fördern, ist sogar damit zu rechnen, dass sich die Qualität der gebotenen medizinischen Leistung auf die Dauer verbessern würde.

Landwirtschaft: Anreize für eine naturgerechte Produktion

Eine marktgerecht funktionierende Landwirtschaft wäre auch für die Natur besser

Die heutige Landwirtschaft in den Industriestaaten produziert erstens auf Kosten der Natur und zweitens am Markt vorbei. Das veranschaulichen die subventionierten Agrarüberschüsse, die mit einem zusätzlichen Subventionsschub im In- und Ausland verschleudert werden. Um marktgerechte Verhältnisse herzustellen, gilt es deshalb, die Kosten des Naturverbrauchs den Verursachern anzulasten und die Produktion der Nachfrage anzupassen. Vier Massnahmen stehen dazu im Vordergrund:

- *Lenkungsabgaben:* Um die Kosten der landwirtschaftsbedingten Naturbelastung zu integrieren, sind vor allem Dünger und chemische Pflanzenschutzmittel mit Lenkungsabgaben zu belasten. Sinnvoll sind zusätzliche Abgaben auf zugekauften Futtermitteln oder auf Exporten von Hofdüngern von Tieren, die in Tierfabriken ohne eigene Bodengrundlage gemästet werden. Die schon im Kapitel «Naturgüter: Zahlen statt stehlen» vorgeschlagenen Energie-, Transport- und Umweltabgaben gelten auch für die Landwirtschaft. All diese Abgaben bieten einen marktwirtschaftlichen Anreiz, um den Einsatz von Gift und Fremdenergie zu drosseln und die Belastung von Böden, Gewässern, Grundwasser und Luft zu vermindern.

- *Direktzahlungen:* Um die Produktion sowohl den natürlichen Verhältnissen als auch dem Markt besser anzupassen, gilt es, die von der Produktionsmenge abhängigen Subventionen zu ersetzen durch Direktzahlungen an die Bauern. Diese müssen nach ökologischen und sozialen Leistungen abgestuft werden. Prinzip: Wer das Land als Natur- und Erholungsraum für die Allgemeinheit schont, wird belohnt. So sollen etwa Biobauern mehr Direkt-

Theorie und Praxis
In der Landwirtschaftspolitik ist der Umstieg von Produktionsbeiträgen zu Direktzahlungen in Gang. Angeregt durch ökologische Direktzahlungen, hat auch die Zahl der Landwirtschaftsbetriebe zugenommen, die auf integrierte Produktion oder Biolandbau umsteigen oder umgestiegen sind. Lenkungsabgaben hingegen stossen auf erfolgreichen Widerstand der Agrarlobby, der neben den Bauern auch Landwirtschaftsorganisationen und die Chemieindustrie angehört. So hat zum Beispiel das Parlament in der Schweiz den Vorschlag, Kunstdünger und Pestizide mit einer Lenkungsabgabe zu belasten, bei der Revision des Umweltschutz-Gesetzes 1995 klar abgelehnt.

zahlungen bekommen als Bauern mit weniger naturnaher Produktion. Wer Hecken pflanzt, Feuchtgebiete erhält oder artenreiche Trockenwiesen durch eine naturschonende Nutzung schützt und damit Produktions-einbussen in Kauf nimmt, soll ebenfalls durch spezielle Direktzahlungen entschädigt werden.

Eine marktgerechte Landwirtschaft kommt die Allgemeinheit billiger

■ *Marktöffnung:* Marktverzerrende Vorschriften, Abnahmegarantien, Preisstützungen und Grenzschutzmassnahmen sind rapid abzubauen.

■ *Produktedeklaration:* Um den Agrarmarkt übersichtlicher zu machen, sind alle Erzeugnisse nach ihrer Anbauweise und ihrem Herkunftsort zu deklarieren.

Eine natur- und marktgerechtere Landwirtschaft kommt die Allgemeinheit unter dem Strich billiger zu stehen. So werden die zusätzlichen Direktzahlungen für ökologische und soziale Leistungen mehr als aufgewogen durch die Erträge aus den Lenkungsabgaben sowie die wegfallenden Kosten für Preisstützung, Abnahmegarantien und Überschussverwertung. Zudem verursacht eine naturgerechtere Landwirtschaft weniger Kosten in Form von Umweltbelastung und Artenverlust.

Kartelle und Monopole: Neue Ansätze für eine Wettbewerbspolitik

Spätestens seitdem EU-Kommissar Karel van Miert, ein schon fast sektierischer Verfechter der totalen Konkurrenz, in der EU-Wettbewerbspolitik den Taktstock schwingt, sind auch in Europa die Pfründe der Monopole und Kartelle nicht mehr so sicher wie einst. Das heisst natürlich nicht, dass dieses Problem ein für alle mal gelöst wäre. Aber es bedeutet, dass es wohl nicht viel Sinn macht, an dieser Stelle Vorschläge für eine weitere Verschärfung des herkömmlichen Wettbewerbsrechts zu machen. Was Karel van Miert in dieser Hinsicht noch brauchen sollte, das fordert er schon selbst - und der Zeitgeist ist mit ihm.

Wichtiger ist es, aufzuzeigen, dass die Wettbewerbspolitik noch ein paar zusätzliche Dimensionen hat. Der in weiten Bereichen des Gütermarktes offentlichtlich abnehmende Preiswettbewerb ist nämlich auch eine Folge der zunehmend einseitigen Einkommensverteilung. Deutlich über 50 Prozent aller Haushalte leben heute in relativ gesicherten finanziellen Verhältnissen. Auf ein paar Mark mehr oder weniger kommt es ihnen nicht an. Diese glücklichere Hälfte verfügt aber über rund 80 Prozent der Kaufkraft. Kommt dazu, dass sich viele Angehörige der ärmeren Bevölkerungshälfte erst recht gedrängt fühlen, ihre soziale Zurücksetzung durch Prestigekonsum zu kompensieren.

Dies erklärt, warum auf dem überwiegenden Teil der Konsumgütermärkte kein genügender Preiswettbewerb herrscht. Mangels ausreichender kaufkräftiger Nachfrage ist zudem das Angebot an einfachen, zweckmässigen und billigen Gütern für Leute mit einem geringen Einkommen kleiner als dies wünschbar wäre. Die Armen müssen sich nach einer Decke strecken, die nicht für sie gestrickt worden ist.

Kommt dazu, dass die Früchte des laschen Preiswettbewerbs äusserst ungleich verteilt werden. Unter den Unternehmen gibt es eine klare Zweiklassengesellschaft. Auf der einen Seite stehen die grossen Unternehmen, die mit ihren Markennamen die Endkundenmärkte beherrschen, und die ihr Geld direkt auf den Börsen und Kapitalmärkten aufnehmen können. Auf der andern Seite stehen die Zulieferanten, die von **der Macht eines Einkäufers** wie Ignacio Lopez (ex GM, ex VW) oft bis aufs Blut ausgepresst werden, und die für ihre Kredite nicht selten zwei bis dreimal mehr Zins bezahlen müssen als die Grossen.

Die Macht der Einkäufer: Man braucht keine grosse Vorstellungskraft um zu begreifen wie leicht ein Grossunternehmen wie VW beispielsweise einen Lieferanten von Bremssystemen unter Druck setzen kann. Dennoch wollen wir etwas Nachhilfe leisten: Unter dem neuen System der «Schlanken Produktion» liefert der Unterlieferant nicht mehr nur einfach Teile, die er irgendjemandem verkaufen könnte. Vielmehr wird er Teil des Produktionssystems seines Grossabnehmers. Dieser will nicht mehr nur wissen, wie die gelieferten Produkte aussehen, wenn sie bei ihm in der Fabrik eintreffen, nein, er redet schon bei der Herstellung mit. Ganze Produktionsanlagen sind oft nach den Wünschen des Grosskunden ausgerichtet. Kurz, die «Kundenbeziehung» wird durch eine «Partnerschaft» abgelöst. So zumindest nennt man das offiziell. VW-Chefeinkäufer Ignacio Lopez hat hunderten von Lieferanten vorgeführt, was von einer solchen «Partnerschaft» übrig bleibt, wenn der stärkere Partner ausrastet und behauptet, er müsse «Preiskriege» und «Vernichtungskämpfe» gegen die japanische Konkurrenz führen.

In diesem Zusammenhang ist noch ein weiteres Wettbewerbshindernis zu nennen, das mit den Mitteln der Kartellgesetzgebung allein nicht aus dem Weg geräumt werden kann - die zunehmend hohen Eintrittsschwellen in den Gütermarkt. In Deutschland (ähnliches gilt auch für andere Länder) hat sich der Wert der durchschnittlichen Kapitalausstattung eines Arbeitsplatzes seit 1970 real auf gut 300'000 Mark mehr als verdoppelt. Schon ein Unternehmen mit nur drei Angestellten braucht also rund eine Million allein für Maschinen, Möbel, Autos, Bürogeräte usw. Dazu kommt dann noch das Umlaufkapital, bzw. die Debitoren, die immer heftiger zu Buche schlagen weil die Zahlungsmoral der Kunden schlechter und die Zahlungsfristen länger werden.

Eine Bank muss die Chance, einen neuen Kunden zu gewinnen, auch gegen das Risiko abwägen, bestehende Kreditverhältnisse zu gefährden

Dies bedeutet, dass letztlich die Banken zumindest darüber mitentscheiden, wer mit einem Betrieb neu auf den Markt kommen kann - und damit allenfalls die Kreditwürdigkeit der schon vorhandenen Konkurrenz beeinträchtigen. Die Bank muss also die Chance, einen neuen Kunden zu gewinnen, nicht nur gegen das Risiko abwägen, mit dieser neuen Kundenbeziehung Verluste einzufahren, sondern auch gegen das Risiko, bestehende Kreditverhältnisse zu gefährden. In eine ähnliche Zwickmühle geraten die Banken auch dann, wenn es darum geht, einem langjährigen Kunden in einer krisenhaften Lage die Kreditlimite offen zu halten - oder nicht. Wäre es nicht vielleicht besser, wenn der Kunde vom Konkurrenten übernommen würde? Ein sicherer Kreditnehmer ist schliesslich besser als zwei wackelige.

Diese kurze Analyse deutet an, dass die Wettbewerbspolitik neben dem eigentlichen Kartellrecht neue Ansätze braucht. Echte Wettbewerbspolitik ist immer auch Verteilungspolitik. Spätestens wenn einem alles gehört, hört jeder Wettbewerb auf. Wettbewerbspolitik ist ferner auch Mittelstandspolitik. Wenn die Kleinen von den Grossen erdrückt werden, wird der Wettbewerb erst runinös, dann hört er ganz auf.

Fehlende Transparenz: Mehr Durchblick schaffen

Verbraucherinnen und Verbraucher können sich nur dann marktgerecht verhalten, wenn sie Preise und Eigenschaften von Produkten und Dienstleistungen miteinander vergleichen können. Bei Lebensmitteln und Gütern des täglichen Bedarfs ist dies weitgehend der Fall. Der Gesetzgeber hat in diesem Bereich die Spielregeln aufgestellt und dafür gesorgt, dass Begriffe wie «pasteurisiert», «ultrahocherhitzt», «teilentrahmt», «vollfett», «Fruchtsaft» oder «Milcheis» genau definiert sind. Die Spielregeln schreiben auch vor, dass bei einer bestimmten Kategorie von Lebensmitteln nicht nur der Verkaufspreis anzugeben ist, sondern auch der Preis pro 100 Gramm. Kundinnen und Kunden können so die Preise selbst dann miteinander vergleichen, wenn die Packungen unterschiedliche Grösse und Gewichte aufweisen.

Solche Wettbewerbsspielregeln fehlen bei den meisten Angeboten von Banken und Versicherungen. Deshalb finden sich Verbraucherinnen und Verbraucher im Dschungel der Angebote kaum zurecht.

So müssen etwa Begriffe im Zusammenhang mit Konten, bei Kreditkarten, in Spesenreglementen und im Kleingedruckten einheitlich definiert werden. Und auch die für die Führung der Bankkonten verrechneten Preise sind nach einheitlichen Kriterien anzugeben. Sonst ist ein **Kostenvergleich von Bankdienstleistungen** unmöglich. Die Banken- und Versicherungsverbände haben bis heute keinerlei Anstalten gemacht, Begriffe und Kriterien einheitlich festzulegen. Deshalb braucht es staatliche Vorschriften.

Kostenvergleich von Bankdienstleistungen: Wer Spesen verschiedener Banken für die Kontoführung vergleichen will, hat Mühe: Die eine Bank gibt die Kosten pro Jahr an, eine andere pro Buchung und eine dritte pro Abschluss. Wer Auskunft über die Gebühren einer EC-Karte verlangt, dem geht es noch schlechter: Bei einer Stichprobe des Verbrauchermagazins «Kassensturzes» fehlten bei 10 von 19 Banken die Angaben über Gebühren. Unter den 9 restlichen Banken gaben einige die Gebühr in Franken an, andere in Prozent. Wieder andere schrieben «Fr. 4.50 bis Fr. 6.–».

In einem Fall hat der Gesetzgeber Vorschriften erlassen, nämlich bei den Kleinkrediten. Die Bankenbranche hatte sich hartnäckig geweigert, bei ihren Kleinkredit-Angeboten jeweils die vollen Jahreskosten eines solchen Kredits anzugeben. Jetzt sind Kreditnehmerinnen und -nehmer in der Lage, die Kosten von Kleinkrediten verschiedener Banken miteinander zu vergleichen.

Ohne Transparenz kann der Markt nicht zum Wohle aller funktionieren

Auch bei Versicherungen ist eine staatlich geregelte Preisanschreibepflicht dringend nötig, um für Kundinnen und Kunden Markttransparenz zu ermöglichen. In einer Analyse der europäischen Versicherungswirtschaft schreibt die Schweizerische Rückversicherungs-Gesellschaft ungeschminkt: «Die Liberalisierung der Versicherungsbedingungen verschlechtert die Transparenz des Marktes». Ohne Transparenz kann der Markt aber nicht zum Wohle aller funktionieren. Die gegenwärtige Liberalisierung der Versicherungen hat deshalb wenig mit Marktwirtschaft zu tun, solange die Gesetzgeber die Transparenz nicht mit klaren Spielregeln vorschreiben.

Der gleiche Deklarations-Wirrwarr wie gegenwärtig bei Banken und Versicherungen herrscht zunehmend bei den privaten, gesetzlich zu wenig geregelten Zusatzversicherungen im Krankheitswesen. Um Marktverhältnisse zu schaffen, braucht es:

- überall einheitliche Begriffe,
- vergleichbare Preisangaben und
- keine missbräuchlichen Klauseln im Kleingedruckten.

Steuern: Löcher für die Grossen stopfen

Wie der Einsatz von mehr Steuervögten die Steuersätze halbieren könnte

Einkommen aus Kapital lässt sich der Besteuerung viel leichter entziehen als Lohneinkommen. Diese massive und marktwidrige Benachteiligung des Produktionsfaktors Arbeit lässt sich nur durch eine Vereinfachung der Steuergesetze und durch eine europäische Steuerharmonisierung einigermassen in Grenzen halten.

Wer sucht, findet fast immer ein passendes Steuerloch

In den USA verdient ein guter Steueranwalt mehr als 500 Dollar die Stunde. In Deutschland sind es nicht viel weniger. Das ist zwar viel Geld, aber dennoch wenig im Vergleich zu den Summen, die ein Steuerspezialist für seine reiche Kundschaft sparen kann. Abgesehen davon finden sich heute wirklich nur noch gut geschulte Spezialisten mit Hilfe ausgeklügelter Softwareprogramme im Dickicht der Steuergesetzgebung zurecht. In der Schweiz etwa werden jährlich rund 2000 Seiten an zusätzlichen Steuergesetzen, -verordnungen und Kommentaren produziert. Der Grund für diesen Eifer ist nicht nur die Regulierungswut des Staates, sondern insbesondere auch der Eifer gutbezahlter Lobbies, die in Bonn, Bern oder Wien die Interessen mächtiger Wirtschaftskreise vertreten.

Und wo doch kein legales Loch ist, kann immer noch die kriminelle Energie zum Zuge kommen. Denn die Gefahr, wegen Steuerbetrugs verurteilt zu werden, ist ziemlich gering. Das gilt zumindest für die Schweiz. Im Kanton Bern etwa wird im Schnitt nur gerade jeder 60'000ste Steuerpflichtige in ein Verfahren wegen **Steuerhinterziehung** verwickelt. Und die Gefahr einer Verurteilung ist praktisch null. Um eine Hausdurchsuchung durchzuführen, muss die Steuerbehörde dem Steuersünder zuvor schon eine Urkundenfälschung nachweisen können.

Steuerhinterziehung:
Strafbar macht sich, wer Geld für geleistete Arbeit oder aus Kapitalerträgen einnimmt und dies in der Steuererklärung nicht deklariert. Steuerhinterziehung wird durch Nach- und Strafsteuer geahndet.

In Deutschland sind die Sitten etwas härter. Das zeigt nicht nur der Fall Peter Graf, Vater der Tennisspielerin Steffi, dem wegen Steuerhinterziehung drei Jahre Gefängnis aufgebrummt wurden. Die deutschen Steuerfahnder bitten auch in regelmässigen Abständen das Fernsehen zum Ortstermin in Vermögens-verwaltungsbanken, wo gerade eine Polizeirazzia durchgeführt wird. Sie versprechen sich davon eine abschreckende Wirkung.

Genau dasselbe hoffen auch die Banken in Zürich, Luxemburg und auf den Bahamas. Staaten wie die Bundesrepublik, die gegen ihre Steuersünder hart vorgehen, kassieren deshalb nicht mehr Steuern, sondern deutlich weniger. Als Deutschland etwa 1995 den Solidaritätszuschlag für die neuen Bundesländer einführte, stiegen die Einnahmen nicht wie erwartet um 26 Milliarden Mark an, sondern gingen um rund drei Milliarden zurück. Grund: Steuerflucht. Die grossen Unternehmen mussten nicht mehr fliehen, sie hatten sich bereits abgesetzt. Beispiel Siemens: Der Elektrokonzern zahlte zwar im Geschäftsjahr 1993/94 noch 100 Millionen Mark Steuern - kassierten aber 190 Millionen für Forschungsgelder. Beispiel BWM: Gemäss den Berechnungen des Platow-Wirtschaftsdienstes hatte der Autokonzern zwischen 1989 und 1993 mit Hilfe seiner Auslandtöchter eine Milliarde Mark Steuern vermieden. Beispiel VW: 1991 flossen nur noch 0,1 Prozent der Umsätze an das Finanzamt. Das Problem mit den Steuern ist also ein zweifaches: Es gibt zuviele Steuerlöcher und die Reichen und Mobilen haben die Möglchkeit der Steuerflucht. Beide Probleme hängen natürlich eng zusammen, denn viele Steuerschlupflöcher sind gleichzeitig auch Steuerlockvögel, welche reiche Steuerzahler aus dem Ausland anlocken.

Theorie und Praxis
Niemand zahlt gerne Steuern. Und je höher die Steuer-rechnung, desto eher lohnt es sich, aktiv nach Schlupflöchern zu suchen oder solche gar zu graben. An dieser Wahrheit kommt kein Gesetzgeber ganz vorbei. Deshalb sind auch alle Überle-gungen zur Vereinheitlichung der Steuersysteme eher von theoretischem Nutzen. Sie zeigen aber immerhin auf, wieviel dem Staat theoretisch entgeht, und geben so die Richtung an, in welche eine Optimierung der Steuergesetzgebung gehen kann.

Die Rezepte, die gegen diese Probleme angeboten werden, sind überall die gleichen: Flat Tax und Steuerharmonisierung.

Die Flat Tax meint in ihrer extremsten Form einen einheitlich tiefen Steuersatz für alle Einkommen - von einer Steuerfreigrenze abgesehen. Diese radikale Steuerreform hat im US.-Wahlkampf 1996 eine grosse Rolle gespielt. In Europa versteht man unter Flat Tax erstens eine Kürzung aller, insbesondere auch der maximalen Einkommensteuersätze auf deutlich unter 50 Prozent. Zweitens eine Abschaffung aller Steuerabzüge und -Vorteile bis auf einen generellen Abzug in der Grössenordnung eines Existenzminimums zum Schutze der kleinen Einkommen. Eine solche Reform hätte zudem auch den Vorteil, dass angesichts der tieferen Steuersätze der Anreiz zum Steuerbetrug kleiner wird.

Solange die Steuergesetzgebungen nicht harmonisiert sind, wird jeder Staat und jede Gebietskörperschaft solange versuchen, auf Kosten der andern gute Steuerzahler mit Spezialrabatten und Subventionen anzulocken, bis alle Staaten vollends bankrott sind.

Das ist das Grundmuster, nach dem der deutsche Finanzminister Theo Waigel seit Jahren seine Steuerreform zu stricken versucht. In der Schweiz steckt die politische Diskussion um eine Flat Tax noch in den Kinderschuhen. Die Zürcher Wirtschaftszeitung Cash hat kürzlich ausgerechnet, dass alle geltenden Steuersätze in der Schweiz locker halbiert werden könnten, wenn man die Steuerlöcher stopfen und die Steuerhinterziehung wirksam bekämpfen würde. Ein grober Vergleich der volkswirtschaftlichen Einkommensgrössen, der geltenden Steuersätze und der effektiven Steuereinnahmen zeigt, dass vor allem die privaten (Kapital-) Einkommen in hohem Masse der Steuer entzogen werden.

Die Flat Tax bringt aber nur dann eine gerechtere Verteilung der Steuerlasten, wenn nicht der Nachbarstaat gleichzeitig eine *Flatter* Tax einführt. Um diesen Wettkampf zu verhindern, braucht es zumindest eine europäische Steuerharmonisierung. Es ist deshalb ein erfreuliches Zeichen, dass die Finanzminister der EU im Frühjahr 1997 versprochen haben, dieses Thema ernsthaft anzugehen. Einzig die Briten wollen nicht. Die andern sind im Prinzip bereit, über eine Angleichung der Zinsertrags- und Verrechnungsteuer zu reden. Luxemburg allerdings nur, wenn es gelingt, auch die Schweiz in die europäische Steuerdisziplin einzubinden. Die Initiative geht nicht von ungefähr vom deutschen Finanzminister aus, der wegen Steuerflucht jährlich rund 60 Milliarden Mark verliert.

Über den Markt hinaus

In diesem Buch haben wir dargelegt, dass die real existierende Marktwirtschaft nur selten nach den reinen Regeln des Marktes funktioniert. Gerade dort, wo am lautesten vom Markt gesprochen wird, dominieren oft Monopole, Kartelle, Subventionen, Protektion oder schlicht die reine Macht. Wir haben ferner die Meinung vertreten, dass viele Mängel der sogenannten Marktwirtschaft durch mehr Markt gemildert, wenn nicht sogar beseitigt werden können.

Für den oberflächlichen Leser reihen wir uns damit in den grossen Chor derer ein, die von der Liberalisierung und von der Deregulierung das Heil und die Lösung aller Probleme erwarten. Das ist nicht unsere Meinung. Der Markt ist kein hehres Ziel, sondern bloss ein Mittel.

Der Glaube an die heilende Kraft des Marktes stellt für viele Manager eine Art Ersatzreligion dar

Eine solche Feststellung wäre noch vor 20 Jahren banal gewesen. Heute ist das leider nicht mehr so. Untersuchungen in Deutschland und in der Schweiz haben nämlich übereinstimmend ergeben, dass rund drei Viertel aller Führungskräfte «ökonomistisch» denken. Das heisst, sie gehen davon aus, dass der Markt – wie im Modell von Adam Smith – automatisch zur Verbesserung der Welt führt. Und sie ziehen daraus den Schluss: «Wenn ich mich marktgerecht verhalte, verhalte ich mich moralisch gut.» Diese Überzeugung befreit sie davor, über die Folgen ihrer Handlungen nachzudenken. Und wer es genau betrachtet, erkennt, dass der Glaube an den Markt für sie eine Art Ersatzreligion darstellt. Oder böse ausgedrückt: Sie geben ihre eigene Weltanschauung ab und unterwerfen sich der Diktatur des Marktes.

Für uns dagegen ist der Markt nicht ein Selbstzweck, sondern bloss ein Instrument, das so lange nützlich ist, als es den angestrebten Zielen dient. Dabei stehen insbesondere zwei Ziele im Vordergrund: Der nach den klassischen Regeln funktionierende Markt ist ein nützliches Instrument, um den materiellen Wohlstand aller Menschen zu mehren. Und er dient dazu, den Missbrauch der Macht zu verhindern.

Wir haben gezeigt, dass beides nicht automatisch geschieht, wenn man den heute existierenden Markt einfach machen lässt. Das wäre auch erstaunlich. Denn diese Annahme geht davon aus, dass der Markt unser Leben nicht nur beeinflusst, sondern völlig festlegt. Doch der Markt ist nur ein Teil der Ökonomie – und ein noch kleinerer Teil des Lebens. Und: Er ist selber abhängig von anderen Bereichen.

Informeller Sektor: In der Wirtschaftswissenschaft zählt man all jene Arbeiten zum informellen Sektor, die nicht offiziell organisiert und nicht bezahlt sind. Dazu gehören unter anderem die Betreuung von Kindern durch die Eltern, aber auch Nachbarschaftshilfe oder das Selberrenovieren eines Zimmers in der eigenen Wohnung.

Für Buchhalter, Steuereintreiber und Kassiererinnen mag es richtig sein, den Blickwinkel auf das zu beschränken, was Geld bringt oder kostet. Eine Wissenschaft im Dienste der Menschen hingegen kann nicht auf dieser engen Optik gründen. Den modernen Verbraucher, der alle seine Bedürfnisse – von der Miete des Mutterleibes bis zur Trauer an seinem Sarg – mit Geld aufwiegt, gibt es zum Glück noch nicht. Die Befriedigung aller Bedürfnisse über den Markt wäre auch garantiert keine brauchbare Formel, weder zum individuellen Glück noch zum gesellschaftlichen Frieden. Denn die Zuwendung, die ein Kind von den Eltern erhält (oder nicht erhält), und das soziale Verhalten, das es in der Familie oder auf dem Spielplatz lernt (oder eben nicht), lässt sich mit Geld weder messen noch ersetzen.

Historisch gesehen ist die Marktwirtschaft aus dem **informellen Sektor** und aus den politischen Freiräumen einer gleichgewichtigen Gesellschaftsstruktur entstanden. Das gilt auch heute noch: Erfahrungen mit der sozialen Aufbauarbeit in den Ghettos der amerikanischen Kernstädte und in den französischen Banlieues zeigen, dass sich nur dort neue Ansätze für eine Marktwirtschaft entwickeln können, wo die Familien, die Nachbarschaften und das politische Leben neu aufgebaut werden.

Eine Marktwirtschaft ohne informellen Sektor ist weder möglich noch sinnvoll. Denn es darf nicht vergessen werden, dass unser Wohlstand und unser Wohlbefinden auch heute noch in grossem Masse ausserhalb des eigentlichen Wirtschaftssektors erzeugt werden. Nach einer Untersuchung aus dem

Es geht nicht darum, die Marktwirtschaft und die Politik gegeneinander auszuspielen, sondern beide in einem optimalen Gleichgewicht zu halten

Jahre 1988 werden in der Schweiz rund 40 Prozent der produktiven Arbeit im informellen Bereich, also im Haushalt, in der Familie, in der Nachbarschaft oder in der Gemeinde, unentgeltlich geleistet. Gemäss Erhebungen in Deutschland macht die unbezahlte Arbeit sogar 55 Prozent der gesamten Lebensarbeitszeit aus.

Das Problem ist, dass dieser ausserwirtschaftliche Sektor keinen allgemein akzeptierten Namen hat. Folgende Begriffe stehen zur Auswahl, decken jedoch nur Teilbereiche ab: Oikos, Schattenwirtschaft, informeller Sektor, Ökonomie der Nähe oder geldlose Wirtschaft.

Vieles spricht heute dafür, dass die Bedeutung der Geldwirtschaft in Zukunft wieder abnehmen und der informelle Sektor an Bedeutung gewinnen wird. Die geldlose Wirtschaft eignet sich nämlich ausgezeichnet zur Befriedung einer ganzen Reihe von materiellen und insbesondere immateriellen Bedürfnissen. Wenn wir uns zudem vergegenwärtigen, mit wie viel administrativem Aufwand, mit wieviel Verwaltungsräten, Rechtsanwälten, Banken, Börsen, Verkehr, Werbung usw. der nationale und internationale Handel verbunden ist, dann lässt sich erahnen, dass nichtmarktliche, familiäre oder freundschaftliche Formen viele Bedürfnisse effizienter befriedigen und deshalb Marktanteile gewinnen müssen. Dieser Trend wird zusätzlich unterstützt durch den Umstand, dass all das, was mit Vorteil arbeitsteilig hergestellt und auf dem Markt verkauft wird, sich immer rationeller und mit weniger Zeitaufwand produzieren lässt.

Dabei geht es um mehr als nur um das Zeitbudget. Die zunehmende Rationalisierung und der ständige Ab- und Umbau von Arbeitsplätzen in der Geldwirtschaft bedeuten auch, dass immer mehr Menschen nur noch wenig arbeiten und oft über längere Zeit oder gar definitiv arbeitslos werden. Diese Leute sind aus psychischen, sozialen, aber auch aus materiellen Gründen mehr denn je auf eine intakte Familie und Nachbarschaft angewiesen.

Die grosse Herausforderung der Wirtschaftspolitik besteht somit nicht darin, die Märkte noch effektiver zu machen. Die grosse Frage wird vielmehr sein, ob es gelingen wird, die Koexistenz von Marktwirtschaft und geldloser Wirtschaft optimal zu organisieren. Zur Zeit sieht es nicht danach aus. Der heutige Arbeitsmarkt stellt allzu viele vor die Alternative, entweder voll auf die Karriere zu setzen und dabei Verlust an Privatleben und Gesundheit zumindest in Kauf zu nehmen oder aber zu riskieren, den Anschluss an die Geldwirtschaft für immer zu verlieren.

Auch die Politik, die durch die gegenwärtige Globalisierung der Wirtschaft in die Defensive getrieben wird, muss gestärkt werden. Abgesehen davon, dass der Markt nur in einem gleichgewichtigen System entstehen kann, ist ohne staatlich festgelegte Regeln – wie zum Beispiel Gesetze, Vertragsrecht, Geldwesen und so weiter – kein Markt denkbar. Und wie wir gezeigt haben, kommt der Ruf nach weniger Staat oft von Wirtschaftsvertretern und Politikern, die sich durch die Aufhebung einer bestimmten Regelung Vorteile für ihr Geschäft erhoffen. Und seltener von Menschen, die sich dadurch eine Verbesserung der Welt versprechen.

Es kann also nicht darum gehen, die Marktwirtschaft und den informellen Sektor oder die Politik gegeneinander auszuspielen. Auch hier führt nur das Gleichgewicht der Kräfte dazu, dass sich die einzelnen Teile entwickeln können. Aber um zu diesem Gleichgewicht beizutragen, muss man über den Markt hinausblicken können.

Literatur zu den Themen dieses Buches

Energie und Verkehr

«Die externen Kosten der Energieversorgung»,
Hrsg. Prognos AG, Schäffer-Poeschel-Verlag, Stuttgart, 1992

«Externe Kosten und kalkulatorische Energiepreiszuschläge für den Strom- und Wärmebereich»,
Infras, Zürich und Prognos, Basel, Studie im Auftrag verschiedener Bundesämter, 1994

«Externe Effekte des Verkehrs»,
IWW Karlsruhe und Infras AG, Zürich, Studie im Auftrag der UIC, Paris, 1994

Wirtschaft und Umwelt

«Der NAWU-Report: Wege aus der Wohlstandsfalle»,
Hans Christoph Binswanger u. a., S. Fischer Verlag, Frankfurt, 1978

«Arbeit ohne Umweltzerstörung»,
Hans Christoph Binswanger u. a., S. Fischer Verlag, Frankfurt, 1983

«Das Existenz-Maximum»,
«Anna Sax u.a., Werd Verlag, Zürich, 1997

«Der Öko-Plan»,
Ralph-Dieter Brunowsky/Lutz Wicke, Piper-Verlag, München, 1984

«Die wahre Wende»,
Hrsg. Zeitschrift «Natur», Ringier-Verlag, München, 1983

«Die neuen Grenzen des Wachstums»,
Donella und Dennis Meadows/Jorgen Randers, Deutsche Verlags-Anstalt, Stuttgart, 1992

«Faktor vier – Doppelter Wohlstand – halbierter Naturverbrauch»,
Ernst Ulrich von Weizsäcker u. a., Droemer Knaur, München 1995

«Gatt-Verträge und ökologische Folgen für die Schweiz»,
Prognos AG, Basel, Studie im Auftrag des Bundesamtes für Aussenwirtschaft, Bern, 1994

«Geld und Magie»,
Hans Christoph Binswanger, Edition Weitbrecht, Stuttgart, 1985

«Geld und Natur»,
Hans Christoph Binswanger, Edition Weitbrecht, Stuttgart, 1991

«Kurswechsel»,
Stephan Schmidheiny u. a., Artemis & Winkler-Verlag, München, 1992

«Mit der Natur rechnen»,
Wouter van Dieren, Birkhäuser-Verlag, Basel, 1995

«Mut zum Aufbruch»,
David de Pury u. a., Orell Füssli Verlag, Zürich, 1995

«Ökologische Steuerreform»,
Samuel P. Mauch u. a., Verlag Rüegger, Chur, 1992

«Ökonomie und Ökologie»,
Werner Vontobel, WWF Panda-Magazin 2/94, Zürich, 1994

«Rettet den Boden»,
Hrsg. Peter Mayer/Michael Seufert, Stern-Buchverlag, Hamburg, 1985

«Small is beautiful – die Rückkehr zum menschlichen Mass»,
E. F. Schumacher, Rowohlt-Verlag, Reinbek, 1977

«Umweltabgaben für die Schweiz»,
Ruedi Meier/Felix Walter, Verlag Rüegger, Chur, 1991

«Umweltschutz per Portemonnaie»,
Rudolf Rechsteiner, Unionsverlag, Zürich, 1990

«Unser Boden – der letzte Dreck?»,
Erwin R. Müller, Zytglogge, Bern, 1985

«Zukunftsfähiges Deutschland», Studie Wuppertal Institut,
Birkhäuser Verlag, Basel 1996

Risiken und Haftung

«Haftungsfragen der Gentechnologie»,
Katharina Hässig, Schulthess Polygraphischer Verlag, Zürich, 1992

«Politische und rechtliche Probleme des Verursacherprinzips»,
Eckard Rehbinder, Erich Schmidt Verlag, Berlin, 1973

Krankheitswesen

«Daten des Gesundheitswesens»,
Bundesministerium für Gesundheit, Bonn, 1995

«Managed Care – Impulse für die GKV?»,
Manfred Baumann und Johannes Stock, Wormuth KG, Düsseldorf, 1996

«Periphere Auswirkungen einer leistungsbezogenen Finanzierung der Krankenanstalten»,
Hrsg. Alfred Radner, Universitätsverlag Trauner, Linz, 1996

«Krankenhausmanagement im Werte- und Strukturwandel»,
Siegfried Eichhorn und Barbara Schmidt-Rettig, Verlag Kohlhammer, Stuttgart, 1995

«Krankenhaus-Report '96»,
Hrsg. Michael Arnold und Dieter Paffrath, Gustav-Fischer-Verlag, Stuttgart, 1996

«Consommation chirurgicale en Suisse et comparaison avec la France»,
Gianfranco Demenighetti u.a., Réalités sociales, Lausanne, 1996

«Managing Scarcity»,
Rudolf Klein et. Al., Open University Press, Buckingham, 1996

«Health Maintenance Organizations»,
Jürg H. Sommer, Verlag Rüegger, Chur, 1992

Arbeit

«Full Employment Regained?»,
James Meade, Cambridge University Press, 1995

«Partage du travail, la grande illusion»,
Jean Philippe Chenaux/Pierre Weiss, Centre Patronal, Lausanne, 1993

«Wege zu einer sozialen Schweiz»,
Peter Füglistaler, Maurice Pedergnana, Orell Füssli Verlag, Zürich, 1993

Globale Wirtschaft

«Der Schuldenbumerang»,
Susan George, rororo, Reinbek, 1993

«Global Dreams»,
Richard J. Barnet/John Cavanagh, Simon & Schuster, Old Tappan, NJ, 1994

«Head to Head»,
Lester Thurow, Warner Books, Waltham, MA, 1993

«Rival states, rival firms»,
John Stopford, Susan Strange, Cambridge University Press, 1991

«Warum sie so arm sind»,
Rudolf H. Strahm, Peter Hammer Verlag, Wuppertal, 1985

«Single World – Divided Nations»,
Robert L. Lawrence, OECD, 1996

Wirtschaft und Gesellschaft

«Credo»,
Rupert Lay, Ullstein Buch, Berlin, 1992

«Falsche Götter»,
Arno Gruen, dtv, München, 1993

«Empirische Untersuchungen zum Gesellschaftscharakter»,
Erich Fromm, Deutsche Verlagsanstalt, Stuttgart, 1981

«Ethik und Erfolg»,
Peter Ulrich/Ulrich Thielemann, Haupt Verlag, Bern, 1992

«J'accuse l'économie triomphante»,
Albert Jacquard, Calman-Lévy, Paris, 1995

«Markt und Macht in der Geschichte»,
Hrsg. Helga Breuninger/Rolf Peter Sieferle, Deutsche Verlagsanstalt, Stuttgart, 1995

«Power and Accountability»,
Robert A. G. Monks/Nell Minow, Harper Business, Scranton, PA, 1991

«The Three Worlds of Welfare Capitalism»,
Gosta Esping-Andersen, Princeton, 1990

«Risikogesellschaft»,
Ulrich Beck, Edition Suhrkamp, Frankfurt, 1986

«Systèmes de Survie»,
Jane Jacobs, Boréal, Montreal, 1992

«Wirtschaftsbuch Schweiz»,
Rudolf H. Strahm, Verlag Sauerländer, Frankfurt, 1992

Wirtschaft allgemein

«Kapitalismus im 21. Jahrhundert»,
Robert Heilbronner, Hanser, München, 1993

«The Wealth of Nations»,
Adam Smith, Penguin Classics, GB, 1986

ca. 200 Seiten, Leinen mit Schutzumschlag
ISBN 3-7064-0278-5

Gerhard Mahler arbeitet als freier Wirtschaftsjournalist, Korrespondent und Autor für in- und ausländische Zeitungen und Zeitschriften, u. a. für die *Welt am Sonntag, WirtschaftsWoche* und *DM*. Er ist erfolgreicher Buchautor, so u. a. der Titel „Technologie – Investments der Zukunft", „Die Milliardenzocker" und „Im Netz der Geldfänger".

Gute Geschäfte und schlechte Pillen

Die Pharmaindustrie ist ins Kreuzfeuer der Kritik geraten, denn – sie erzielt geradezu phantastische Gewinne.
Das Geschäft mit der Gesundheit unterliegt kaum Schwankungen, es ist das große Wachstumssegment mit zweistelligen jährlichen Steigerungsraten. Dennoch befindet sich die Pharmabranche zur Zeit in einem gravierenden Wandlungsprozeß – so kommt es unter anderem zu Konzentrationen und Fusionen der Großen, zu Zusammenlegungen von Forschungs- und Entwicklungsaktivitäten. Sowohl in Deutschland/Europa als auch in den USA hat sich die Pharmaindustrie mit ihren Belangen dank einer mächtigen Lobby und in ihrer Eigenschaft als größter Steuerzahler und Arbeitgeber durchgesetzt.
„Pharma, Pillen und Profite" ist ein Enthüllungs- und Aufklärungsbuch über Macht und Einfluß der Pharmakonzerne. Es zeigt die Strategien auf, mit denen der Kampf um den Wachstumsmarkt Nr. 1 geführt wird, und der Leser erfährt, wie mit seiner Gesundheit Geschäfte gemacht werden.

Überall im Buchhandel